L'ÉCONOMIE MONDIALISÉE

ROBERT REICH

L'ÉCONOMIE MONDIALISÉE

Traduit de l'américain par Daniel Temam

DUNOD

L'édition originale de cet ouvrage a été publiée aux États-Unis par Alfred A. Knopf, Inc. , New York, sous le titre *The Work of Nations.*

ISBN 2 10 001687 3

À la mémoire de Frances Freshman

Le patriotisme ce n'est pas compliqué... C'est prendre soin de soi-même en prenant soin de son pays.

CALVIN COOLIDGE

Sommaire

Troisième partie

La montée du manipulateur de symboles

Quatrième partie

La signification de l'idée de nation

Introduction
à l'édition française

L'ÉCONOMIE mondiale qui est en train de voir le jour a sur la France des répercussions aussi profondes que sur les États-Unis. Au cours du siècle prochain, une France insérée dans l'économie mondiale sera très différente de la France d'aujourd'hui.

Bien sûr, les forces mondiales que j'identifie dans ce livre et qui agissent sur les économies nationales ont déjà des effets visibles en France : citons l'importance de plus en plus grande du capital humain par rapport au capital physique, l'influence croissante de l'éducation et des connaissances techniques, la compétition qui s'intensifie entre les nations pour attirer les investissements directs, l'effacement progressif des frontières économiques nationales et la perte de souveraineté nationale qui est en train d'en résulter, l'écart de revenus qui se creuse entre une minorité extrêmement riche et le reste de la population active nationale.

Certaines de ces tendances sont peut-être plus familières au lecteur français qu'au lecteur américain. La France est plus directement engagée dans l'économie mondiale que les États-Unis ; les importations, les exportations et les investissements directs étrangers y tiennent une plus grande place. En conséquence, depuis des décennies, la France a dû effectuer des choix stratégiques sur la façon de promouvoir les secteurs industriels à haute valeur ajoutée, ceux qui assurent la compétitivité et la croissance des revenus réels.

Mais la France devra modifier sa stratégie industrielle pour le XXIe siècle, si elle veut continuer à procurer un niveau de vie élevé à tous ses citoyens, et être en même temps un participant responsable de la nouvelle économie mondiale (aussi bien que de la Communauté européenne). En effet, la production à haute valeur ajoutée en France ne dépendra plus du succès des firmes françaises. Celles-ci vont devenir des entités mondiales, qui ne seront pas davantage liées à la France que les autres firmes mondiales. La production à haute valeur ajoutée en France ne dépendra pas non plus de la technologie française. Les inventions françaises deviendront rapidement des technologies mondiales, dont les spécifications atteindront en quelques secondes les autres nations, à l'intérieur comme à l'extérieur de la Communauté européenne. La production à haute valeur ajoutée ne dépendra pas davantage de l'épargne des Français. Celle-ci rejoindra l'ensemble du capital financier mondial, et se portera avec lui vers l'endroit de la planète où elle pourra obtenir la meilleure rémunération.

Le succès futur de l'économie française dépendra en fait des deux facteurs de production qui se déplacent le moins aisément d'une nation à l'autre : les individus et les infrastructures. Le niveau de vie des Français dépendra de leur capacité à ajouter de la valeur à l'économie mondiale grâce à leurs cerveaux, et grâce aux systèmes de transport et de communications qui relient ces cerveaux entre eux et avec le reste de la planète. Ce qui fut une politique industrielle nationale doit donc être transformée en une politique nationale de valorisation du capital humain.

Une nation qui s'efforce de rendre ses citoyens plus productifs et plus créatifs dans l'économie mondiale assumera ses responsabilités mieux qu'une autre qui cherche à conquérir une part toujours plus importante de marchés mondiaux relativement stables. La seconde nation s'engage dans une forme de guerre industrielle, dans laquelle chaque victoire est une défaite pour la population active d'une autre nation. La première apporte au monde, sous la forme de nouvelles connaissances, et d'innovations, une nouvelle richesse qui élargit les marchés mondiaux et améliore ainsi la situation de la population active de tous les pays. C'est la différence entre ce que les mathématiciens appellent un « jeu à somme nulle » et un « jeu à somme positive ».

Les jeux à somme nulle seront sans doute autodestructeurs dans un monde devenu dangereusement petit. Les nations de la dernière décennie du XXe siècle sont liées entre elles par des fibres optiques, des satellites, des modems, des bateaux-cargos, des avions-cargos, et un écosystème fragile. Ce ne sont plus des entités séparées. Tout ce qu'elles font, toutes les décisions qu'elles prennent ou qu'elles ne parviennent pas à prendre, ont potentiellement des conséquences à l'échelle de la planète toute entière ; et ces décisions reviendront fréquemment affecter la nation dont elles émanent. Si une nation cherche à dominer certains marchés mondiaux, à protéger ou à subventionner ses propres firmes, à accumuler d'énormes excédents commerciaux, ou à bloquer les investissements directs étrangers, elle sapera sans nul doute sa prospérité à long terme, parce que ces efforts provoqueront des réactions négatives de la part des autres nations.

Le nationalisme est ainsi un sentiment dangereux dans un monde interdépendant. Nous avons assisté à la renaissance du nationalisme en Europe de l'Est, dans les États baltes, dans l'ancienne Union soviétique, au Québec, et ailleurs dans le monde au moment précis où d'autres nations, comme celles d'Europe de l'Ouest, y renoncent en partie en faveur d'une coopération économique et politique renforcée. Nous assistons aussi à la naissance d'un phénomène qui peut être appelé « régionalisme » dans lequel l'Est de l'Asie, l'Amérique du Nord et l'Europe forment chacun un bloc commercial qui exclut les autres. Le régionalisme est également une tendance potentiellement dangereuse s'il dégénère en jeu à somme nulle propre à causer du tort à tout le monde. La Communauté européenne doit-elle bloquer les investissements directs japonais, par exemple ? La logique que je mets en avant dans ce livre suggère que non.

Mais le nationalisme et le régionalisme n'engendrent pas forcément de telles conséquences négatives. Dans ce livre, j'examine une version positive du nationalisme économique, dans laquelle chaque nation (et chaque région) considère que son premier devoir est d'améliorer les capacités de ses citoyens à ajouter de la valeur à l'économie mondiale. De tels efforts ne sont pas entrepris aux dépens des autres nations. En fait, chaque nation reconnaît qu'elle a intérêt à faire en sorte que les citoyens des autres nations deviennent plus productifs. Je soutiens que le nationalisme positif peut conduire à un niveau de vie plus élevé que les solutions alternatives : le nationalisme à somme nulle, ou le cosmopolitisme qui ignore les États.

Ce livre a donné naissance à un vaste débat aux États-Unis. Il a obtenu un grand succès à Washington, où de nombreuses personnalités du gouvernement américain, du monde des affaires et des syndicats débattent maintenant des questions qu'il soulève. Le livre a été reçu de manière positive par les sommités de Wall Street, le monde des affaires et par des républicains conservateurs, mais aussi par de nombreux dirigeants syndicaux, des démocrates et par des américains ordinaires. Les termes et les catégories qu'il introduit ont déjà trouvé leur place dans le vocabulaire américain (manipulateurs de symboles, travailleurs routiniers, aides personnels, cosmopolites partisans du laissez-faire, mercantilistes à somme nulle).

Les réactions au livre n'ont cependant pas toutes été favorables. Certains de mes critiques pensent que je surestime la vitesse à laquelle les économies nationales deviennent mondiales. D'autres pensent que je donne trop peu de poids à l'influence du nationalisme dans les décisions courantes des firmes mondiales, dont les sièges sociaux se situent dans les différentes nations. Beaucoup sont troublés par les tendances que je mets en évidence, en particulier en ce qui concerne les disparités croissantes entre riches et pauvres. Mais nul ne conteste que j'ai identifié les problèmes de long terme les plus importants qui affectent l'économie mondiale, et que j'ai révélé les choix sous-jacents.

J'espère que mes lecteurs français trouveront dans ce livre une vue éclairante de ce vers quoi nous nous dirigeons tous, et des choix que nous devrons affronter à l'orée du siècle prochain.

Introduction
L'idée nationale

NOUS SOMMES en train de vivre une transformation qui va recomposer la politique et l'économie du siècle à venir. Il n'y aura plus de produits et de technologies *nationales*, plus de grandes firmes nationales, plus d'industries nationales. Il n'y aura plus d'économies nationales, au sens du moins où nous comprenons ce concept. Un seul élément restera enraciné à l'intérieur des frontières du pays : les individus qui constituent la nation. Les actifs principaux de chaque nation seront les compétences et la perspicacité de ses citoyens. La tâche politique primordiale de chaque nation sera de faire face aux forces centrifuges de l'économie mondiale qui déchirent les liens entre ses citoyens — augmentant sans cesse la richesse des plus compétents, et réduisant le niveau de vie des moins qualifiés. Au fur et à mesure que les frontières perdent leur sens en termes économiques, les citoyens les mieux placés pour réussir sur le marché mondial sont tentés de relâcher leurs liens d'allégeance envers leur pays. En agissant ainsi, ils se détachent de leurs compatriotes moins favorisés. Ce livre décrit cette transformation économique, et le grave défi politique que nous devrons relever.

2

AVEC une régularité anesthésiante, nous entendons parler du produit national brut, de la balance commerciale de la nation, du taux de croissance économique de la nation, du taux d'épargne de la nation, du taux de chômage de la nation, de la productivité nationale, de la valeur du patrimoine national, de la capacité des grandes firmes nationales à faire des profits. Les hommes politiques au pouvoir insistent fièrement sur certains chiffres ; ceux qui sont dans l'opposition s'affligent d'autres chiffres (et parfois des mêmes). C'est devenu un sport national. Chaque nouvel ensemble de statistiques amène une frénésie de spéculations : notre situation se détériore-t-elle ou s'améliore-t-elle ? Une autre nation est-elle en train de nous surpasser ? Allons-nous de l'avant ? Qu'est-ce que cela signifie pour notre avenir économique ? Un grand nombre de têtes pensantes, dont la mienne, apparaissent à la télévision et délivrent avec toute la solennité nécessaire les réponses indispensables.

Les optimistes relèvent toujours le bon côté des choses : regardez le nombre d'emplois supplémentaires ! Émerveillez-vous de toutes ces petites entreprises, et des entrepreneurs qui les dirigent ! Laissez-vous fasciner par le nombre de brevets déposés pour des innovations comme les antibiotiques monoclonaux et l'optique digitale ! Soyez fiers de tout ce capital étranger qui, pour cette raison, vient s'investir à l'intérieur de nos frontières ! L'économie est en plein boom, comme elle ne l'a jamais été auparavant ! Les pessimistes notent ce qui ne va pas : déplorez l'atrophie de notre industrie ! Lamentez-vous sur le déficit commercial, sur notre dette gigantesque à l'égard du reste du monde ! Haïssez l'abandon d'actifs entre des mains étrangères ! L'économie est en train de s'effondrer autour de nous !

Qui a raison ? Notre situation est-elle en train de s'améliorer ou de se détériorer ? Dans quels domaines sommes-nous toujours les premiers ?

Tout dépend de ce que l'on entend par « nous ».

À la base de toutes les discussions de ce type figure l'hypothèse que nos compatriotes sont tous dans le même grand bateau, appelé « économie nationale ». Les niveaux de revenu sont bien sûr différents à l'intérieur du bateau : certains vivent dans de vastes appartements, alors que d'autres sont entassés dans les dortoirs de troisième classe. Cependant, nous avançons tous ensemble. Les plus pauvres, les plus riches, et tous ceux qui sont placés en situation intermédiaire voient leur situation s'améliorer quand l'économie est en bonne santé, et se détériorer quand elle est en plein marasme.

Aux États-Unis, nous considérons que le bateau de l'économie nationale est piloté par un certain nombre d'Américains : le président, le président de la Réserve fédérale, quelques milliers de dirigeants des plus grandes firmes américaines, les leaders syndicaux ; autour de ce noyau, les dirigeants des entreprises américaines de moindre dimension, des investisseurs, et un large éventail de scientifiques, d'inventeurs, et d'entrepreneurs. Tous les Américains dépendent de ces pilotes, dont la sagesse, la capacité de prévoir, l'ambition collective font la différence entre prospérité et stagnation de la nation. Les autres Américains doivent, c'est vrai, accomplir leurs tâches consciencieusement. Tous doivent travailler dur, épargner autant que possible, et inculquer à leurs enfants les mêmes habitudes d'application et de frugalité.

La métaphore est aisément étendue aux autres bateaux ; l'un d'eux s'appelle Économie japonaise, un autre Économie allemande, un troisième Économie française, un quatrième Économie sud-coréenne, et ainsi de suite, en incluant toutes les nations de la planète ; l'ensemble forme une grande flotte d'économies nationales voguant sur le même vaste océan. La vitesse et la sécurité de chaque bateau dépendent en partie de celles des autres : une certaine coordination est nécessaire pour éviter qu'ils entrent en collision ou qu'ils s'échouent sur les mêmes bancs ; en outre, vendre certains de nos produits en échange des leurs offre des avantages substantiels. Mais tout le monde sait que chaque bateau est aussi en compétition avec tous les autres dans une immense régate dont le premier prix est la prééminence mondiale. Des bateaux en tête à un moment de l'histoire peuvent se retrouver en queue à un autre moment. Nous devons donc rester vigilants.

Cette description, ou quelque chose qui s'en approche, a caractérisé la façon dont les Américains et beaucoup d'autres gens dans le monde voient la vie économique en commun. L'intérêt général est identifié à la croissance économique nationale. Nous sommes liés tous ensemble, sinon par la menace d'un prédateur étranger, du moins par un destin économique commun. Chacun d'entre nous compte sur les prouesses économiques de notre pays, lesquelles dépendent à leur tour de la façon dont les ressources de la nation sont développées et mobilisées.

La rassurante clarté de cette vision est sa seule qualité. Le problème est qu'elle est fausse.

3

Si nous n'avions pas de mémoire, nous serions condamnés à répéter les erreurs du passé. À l'inverse, une confiance excessive dans la mémoire s'avère parfois tout aussi anémiante. Une fixation sur ce qui fut peut nous aveugler sur ce qui est, nous empêchant de prendre conscience des changements. En matière d'organisation économique et sociale, nous risquons particulièrement d'être victimes d'une vision périmée. Parce que rares sont ceux qui ont l'occasion de percevoir la société comme un tout, nous apprenons à nous reposer sur des images tirées du passé. Certaines de ces images s'avèrent remarquablement durables, en particulier celles qui sont les plus agréables à contempler. Mais une image dépassée peut être extrêmement trompeuse.

Il en est ainsi de notre image d'un bateau Économie nationale, sur lequel nous naviguerions tous ensemble. Dans le passé, cette métaphore représentait fidèlement la réalité ; mais ce n'est plus le cas. Sa persistance conduit à un diagnostic trompeur des problèmes économiques et sociaux, et des défis que nous allons devoir affronter. Elle brouille les discussions portant sur nos objectifs nationaux. Les pessimistes se fourvoient autant que les optimistes. Les uns et les autres s'appuient sur de fausses prémisses.

Non pas que les avertissements à propos des changements dans la réalité aient manqué. Certaines manifestations de ces changements sont faciles à observer, aux États-Unis comme ailleurs. C'est devenu un lieu commun, par exemple, de constater que les profits des grandes firmes ne sont plus aussi élevés qu'il y a vingt-cinq ans. À partir d'un pic de près de 10 % en 1965, le profit net moyen après impôts des plus grandes firmes non financières américaines décline dans les années soixante-dix, remonte quelque part entre 1982 et 1985, et recommence ensuite à baisser. Ajusté pour tenir compte de la hausse des prix, le niveau le plus haut de l'indice Dow Jones au cours des années quatre-vingt est en fait en dessous de son pic de janvier 1966. En outre, les cinq cents plus grandes sociétés industrielles ne sont pas parvenues à créer un seul emploi américain entre 1975 et 1990, et leur part dans les emplois civils a baissé de 17 % à moins de 10 % au cours de la même période.

Les syndicats ne regroupent plus qu'une faible partie de la population active. Aux États-Unis, en 1960, 35 % des salariés — hors agriculture — appartenaient à un syndicat. En 1990, ce taux est tombé à 17 %. Si l'on exclut les fonctionnaires, il descend même à 13 %, moins qu'au début des années trente, alors que le Wagner Act n'avait pas encore créé un droit, légalement protégé, de représentation syndicale.

Les étrangers détiennent une proportion de plus en plus forte des actifs productifs américains. En 1977, guère plus de 3,5 % de la capacité manufacturière des États-Unis, en valeur, appartenait à des non-Américains. En 1990, des étrangers exercent un contrôle effectif sur près de 11 % de l'industrie américaine et emploient plus de 10 % des salariés américains dans l'industrie. Dans le même temps, les firmes américaines investissent à l'étranger à un rythme frénétique. Entre 1980 et 1990, leurs investissements aux États-Unis ont moins progressé que leurs dépenses hors des frontières pour les nouveaux équipements, les nouvelles usines, la recherche-développement.

L'argent, la technologie, l'information, les marchandises franchissent les frontières avec une rapidité et une facilité sans précédent. Le coût du transport et des télécommunications dégringole. Dans la plupart des pays industrialisés, les transferts de capitaux ne sont plus contrôlés. Même les drogues, les immigrants, pénètrent dans les pays développés, et les armes secrètes en sortent ; malgré les efforts des gouvernements.

Dans le même temps, la différence s'est accrue entre la rémunération des dirigeants d'entreprise et celle de leurs salariés. En 1960, les PDG des 100 plus grandes firmes non financières américaines gagnaient en moyenne 190 000 dollars, soit 40 fois le salaire moyen d'un ouvrier de leurs usines. Après impôts, ce rapport tombait à 12. À la fin des années quatre-vingt, les PDG gagnent en moyenne plus de deux millions de dollars, 93 fois le salaire moyen de leurs ouvriers. Après impôts, la rémunération du PDG est 70 fois supérieure à celle d'un ouvrier moyen.

Cette divergence va de pair avec une inégalité croissante chez les Américains dans leur ensemble. Entre 1977 et 1990, le revenu moyen avant impôt des 20 % d'Américains les plus pauvres a diminué de 5 %. Pendant la même période, les 20 % d'Américains les plus riches sont devenus 9 % plus riches, avant impôt. De même, jusqu'à la fin des années soixante-dix, les revenus moyens des habitants des différents États américains se rapprochaient lentement ; depuis, la tendance s'est inversée.

Tous ces changements ont la même cause, que je vais explorer dans les pages qui suivent. Les Américains ne sont plus sur le même bateau économique, pas plus que les citoyens des autres nations. Pourtant, cette image reste imprimée dans nos cerveaux. Ce vieux cliché procure un certain réconfort, suggérant une solidarité nationale et un but commun. Si nous sommes tous ensemble sur le même bateau, nous pouvons compter les uns sur les autres en cas de besoin.

4

Le but de ce livre est de dessiner une nouvelle image, reflétant mieux les réalités de l'économie mondiale qui est en train d'émerger et des transformations sociales qui en résultent. Alors que presque tous les facteurs de production — l'argent, la technologie, les usines, les équipements — se déplacent sans effort à travers les frontières, l'idée même d'une économie américaine a perdu son sens, de même que les notions de firme américaine, de capital américain, de produits américains, et de technologie américaine. Une transformation analogue est en train d'affecter toutes les autres nations, plus rapide et plus profonde pour certaines que pour d'autres. En témoigne l'Europe, qui marche à grand pas vers l'union économique.

Ainsi, qui est « nous » ? La réponse se situe dans le seul aspect de l'économie nationale qui se déplace relativement peu à travers les frontières : la force de travail, la population. Le véritable défi économique que doivent affronter les États-Unis et les autres nations est d'accroître la valeur potentielle de ce que leurs citoyens peuvent ajouter à l'économie mondiale, en développant leurs compétences, et en leur donnant davantage de moyens d'exploiter leurs aptitudes sur le marché mondial.

Ce n'est pas le défi de la compétitivité nationale tel qu'il est conçu habituellement. Il n'y a plus aucune raison, pour les États-Unis et pour les autres nations, de protéger leurs propres firmes, de leur accorder des subventions, ou de les aider de toute autre manière. Il n'y a pas davantage de raison de réduire les dépenses publiques et les impôts pour donner plus d'argent aux citoyens pour investir — un argument en vogue chez ceux qui ont une foi quasi religieuse dans la liberté du marché. Ni l'aptitude des firmes d'une nation à faire des profits, ni les succès de ses investisseurs n'accroissent nécessairement le niveau de vie de la grande masse de ses citoyens. Les firmes et les investisseurs parcourent désormais le monde à la recherche des meilleures opportunités de profit. Ils se sont déconnectés de leur propre nation.

Les discussions conventionnelles sur l'économie portent sur le produit national brut, la croissance économique nationale, la compétitivité de la nation. Elles sont à côté de la plaque, de même que la gamme des pronostics concernant l'avenir de l'économie. L'opinion des optimistes est exacte, mais seulement pour la faible proportion des Américains dont la valeur s'est encore accrue dans l'économie mondiale. Parce que ces Américains sont tout aussi perspicaces que leurs collègues japonais ou européens les plus talentueux, et qu'ils sont capables de vendre leur perspicacité avec succès dans le monde entier, parler d'un « défi japonais » ou de « la renaissance de l'Europe » manque la cible. D'un autre côté, le pronostic des pessimistes est exact pour la plupart des autres Américains, mais il néglige cette minorité qui réussit, et qui représente un des plus grands succès de l'histoire économique moderne.

La question sous-jacente concerne l'avenir de la communauté américaine, considérée comme distincte de l'économie américaine, et le destin de la majorité des Américains qui sont perdants dans la compétition économique mondiale. La réponse dépendra de l'importance accordée au devenir de la communauté américaine : cette importance sera-t-elle suffisante pour que l'ensemble d'entre nous, et en particulier les plus avantagés, consentent les sacrifices nécessaires pour aider la majorité à regagner le terrain qu'elle a perdu et à participer pleinement à la nouvelle économie mondiale ? Toutes les nations dont les frontières économiques s'effacent sont confrontées à la même question de responsabilité.

Ce n'est pas seulement une question de sécurité nationale. Les technologies modernes ont répandu la puissance. Même des nations relativement pauvres peuvent désormais s'offrir des armes extrêmement destructrices. C'est plutôt une question d'objectif national. Formons-nous encore une communauté, bien que nous ne soyons plus une économie ? Sommes-nous liés par quelque chose de plus que le produit national brut ? Ou bien l'idée d'une Nation-État comme ensemble d'individus partageant la même responsabilité quant à leur bien-être mutuel appartient-elle au passé ?

Première partie

L'économie-nation

1
Le nationalisme économique

Dans une société civilisée, nous dépendons tous les uns des autres.
SAMUEL JOHNSON

AVANT le XVIIIe siècle, peu nombreux sont les rois, les hommes d'État, les philosophes qui considèrent la nation comme responsable, d'une manière ou d'une autre, du bien-être matériel de ses membres. À leurs yeux, la bonne santé de la nation s'identifie à la richesse de son souverain. Être patriote signifie être dévoué au monarque plutôt qu'à ses concitoyens.

Au XVIIe siècle, Colbert, pour stimuler l'économie française, emploie des méthodes pratiquement identiques à celles utilisées à l'heure actuelle par les Japonais, les Coréens, les Taiwanais, les Allemands, les Français, ou par n'importe quel gouverneur d'un État américain qui se respecte. Colbert finance la construction du réseau routier et des canaux ; il accorde des subventions et des exemptions d'impôts aux manufactures françaises les plus importantes ; il encourage les exportations et décourage les importations. Mais Colbert n'a pas pour objectif d'améliorer le niveau de vie du Français moyen. Son but est d'accumuler l'argent-métal qui permettra à Louis XIV de financer ses campagnes et d'entretenir une armée importante, toujours sur le pied de guerre.

En accord avec cette même logique mercantiliste, les colonies américaines de l'Angleterre, comme celles de toutes les grandes puissances, ont pour raison d'être l'enrichissement du souverain.

Elle sont là pour fournir des matières premières à bas prix, et pour acheter ensuite les produits finis venant de la métropole. En aucun cas, les colonies ne doivent fabriquer elles-mêmes des produits manufacturés, ou en acquérir auprès d'un pays tiers.

Ce n'est pas, bien sûr, pour cette seule raison que les colonies américaines voulurent devenir indépendantes ; mais si elles avaient pu développer leur propre économie, la séparation aurait été beaucoup plus tardive, et sans doute plus pacifique.

Avec la diffusion des idées et des institutions démocratiques, le but qui prévaut pour la nation change. Il n'est plus d'accroître la puissance du souverain, mais d'améliorer le bien-être de la population. Le philosophe (et homme d'État manqué) anglais Bolingbroke signale le changement dans son essai de 1730 « L'Esprit du patriotisme » ; il observe que tout citoyen qui est un vrai patriote « dirigera toutes ses pensées et tous ses actes vers le bien de son pays » — c'est-à-dire, « vers le bien de son peuple », ce qu'il considère comme « le but ultime et véritable de la conduite de l'État[1] ».

Le livre du XVIIIe siècle qui eut le plus d'influence a été écrit par le philosophe politique écossais Adam Smith ; ce n'est pas un hasard s'il a pour titre *Une enquête sur la nature et les causes de la richesse des nations*. Dans cet ouvrage, Adam Smith traite des principes économiques universels, mais son cadre de référence est résolument national. Il ne condamne pas le mercantilisme anglais parce qu'il réduit la richesse des autres nations, mais parce qu'il appauvrit les citoyens anglais.

En décembre 1791, Alexander Hamilton, le premier secrétaire au Trésor américain sous la présidence de George Washington, présente quatre rapports au tout nouveau Congrès américain. L'un d'eux, le « Rapport sur les manufactures » exercera une grande influence, bien que le Congrès ait rejeté ses propositions, parce que leur mise en œuvre aurait exigé un gouvernement central trop puissant.

Pour justifier que la nation dans son ensemble doive soutenir le développement des manufactures, Hamilton avance des arguments dont on entendra parler pendant deux siècles aux États-Unis et dans bien d'autres pays : une base industrielle puissante accroît le revenu et la richesse de la nation, elle procure des possibilités d'emploi supplémentaires et stimule ainsi l'immigration, elle attire le capital étranger, rend la nation plus indépendante et améliore sa sécurité[2].

Pourtant, une base industrielle ne se formera pas spontanément. Hamilton prévient que les petits industriels américains ne rattraperont jamais leurs concurrents européens plus avancés et plus grands, s'ils ne sont pas protégés et subventionnés, au moins temporairement. « Il est de l'intérêt de la société... d'accepter provisoirement des dépenses supplémentaires, qui seront plus que compensées par une croissance de l'industrie et de la richesse, par une augmentation des ressources et de l'indépendance, et par une baisse ultérieure des prix[3]. »

Hamilton demande avec insistance l'instauration de droits de douane sur les produits étrangers et de subventions aux industriels américains ; mais sa préférence va aux subventions. Son argument est qu'elles pourront facilement être supprimées quand elles ne seront plus nécessaires, alors que les droits de douane tendent à rester en place bien après que leur justification a disparu. Ironie du sort, l'aspect du schéma de Hamilton qui a reçu le plus d'attention au cours du XIXe siècle fut son appel prudent et mitigé en faveur de droits de douane protecteurs.

Si l'on excepte l'esclavage, les droits de douane sont, au XIXe siècle, le problème économique le plus ardemment débattu aux États-Unis. Les fermiers du Sud veulent acheter leurs machines agricoles aussi bon marché que possible, sans se soucier de leur provenance ; ils considèrent les droits de douane, selon les termes édifiants de John Calhoun, un représentant de la Caroline du Sud, comme « un immense impôt prélevé sur une partie de la communauté et destiné à remplir les poches d'une autre partie[4] ». À l'opposé, les petits industriels de Nouvelle Angleterre, de New York, de Pennsylvanie, veulent être protégés contre les exportateurs européens de produits manufacturés.

De nombreux hommes de l'Ouest voient, eux, dans les droits de douane une source potentielle de financement pour l'amélioration des infrastructures qui relieraient l'Ouest au reste de la nation. Henry Clay, du Kentucky, développe cet argument et ajoute, durant le débat sur les droits de douane qui se déroule au Sénat en 1832 : « Quand les gentlemen ici présents auront accompli leur dessein d'une destruction immédiate ou graduelle du système américain, quel sera leur substitut ? Le libre-échange, le libre-échange ! La demande pour le libre-échange est d'aussi peu d'effet que le cri d'un enfant gâté, dans les bras de sa nourrice, demandant la lune ou les étoiles qui scintillent dans le firmament. Le libre-échange n'a jamais existé, il n'existera jamais[5]. »

Après la guerre de Sécession, les droits de douane sont à nouveau augmentés. Jusqu'en 1913, leur taux moyen est souvent proche de 50 %, et même supérieur pour le fer, l'acier, le coton, les textiles, les lainages. En fait, ces droits de douane font affluer tant d'argent dans les caisses fédérales que les administrations républicaines se retrouvent dans la situation embarrassante d'avoir à gérer de larges excédents budgétaires. Pour réduire ces excédents, et justifier la nécessité de maintenir les revenus tirés des droits de douane, les républicains augmentent spectaculairement les dépenses fédérales pour le percement de canaux, la construction de voies de chemin de fer, de ports, de ponts, de routes, comme l'avait demandé Henry Clay de nombreuses années plus tôt.

L'aspect le plus intéressant des débats sur les droits de douane en Amérique est peut-être le type d'argumentation avancée par les deux parties : quels que soient les sacrifices imposés, ils bénéficieront finalement à ceux qui les supportent.

Pour justifier les droits de douane ou les autres règles qui imposent un fardeau économique inégalement réparti, les Européens du XIXe siècle font appel à des arguments d'un autre ordre. Un jeune magistrat français, Alexis de Tocqueville, qui visite les États-Unis en 1832, relève la différence. Il observe qu'en France, comme ailleurs en Europe, les sacrifices sont légitimés par des raisons de patriotisme et d'honneur. L'argument européen habituel est que « les hommes devaient se sacrifier pour leurs semblables *parce qu*'il était noble de faire de tels sacrifices » (souligné dans l'original). Aux yeux de Tocqueville, de telles affirmations sont souvent hypocrites. « Chez nous, les hommes feignent encore constamment une abnégation qu'ils n'éprouvent plus. » Aux États-Unis, à l'inverse, les sacrifices sont justifiés comme étant dans l'intérêt individuel bien compris de ceux qui les consentent. « Les Américains, note Tocqueville, se plaisent à expliquer, à l'aide de l'intérêt individuel bien compris, presque tous les actes de leurs vies ; ils montrent complaisamment comment l'amour éclairé d'eux-mêmes les porte sans cesse à s'aider entre eux et les dispose à sacrifier volontiers au bien de l'État une partie de leur temps et de leur richesse[6]. »

Il ne s'agit pas d'un manque de patriotisme aux États-Unis. Le jeune Tocqueville a attesté la grande solidarité sociale des Américains. Mais ces sentiments naissaient de leur interdépendance, et non le contraire. « Il serait injuste de croire que le patriotisme des Américains et le zèle que montre chacun d'eux pour le bien-être de ses concitoyens n'ont rien de réel », observait Tocqueville. « Les institutions libres que possèdent les habitants des États-Unis, et les droits politiques dont ils font tant d'usage, rappellent sans cesse, et de mille manières, à chaque citoyen qu'il vit en société. Elles ramènent à tout moment son esprit vers cette idée que le devoir aussi bien que l'intérêt des hommes est de se rendre utiles à leurs semblables[7]. »

Mais que se passe-t-il si ces affirmations ne semblent plus convaincantes ? Si les Américains sont de moins en moins dépendants les uns des autres, si de tels sacrifices ne leur apportent aucun bénéfice personnel ? La vertu civique survivra-t-elle ? Je reviendrai ultérieurement sur ces questions, et sur les observations de Tocqueville.

2

ENTRE 1870 et 1900, une série d'inventions, dont beaucoup ont été d'abord mises en œuvre en Grande-Bretagne, se répandent à travers l'Europe et les États-Unis : la machine à vapeur, le chemin de fer, le télégraphe, les turbines électriques, et les machines en fer et en acier comportant des pièces interchangeables. Chacune de ces inventions joue un rôle crucial dans la transformation des méthodes de production. Elles rendent possible la fabrication à grande échelle de toutes sortes de produits, et leur transport à des centaines ou à des milliers de kilomètres.

Ainsi, à la fin du XIXe siècle, la productivité croît à un rythme proche de 2 % par an[8]. La production de fer double entre 1870 et 1890 ; la production d'acier est multipliée par vingt durant la même période. Aux États-Unis, la valeur annuelle de la production industrielle grimpe au cours de la même période de 3,8 milliards à 11 milliards, en dollars constants[9].

C'est un principe élémentaire de la théorie économique, en fait peut-être le seul principe dont la vérité ait été démontrée avec une régularité convaincante : quand l'offre d'un bien augmente plus vite que la demande, son prix tend à baisser. Ce principe s'est appliqué avec une force particulière à la fin du XIXe siècle. La production se développe, alors que les consommateurs n'ont pas encore acquis les habitudes de consommation de masse de la société moderne.

Le résultat prévisible est une baisse générale des prix. Une dépression sévère secoue les États-Unis et une partie de l'Europe en 1873, une autre au cours de l'été 1893, appauvrissant un grand nombre de zones agricoles, obligeant des milliers de banques à fermer, et mettant au chômage plus d'un quart des travailleurs urbains non qualifiés[10].

Les industriels, des deux côtés de l'Atlantique, recherchent avec agressivité de nouveaux débouchés pour leurs produits surabondants, et baissent volontairement leurs prix pour conquérir des parts de marché. L'Allemagne, l'Italie, la France et la Russie augmentent toutes leurs droits de douane pour protéger leurs industriels des prédateurs étrangers. Il n'est pas surprenant que les droits américains grimpent à des niveaux encore plus élevés.

Seule la Grande-Bretagne refuse de se joindre à cette escalade protectionniste : ses industriels sont en avance sur les autres, et sont donc parmi les principaux bénéficiaires du libre-échange. En conséquence, les autres nations industrielles (particulièrement les États-Unis et l'Allemagne), soumettent la Grande-Bretagne à une stratégie que, selon un point de vue très répandu, le Japon adoptera un demi-siècle plus tard : en se protégeant de la concurrence extérieure sur leurs propres marchés, ils sont en mesure de vendre chez eux leurs produits à des prix assez élevés pour couvrir leurs dépenses et ramasser des profits substantiels. Puis, ayant atteint un niveau de production suffisant pour bénéficier des économies d'échelle, ils peuvent vendre le reste de leur production en Grande-Bretagne à des prix cassés. Au total, ils augmentent leurs gains tout en prenant des parts de marchés aux industriels britanniques sur leur propre terrain. Le résultat n'est pas surprenant : entre 1870 et 1913, la part de la Grande-Bretagne dans la production industrielle mondiale s'effondre, passant de 31,8 % à 14 %. Dans le même temps, la part de l'Allemagne augmente un peu, et celle des États-Unis enfle de 23,3 % à 35,8 %[11].

Si le marché local ne peut absorber tous les nouveaux produits, et si les marchés des pays étrangers qui produisent eux-mêmes des biens industriels sont fermés, il reste un autre débouché : les nations plus pauvres. À la fin du siècle, toutes les grandes nations industrialisées recherchent des nations plus en retard comme marchés potentiels pour leurs biens surabondants. La concurrence pour ses « sphères d'influence » accroît le sentiment commun que, dans le nouvel âge industriel, le succès économique d'une nation ne peut être obtenu qu'aux dépens d'une autre nation.

Le mot « nationalisme » lui-même est un produit de cette époque. D'abord utilisé pour désigner des formations de droite en

France et en Italie, « nationalisme » prend, à la fin du XIXe siècle, la signification d'expansion et de concurrence ; dans ces notions, la loyauté à l'égard de son pays se trouve liée à des ambitions nationales.

L'arrivée de nouveaux immigrants exalte encore les sentiments nationaux. De nombreux travailleurs émigrent des autres nations vers les principales zones industrialisées du monde. Près de la moitié des Irlandais abandonne l'île d'Émeraude entre 1841 et 1911, beaucoup d'entre eux débarquant à Boston ou à New York. Dans les années 1870, 280 000 immigrants arrivent chaque année aux États-Unis ; à la fin du siècle, la moyenne annuelle dépasse un million. Les immigrants représentent la majorité des ouvriers dans plusieurs des nouveaux secteurs industriels. Selon une étude officielle datant de 1908, dans les 21 branches principales de l'industrie américaine, près de trois salariés sur cinq sont nés à l'étranger[12].

Certains Américains déjà présents veulent fermer la porte aux nouveaux venus. Oubliant fort à propos que leurs aïeux se sont emparé de la terre des vrais natifs de l'Amérique, les fondateurs de la Ligue pour la restriction de l'immigration de Boston promettent, en 1893, « d'empêcher la destruction de la civilisation américaine par une immigration non contrôlée ». D'autres Américains imaginent une approche plus constructive. Le but est de cultiver chez l'immigrant l'amour et le respect de sa nouvelle patrie. On lui demande d'écrire et de parler la langue nationale, de connaître les principes de base des institutions, avant de lui accorder la citoyenneté.

Au début du XXe siècle, le nationalisme économique a pris fermement racine un peu partout dans le monde. Les nations sont en compétition entre elles. Et en dépit de l'appel de Karl Marx pour l'union entre les prolétaires de tous les pays, l'allégeance nationale reste forte au sein de la nouvelle classe ouvrière urbaine. Sur les champs de bataille de l'ambition économique nationale, l'ouvrier est le nouveau fantassin.

3

LES PROBLÈMES de surproduction n'étaient résolus ni par les droits de douane élevés, ni par la formation de sphères d'influence exclusives dans les régions moins développées du monde. Aussi, une troisième solution émerge-t-elle dans les dernières décennies du

XIXe siècle. Elle consiste à réduire la concurrence entre producteurs nationaux, par la création de grandes firmes ayant une base nationale. Avec les deux précédentes, elle façonnera l'image que les hommes du XXe siècle se feront de l'objectif qui doit être assigné à l'économie nationale, et de la manière dont celle-ci doit être organisée.

Cette solution est venue plus naturellement à l'esprit des Européens, puis par la suite des Japonais, que des Américains. Les cartels, les guildes et les autres restrictions à la liberté économique sont courants en Europe et au Japon depuis le Moyen Âge. Les monopoles royaux, comme la Compagnie des Indes orientales, ont enrichi le souverain. Plus important peut-être, des bureaucraties gouvernementales ont été fermement établies en Allemagne, en France et en Italie dans les années 1870, et au Japon dans les années 1890. Elles sont chargées de mobiliser les ressources et de diriger l'activité économique. Quand les marchés retrouvent la liberté, les bureaucrates coordonnent l'activité des industriels. Ils rendent le service inestimable de faire la police lorsque des industriels veulent faire bande à part en matière de prix[13].

La transition entre la concurrence et l'organisation nationale fut nettement moins bien assurée aux États-Unis. Depuis l'époque coloniale, les Américains ont appris à se méfier des monopoles, des licences spéciales, et des autres prérogatives royales. Ils craignent les abus de pouvoir économique presque autant que les abus de pouvoir politique. De plus, les États-Unis du XIXe siècle ne possèdent pas de vaste bureaucratie ayant l'expérience de la régulation des marchés et de la stimulation de l'industrie. Le seul ministère de grande taille est celui des Postes ; ses agents ont trop à faire avec la pluie, la neige, la grêle et l'obscurité nocturne pour se charger en plus du fardeau de la planification économique.

Les entreprises américaines viennent à peine de découvrir les moyens de maintenir leurs prix et de domestiquer la concurrence interne, que les craintes qu'elles font naître dans la population provoquent l'adoption de la loi antitrust (le Sherman Act) de 1890, qui interdit la fixation conjointe de prix et les « accords » de partage du marché.

Ce ne sera pas la dernière fois qu'une législation bien intentionnée aura des effets pratiques précisément à l'opposé de ceux qui étaient attendus. Pour les entreprises américaines empêchées de s'entendre sur les prix et le partage des marchés, la voie la moins compliquée est simplement de fusionner en firmes géantes dont les différentes parties pourront coordonner leurs actions en toute impunité. Le résultat fut le premier vaste mouvement de concentration aux États-Unis. Il prend son essor durant la dernière décennie du XIXe siècle et se transforme en raz-de-marée entre 1898 et 1904. Environ un tiers des actifs industriels de la nation sont rassemblés entre les mains de 318 firmes géantes.

Ainsi naît le noyau des grandes firmes aux États-Unis. La grande taille et le management centralisé facilitent le contrôle sur les marchés et sur les sources d'approvisionnement, et permettent de réaliser des économies d'échelle. La production peut désormais être concentrée dans une ou deux usines géantes, les opérations rendues plus efficaces, les équipements achetés par grandes quantités à des prix très avantageux. Le processus de production peut être planifié du début à la fin, puis les produits fabriqués envoyés aux grossistes et aux détaillants selon un programme prédéterminé.

4

LES DÉBATS sur le rôle et la légitimité de la firme géante dominent la première moitié du XXe siècle. Ses défenseurs utilisent bien des arguments qui avaient servi à justifier les droits de douane : elle est nécessaire pour résister à la concurrence internationale (Regardez les cartels en Europe !) ; c'est une étape naturelle et inévitable dans l'évolution des économies industrielles ; elle engendre une efficacité inégalée ; elle crée des emplois. Bref, grâce à la firme géante, les ressources de l'économie américaine peuvent être mobilisées efficacement. Elle apporte la prospérité et la grandeur à la nation.

Beaucoup d'Américains ne sont pas convaincus par cette argumentation. Les firmes géantes semblent dangereusement puissantes. La nation n'est pas en mesure de leur demander des comptes. Elles sont protégées de la concurrence, et ainsi de toutes les exigences spécifiques du marché. Elles sont aussi à l'abri du contrôle démocratique.

« L'État américain est aux mains des capitalistes et des industriels américains », tempête Woodrow Wilson durant la campagne présidentielle de 1912. « Le Gouvernement des États-Unis est à présent un enfant adopté par des intérêts particuliers[14]. » Vingt-cinq ans plus tard, Franklin Roosevelt reprend ce thème quand il impute les difficultés économiques de la nation aux « royalistes économiques » assis au sommet des firmes géantes, qui fixent les prix et empêchent la concurrence[15]. Le contraste est grand avec les hommes politiques européens qui président aux grandes concentrations économiques nationales : Lloyd George, Bismark, Clemenceau. Les péchés attribués à la concentration de la puissance économique les laissent de marbre. Leur silence reflète sans doute l'indifférence relative du public européen sur ce sujet. La firme géante reste une obsession exclusivement américaine.

En 1932, Adolf Berle et Gardiner Means, un avocat et un professeur d'économie, publient *The Modern Corporation and Private Property*. Dans cet ouvrage, ils démontrent, documents à l'appui, ce que beaucoup savaient déjà mais n'avaient jamais vu révéler si complètement : les plus hauts dirigeants des firmes géantes américaines ne sont même pas responsables devant leurs propres actionnaires, alors qu'ils contrôlent les ressources économiques les plus importantes de la nation et reçoivent la majorité des largesses de l'État[16]. La seule solution, suggèrent Berle et Means, est d'augmenter le pouvoir de tous les groupes de la nation dont le sort dépend des grandes firmes, y compris leurs salariés et les consommateurs. Ils prophétisent que le dirigeant de l'avenir deviendra un administrateur professionnel, faisant sans passion la part de telles exigences, et allouant les bénéfices en conséquence. « Il est concevable, en fait il semble presque essentiel si le système libéral doit survivre, que le "contrôle" des grandes firmes se développe sous la forme d'une technocratie parfaitement neutre, faisant la part d'une variété d'exigences propres à une variété de groupes dans la communauté et assignant à chacun une portion du flot de revenus sur la base d'une politique publique plutôt que de l'avidité privée[17]. »

Cet idéal de la grande firme gérée par des professionnels responsables devant divers sous-ensembles de la nation semble presque atteint quand la législation du New Deal renforce les capacités de négociation des différents groupes affectés par les décisions des firmes. Le Wagner Act de 1935 donne aux salariés le droit de former des syndicats et de négocier collectivement. Les Securities and Exchange Acts de 1933 et 1934 accordent des protections aux petits porteurs d'action. Les petits détaillants obtiennent un pouvoir de négociation contre les grandes chaînes de magasins grâce au Robinson-Patman Act et aux lois sur « le commerce équitable » au niveau des États. De tels « contrepoids aux pouvoirs[18] » rendront

en fait légitimes le rôle et les objectifs des grandes firmes aux États-Unis. Petit à petit, les dirigeants des plus grandes firmes américaines se considéreront comme des « industriels-hommes d'État », chargés d'arbitrer de manière équitable entre les exigences des actionnaires, des salariés et du public américain. De manière surprenante, le public partagera cette vision des choses.

2
Le champion national

DANS les années cinquante, le bien-être individuel des citoyens, la prospérité de la nation, et le succès des grandes firmes nationales semblent inextricablement liés. La plupart des grandes questions sur le rôle de la firme géante dans la société américaine sont résolues. Rien ne calme le débat politique comme le succès. C'est, il ne s'agit pas d'un hasard, au cours de cette décennie que la plupart des leaders actuels du monde des affaires et de la politique rencontrent pour la première fois l'industrie américaine. Leurs impressions initiales s'avéreront remarquablement durables ; une pensée périmée demeure plus convaincante pour ceux dont les vues anachroniques sont partagées par leurs collègues et leurs amis.

La communauté américaine des affaires veut se prémunir contre tout retour aux contrôles du temps de guerre et contre les séductions de l'immobilisme et du communisme. Dans ce but, elle lance au milieu du siècle une habile campagne de relations publiques exaltant les merveilles du système du profit. General Motors produit un long métrage hollywoodien illustrant les avantages du capitalisme américain. Des panneaux publicitaires érigés par l'Advertising Council proclament les bienfaits de la libre entreprise et dénoncent les péchés de la planification centralisée. La National Association of Manufacturers distribue gratuitement à des centaines de milliers d'ouvriers une bande dessinée qui explique que la Révolution américaine a été provoquée par « les planificateurs du gouvernement de Londres ». Le président de cette association résume ainsi le souci dominant : « Le défi, la redoutable nécessité d'aujourd'hui, est de vendre, de revendre si vous préférez, à des

Américains libres la philosophie qui nous a permis, à nous-mêmes et à notre économie, de rester libres[1]. »

De tels efforts n'étaient pas vraiment nécessaires. Durant la décennie de la Grande Dépression ou dans la décennie de guerre qui suivit, certains Américains affichaient des doutes persistants sur la légitimité de la grande firme américaine ou sur la viabilité du capitalisme américain lui-même ; la prospérité éclatante des années cinquante efface ces doutes. Même les critiques les plus fermes sont désormais convaincus. David Lilienthal, un des planificateurs du New Deal, ne tarit pas d'éloges à propos de la firme géante américaine. Dans un livre paru en 1953, *Big Business : A New Era*, il écrit : « Notre supériorité en matière de production et de distribution, la productivité de notre économie, reposent sur la grande taille[2]. » Richard Hofstadter, dont les écrits historiques s'étaient quelquefois étendus sur les traits les moins exaltants du capitalisme américain, embrasse désormais la cause du monde des affaires : « Un dirigeant de grande entreprise peut se distinguer par l'étendue de ses connaissances et sa courtoisie, par comparaison avec le dirigeant d'une petite entreprise, qui le plus souvent s'avère un patron réfractaire et opposé aux syndicats, un adversaire borné et archaïque des idées progressistes, un supporter des groupes de vigilance et des fanatiques d'extrême-droite[3]. » Le magazine *Fortune*, présentant un sondage de 1953 qui montrait que la grande majorité des Américains approuvaient la grande entreprise, concluait, avec son enthousiasme coutumier, que « la grande firme dont les actions sont répandues dans le public… est devenue le phénomène le plus important du capitalisme du milieu du siècle. La grande taille des firmes est maintenant acceptée comme faisant partie intégrante de l'économie à grande échelle. Quelles que soient les attaques qui peuvent être lancées contre elles d'un point de vue théorique, les grandes firmes ont montré qu'elles étaient capables de produire les biens[4]. »

Alors que les autres grandes économies ont été mises en pièces par la Deuxième Guerre mondiale, l'économie américaine en est sortie renforcée. Les dépenses de l'État ont atteint un niveau sans précédent et ont sorti le pays de la Grande Dépression ; l'industrie américaine a accompli des performances inimaginables en matière de production. Les leaders des grandes firmes se sont distingués au service de la nation. À la fin de la guerre, le niveau de chômage élevé que tout le monde attendait ne se matérialise pas, et la production grimpe vers des sommets toujours plus hauts. Les soldats se

précipitent pour fonder des foyers, acheter des logements avec l'aide de prêts subventionnés par l'État (en 1950, les jeunes couples occupent de nouveaux logements à un rythme sans précédent de 4 000 par jour). Ils remplissent leurs maisons avec des machines à laver, des séchoirs à linge, des lave-vaisselle, des cuisinières électriques, des climatiseurs, des poussettes, des réfrigérateurs et des téléviseurs. Et, pour couronner le tout, chaque foyer dispose au moins d'une voiture. Le nombre d'automobiles en circulation bondit de 10 millions en 1949 à 24 millions en 1957. En calculant l'indice des prix de détail pour 1951, qui doit inclure tous les articles entrant dans la consommation des familles « ayant des revenus moyens », le Bureau of Labor Statistics ajoute pour la première fois les téléviseurs, les grille-pain électriques, les surgelés, les petits pots pour bébés, et les frais d'hospitalisation — un ensemble de nouveaux biens devenus indispensables qui amènent le *New York Herald Tribune* à demander, ironiquement : « Et pourquoi pas le caviar[5] ? »

La production de masse marche main dans la main avec la consommation de masse. La société que J.A. Hobson a appelée de ses vœux cinquante ans plus tôt est là, et elle écoule ses produits sur place. Les Américains considèrent que leur devoir de patriote est de consommer, et comprennent que l'économie nationale a pour but de leur permettre de le faire. « Le salut économique, personnel et national, n'a rien à voir avec le fait d'être près de ses sous », affirme en 1953 un publicité pour Gimbels, le grand magasin new-yorkais. « La survie économique dépend de la consommation. Si vous voulez avoir une plus grosse part de gâteau demain, il faut manger davantage de gâteau aujourd'hui. Plus vous consommerez, plus vous aurez, et plus vite[6]. » Le président du Conseil des conseillers économiques du président Eisenhower rend les choses officielles : le « but ultime » de l'économie américaine, entonne-t-il de manière solennelle, est de « produire davantage de biens de consommation[7] ».

2

L'ÉCONOMIE américaine des années cinquante est le moteur de la production de masse. Les caractéristiques qui la définissent restent solidement ancrées dans la mémoire collective des Américains ; et, bien que cette image n'ait pratiquement plus aucun lien avec le

fonctionnement actuel de l'économie, elle continue à conditionner la façon de penser de beaucoup d'entre eux.

Le noyau de l'économie est formé d'environ cinq cents firmes, qui, au milieu du siècle, assurent environ la moitié de la production industrielle de la nation (environ un quart de la production industrielle du monde non communiste). Elles détiennent à peu près les trois quarts des équipements industriels du pays, réalisent environ 40 % du total des profits des sociétés, et emploient plus d'un travailleur non agricole sur huit. Certaines de ces firmes sont effectivement géantes : les 28 plus grandes représentent environ 10 % de l'emploi manufacturier[8]. En 1955, General Motors, la première société industrielle au monde, réalise à elle seule 3 % du Produit national brut américain, soit presque autant que le PNB total de l'Italie. On crédite même son programme d'expansion pour cette année 1955, qui reçoit une large publicité, de retarder la récession nationale[9]. Standard Oil of New Jersey et American Telephone & Telegraph dégagent chacune des revenus supérieurs à ceux du Danemark. La sidérurgie est dominée par trois mastodontes : US Steel, Republic, et Bethlehem ; la fabrication d'équipements électriques et d'appareils électroménagers par General Electric et Westinghouse ; dans la chimie de base, c'est Du Pont, Union Carbide, et Allied Chemical ; dans les industries agro-alimentaires, General Foods, Quaker Oats, et General Mills ; pour le tabac, R.J. Reynolds, Ligett & Myers, et American Tobacco ; pour les moteurs d'avions, General Electric et Pratt & Whitney ; dans la construction automobile, General Motors, Ford, et Chrysler ; et ainsi de suite, dans tout le vaste champ de l'industrie américaine.

Cet ensemble de grandes firmes est réparti, par groupe de deux ou trois, dans trente secteurs industriels. Dans chacun de ces secteurs, les grandes firmes définissent les normes en matière de prix, de salaires et de production de masse.

Autour de ces grandes firmes sont disposés plusieurs milliers de sociétés industrielles de taille respectable, et quelques sociétés de services importantes qui satisfont les besoins des grandes firmes : banques, compagnies d'assurance, sociétés de transport ferroviaire, détaillants. Formant cercle autour d'elles, à la manière de l'anneau de Saturne, des centaines de milliers de sociétés plus petites remplissent les niches du marché pour les produits spécialisés qui ne peuvent être produits efficacement en grandes quantités, ainsi que les petits détaillants chargés de commercialiser et de vendre les biens produits en masse. Le reste de l'économie privée est formé par les restaurants, les firmes juridiques, les coiffeurs, les agents immobiliers et les autres occupants de Main Street, et un nombre décroissant d'exploitations agricoles familiales. Contrairement aux grandes firmes, dont la production peut être planifiée longtemps à l'avance avec un degré de certitude suffisant pour qu'elle puisse être vendue à un prix prédéterminé, ces entreprises périphériques sont sujettes à toutes les vicissitudes du marché. Confrontés constamment à la menace de la concurrence, leurs patrons et leurs salariés vivent dans une situation relativement précaire.

En raison de leur taille et de leur rôle central dans l'économie, les très grandes firmes américaines s'identifient, et sont identifiées par les Américains et par les autres habitants de la planète, à l'économie américaine dans son ensemble. Elles sont les champions de l'économie nationale ; leurs succès sont ses succès. Elles *sont* l'économie américaine.

Les immeubles imposants qui abritent les sièges sociaux des grandes firmes sont les lieux saints du capitalisme américain. Ils sont le symbole de la puissance et de la confiance en soi du pays : le siège de General Motors à Detroit, l'immeuble RCA à New York, Lever House, l'immeuble Chrysler. Les logos et les slogans des grandes firmes rappellent, à tous les consommateurs de par le monde, le dynamisme de l'entreprise américaine. Sans aucune gêne, US Steel choisit comme devise, cette affirmation grandiose : « Quand l'acier va bien, la nation va bien. » (Les responsables des relations publiques ayant fait remarquer que la devise inciterait à la critique lors du prochain retournement de la conjoncture, la firme renverse tranquillement la phrase quelques années plus tard, ce qui donne : « Quand la nation va bien, l'acier va bien[10]. ») Charles Erwin (« Engine Charlie ») Wilson est président de General Motors quand Eisenhower l'appelle en 1953 pour devenir secrétaire à la Défense. Lors de son audition de confirmation, on lui demande s'il serait capable de prendre une décision dans l'intérêt des États-Unis qui irait à l'encontre de l'intérêt de General Motors. Il exprime le point de vue unanime en répondant oui, tout en ajoutant qu'un tel conflit ne se produirait jamais : « Je ne peux pas en imaginer un parce que, depuis toujours, je pense que ce qui est bon pour notre pays est bon pour General Motors, et réciproquement. Il n'y a pas de différence. Notre entreprise est trop grande. Elle marche de pair avec le bien-être de notre pays[11]. »

3

LES GRANDES firmes ne se contentent pas de déverser sur les États-Unis un flot de biens ; elles créent aussi des millions d'emplois qui grossissent les rangs de la classe moyenne américaine, et en retour élargissent le marché pour ces biens. Au milieu des années cinquante, près de la moitié des familles américaines se rangent dans ce groupe moyen, défini comme les familles disposant d'un revenu après impôts de 4 000 à 7 500 dollars, en dollars de 1953. Les chefs de ces familles appartenant à la classe moyenne ne sont pas en majorité des cadres ou des membres de professions libérales, mais des employés et des ouvriers d'usines qualifiés ou semi-qualifiés, qui contrôlent les flux de produits et de paperasseries administratives dans les grandes firmes.

La croissance et la prospérité de la classe moyenne américaine sont l'un des plus grands triomphes du capitalisme américain, dont les grandes firmes peuvent se prévaloir. En 1929, les 5 % d'Américains les mieux rémunérés recevaient 34 % du total des revenus individuels ; en 1946, cette part est tombée à 18 % (« plus de la moitié du chemin vers l'égalité complète », s'enthousiasme le National Bureau of Economic Research[12]). Pour les 1 % situés au sommet de l'échelle, le plongeon est encore plus important, de 19 % du revenu total en 1929 à 7,7 % en 1946[13].

Dans les années 1920, il semblait que le capitalisme américain se partageait selon des frontières de classes, une situation qui n'aurait pas surpris Karl Marx. Les sociologues Robert Lynd et sa femme Helen Merell Lynd tirèrent une division différente de l'observation de la vie à Muncie, Indiana (une petite ville de 35 000 habitants dont les Lynd pensaient qu'elle était représentative des États-Unis et qu'ils baptisèrent « Villemoyenne »). « À première vue, il est difficile de voir quelque organisation que ce soit dans la vie de tous les jours d'une communauté exhibant un ensemble hétéroclite de près de quatre cents manières différentes de gagner sa vie... Pourtant, à y regarder de plus près, cette diversité peut être ramenée à deux types d'activités. Les gens qui y sont engagés seront désignés, tout au long de ce texte, par les expressions "classe ouvrière" et "classe d'affaires". Les membres du premier groupe gagnent leur vie en travaillant principalement avec des objets ; ils utilisent des outils matériels pour fabriquer des biens ou pour produire des services ; les membres du second groupe travaillent de manière prédominante avec des personnes, en vendant ou promouvant des produits, des services ou des idées... Les membres de la classe ouvrière sont deux fois et demie plus nombreux que ceux de la classe d'affaires... C'est en définitive cette division entre classe ouvrière et classe d'affaires qui constitue le clivage principal à Villemoyenne. Le simple fait d'être d'un côté ou de l'autre de la ligne de partage entre ces deux groupes est le facteur qui tend à influencer le plus significativement ce que chacun fera tout au long de sa vie[14]. »

Un manuel de sociologie, paru en 1956, et intitulé *The American Class Structure* souligne combien les États-Unis s'étaient écartés des divisions de classe qui prévalaient à Villemoyenne dans les années 1920. Il attribue la responsabilité principale du changement à la nouvelle organisation dominante de la production. Les grandes firmes américaines ont brouillé la distinction entre ceux qui utilisaient des outils et ceux qui vendaient des services et des idées en créant un large groupe d'ouvriers qualifiés et semi-qualifiés, de contremaîtres, de surveillants, de cadres moyens et de techniciens. « Tous sont des salariés, non des propriétaires. Leurs places dans le système dépendent des règles bureaucratiques régissant l'entrée et les promotions ; le monde des affaires calque de plus en plus son organisation sur celle de la fonction publique. Un homme choisit le niveau au sein duquel il va travailler d'après le type d'études qu'il a suivies et le niveau qu'il a atteint ; la suite dépend de la compétition bureaucratique. » L'auteur du manuel s'emploie à montrer comment le caractère bureaucratique des grandes firmes a pour effet de réduire les inégalités de revenus : le fait que les catégories d'emploi soient calquées sur celles de la fonction publique favorise les échelons inférieurs et impose une contrainte aux échelons supérieurs. « Le salaire est déterminé par le rôle fonctionnel dans la structure bureaucratique. La tendance est à une réduction des inégalités en matière de distribution des revenus. La part relative des propriétaires diminue au profit de celle des salariés ; les membres des professions libérales et les employés de bureau perdent une partie de leur avantage par rapport aux ouvriers[15]. »

La bureaucratie des grandes firmes a créé une classe moyenne nouvelle et en expansion, dont les revenus sont basés non pas sur la possession d'entreprises, mais sur le rang dans la bureaucratie. « La majorité d'entre nous sont des salariés », note le principal éditorialiste du magazine *Life* au cours de l'année 1952. « En tant qu'individus, nous pouvons détenir un grand nombre de biens ; pourtant, le plus souvent, nous ne possédons pas ce qui nous fait vivre. Mais la possession par la firme de biens physiques... n'est pas non plus la seule raison pour laquelle nous travaillons pour elle. Nous travaillons pour elle parce que l'organisation elle-même... est devenue l'unité de production[16]. »

Bien entendu, les inégalités sont encore très fortes dans les États-Unis des années cinquante. Les très pauvres restent presque invisibles. Les Noirs sont ouvertement relégués à une citoyenneté de second rang. Rares sont les femmes qui osent aspirer à des métiers autres qu'enseignantes ou infirmières. (En 1957, United Airlines affirme fièrement que son service « homme d'affaires » entre New York et Chicago inclut des pantoufles confortables, un dîner complet, et « aucune femme à bord en dehors des deux hôtesses de l'air[17] ».) Il faudra attendre des décennies pour que ces barrières commencent à tomber.

4

LES GRANDES firmes américaines sont organisées comme des bureaucraties militaires, en vue de la mise en œuvre efficace de plans préconçus. Ce n'est sans doute pas un hasard si les vétérans de la guerre qui peuplent les grandes firmes américaines dans les années cinquante s'accommodent si naturellement de leurs hiérarchies bâties sur le modèle de l'armée. Elles sont décrites pratiquement dans les mêmes termes : chaînes de commandement, portée des contrôles, classification des emplois, divisions et leurs chefs, procédures opératoires standard pour guider toutes les décisions. En cas de doute, consulter le livre. Tous les emplois sont définis à l'avance par des règles et des responsabilités préétablies. Des organigrammes fixent les hiérarchies internes. Au sommet, un grand rectangle contient le nom du PDG ; aux niveaux inférieurs, les rectangles deviennent de plus en plus petits et nombreux. Comme dans l'armée, une grande importance est accordée à la permanence du contrôle – pour le supérieur hiérarchique sur son habileté à inspirer la loyauté, la discipline, et l'obéissance aveugle, et pour le subordonné sur sa capacité à être ainsi guidé.

Un contrôle absolu est nécessaire pour que les plans soient mis en œuvre avec exactitude. Et l'exactitude est indispensable pour bénéficier des économies d'échelle dans la production, et pour assurer un contrôle effectif sur les prix et les marchés. Là aussi, la ressemblance avec le fonctionnement de l'armée mérite d'être notée. Comme dans la guerre, la planification stratégique demande une décision sur l'endroit où vous voulez aller, suivie par un plan pour mobiliser vos ressources et vos troupes pour y arriver. La grande firme veut travailler à pleine capacité, pour produire une énorme quantité de biens à un prix qui doit couvrir les coûts et procurer un profit confortable. La production est guidée par des objectifs préétablis, et les ventes par des quotas déterminés à l'avance.

Le système n'exclut pas les innovations. Mais les nouvelles inventions arrivent sous forme de sauts spectaculaires plutôt que d'une suite de petits progrès. Les améliorations mineures ne peuvent être planifiées ni contrôlées efficacement. D'un autre côté, les changements importants se prêtent à une préparation méticuleuse. Les nouveaux produits sortent parfaitement au point des laboratoires et des ateliers de dessin. De cette manière, si les stratèges financiers et les responsables du marketing sont favorables au nouveau produit, l'ensemble du processus de production va être modifié pour s'adapter à lui. De nouvelles machines vont être installées, la configuration des chaînes de production revues, de nouveaux fournisseurs recrutés, des campagnes de publicité et de marketing planifiées avec soin. Une préparation très détaillée est nécessaire pour une production en grandes séries, dans la mesure où chaque étape doit être parfaitement synchronisée avec toutes les autres. Et parce que les grandes firmes américaines du milieu du siècle réinvestissent une bonne moitié de leurs gains dans de nouvelles usines, dans de nouveaux équipements, dans la recherche-développement, elles ne peuvent se permettre un accueil défavorable du marché. RCA a passé près de dix ans à développer le premier téléviseur disponible dans le commerce. Du Pont travailla douze ans pour mettre le nylon en production. Union Carbide a eu besoin de plus de dix-sept ans pour mettre complètement au point l'hydrogénation du charbon. Quelques échecs, comme la Ford Edsel, méritent d'être signalés seulement à titre d'exceptions à cette règle générale qui veut qu'une préparation méticuleuse conduise au succès. (Un mauvais présage, symptomatique d'une planification menée dans de mauvaises conditions : le modèle voué à l'échec avait été exposé pour la première fois lors d'une soirée somptueuse, agrémentée par la musique douce du fameux orchestre du regretté Glenn Miller ; les premières photographies parues dans des journaux donnaient moins d'importance à la voiture qu'aux instruments des musiciens, décorés par les initiales malheureuses – pour Ford – du chef de l'orchestre.)

5

Au sommet des vastes bureaucraties, occupant un rectangle trop grand pour n'importe quel organigramme, se situent les industriels-hommes d'État. Reprenant les termes d'Adolf Berle et de Gardiner Means deux décennies plus tôt, ils ne perdent aucune occasion de dire à la nation qu'ils ont le devoir de concilier les besoins de tous ceux qui subissent les conséquences des décisions de leur firme, y compris la collectivité au sens large. Dans une adresse datant de 1951 et typique de l'époque, Frank Abrams, président de la Standard Oil of New Jersey, proclame que « Le rôle de la direction est de maintenir un équilibre juste et efficace entre les exigences des différents groupes directement concernés... actionnaires, salariés, consommateurs, et public au sens large. Les chefs d'entreprise se rapprochent d'un statut de profession libérale, en partie parce qu'ils voient dans leur travail les responsabilités fondamentales [à l'égard du public] que les autres membres de professions libérales ont depuis longtemps reconnu dans le leur[18]. » *Fortune* sermonne solennellement ses lecteurs sur le devoir qui leur incombe, en tant qu'industriels-hommes d'État, d'adopter une perspective à l'échelle nationale : « Pour prendre le point de vue du professionnel, le dirigeant doit adopter une attitude détachée, réservée, à l'égard des opportunités et des tactiques du moment. Il doit devenir un industriel-homme d'État[19]. »

Ce n'est pas une parole en l'air. Le rôle d'industriel-homme d'État échut naturellement à ces hommes, dont beaucoup avaient occupé des postes importants dans l'Administration durant la Seconde Guerre mondiale. Tout au long des années cinquante, ils continuent à participer à des groupes de travail conseillant les Pouvoirs publics, à des commissions, à des comités spéciaux, à des groupes de projet. Quand Engine Charlie Wilson amène avec lui, au Pentagone, toute une section de cadres supérieurs de General Motors, Adlai Stevenson affirme que les États-Unis ont ôté le Gouvernement des États-Unis des mains des acteurs du New Deal pour le confier à des marchands de voitures. Ces hommes qui se décrivent eux-mêmes comme des industriels-hommes d'État n'hésitent pas à intervenir devant le Congrès. Ils donnent généreusement leur temps et leurs avis sur ce qui est bon pour la nation. Leurs vues retiennent l'attention, ne serait-ce que parce qu'ils exercent un pouvoir non négligeable sur l'économie. Leurs décisions sont souvent cruciales pour des régions entières du pays, et pour la nation dans son ensemble — qu'elles portent sur les hausses de prix, l'ouverture ou la fermeture d'usines, l'embauche ou le licenciement de salariés.

Leur influence personnelle est renforcée par leur tendance à être du même avis sur les grands problèmes de l'heure. Cet accord ne résulte pas d'une conspiration ou d'une cabale, mais du fait qu'ils ont partagé dans une large mesure les mêmes expériences formatrices et acquis de ce fait les mêmes perspectives. Ils ont fréquenté les mêmes écoles privées coûteuses, les mêmes universités. Ils lisent les mêmes journaux, appartiennent aux mêmes clubs, prennent leurs vacances dans les mêmes stations balnéaires. Chacun est membre des conseils d'administration des sociétés dirigées par ses pairs (En quittant le secrétariat à la Défense, en 1957, Engine Charlie dit à la presse, avec une candeur caractéristique, qu'il est impatient de rejoindre quelques conseils d'administration « juste pour garder le contact avec quelques vieux amis[20] ».) En bref, les industriels-hommes d'État américains conçoivent de la même façon les problèmes auxquels la nation est confrontée et les opportunités qui lui sont offertes, simplement parce qu'ils conçoivent tout de la même façon.

Au-dessous d'eux, se situent les cadres de direction et les responsables de la planification stratégique, qui gèrent des volumes de production toujours accrus. Directement en-dessous d'eux, une couche de chefs de départements, de cadres supérieurs traduisent les plans en opérations quotidiennes. Encore en dessous, des couches successives de cadres moyens — chefs de divisions, directeurs d'unités, directeurs des ventes, contremaîtres, etc. — font passer l'information de haut en bas et de bas en haut, et interviennent comme médiateurs dans les conflits.

Au milieu du siècle, le cadre moyen des grandes firmes américaines n'est pas, au sens le plus courant, un individualiste farouche. Au contraire, sa tendance au conformisme fait l'objet de très nombreux commentaires à cette époque. Il est, selon le best-seller du sociologue David Riesman *La Foule solitaire*, anonyme et « dirigé par les autres[21] » ; c'est un « homme de l'organisation » sans visage, selon un autre best-seller paru lui aussi durant cette période[22]. Mais sa docilité et son conformisme sont parfaitement cohérents avec le système de production en grandes séries et standardisé sur lequel il veille. Le système ne demande ni ne récompense une pensée originale. Au milieu des années cinquante, selon un sondage effectué auprès des directeurs du personnel chargés d'embaucher et de promouvoir les cadres moyens, 70 % d'entre eux sont d'accord avec cette phrase : « Parce que l'époque de la croissance chaotique des entreprises est terminée, ce dont l'entreprise a le plus besoin est un cadre adaptable, ayant acquis des compétences en matière de gestion, et s'occupant principalement des relations humaines et des techniques propres à faire de l'entreprise une équipe travaillant sans à-coups[23]. »

L'« homme de l'organisation » rejoint son entreprise en sortant de l'université, et il y reste souvent jusqu'à la retraite. Parmi les 800 cadres dirigeants des 300 plus grandes firmes interrogés en 1952, les trois quarts n'avaient pas changé d'entreprise depuis plus de 20 ans[24]. Comme le « salarié à vie » japonais des dernières décennies du XXe siècle, le cadre américain du milieu du siècle est un bureaucrate loyal.

6

AU-DESSOUS du cadre moyen arrive le fantassin du capitalisme américain — l'ouvrier de production, le col bleu transportant sa musette, effectuant la même tâche heure après heure, jour après jour. Au milieu du siècle, 15 millions d'entre eux sont syndiqués, soit 70 % des ouvriers d'usine, mineurs et cheminots américains. Avant et immédiatement après la guerre, les conflits avec la direction sont durs, mais dans les années cinquante ces désordres prennent fin. Cette trêve sociale est due en partie au Taft-Hartley Act, voté en 1947 par un Congrès merveilleusement en accord avec le nouvel ascendant du monde des affaires. Cette loi proscrit la restriction des recrutements aux seuls salariés syndiqués ainsi que les boycotts secondaires ; elle confère au président le pouvoir d'interdire les grèves mettant en danger la santé ou la sécurité nationale, et d'exiger une période de gel de 90 jours avant le déclenchement d'une grève.

La paix entre les salariés et le management résulte plus encore de la bureaucratisation croissante de l'économie américaine. De plus en plus, les confrontations ne prennent pas la forme de lock-out et de piquets de grève, mais de réunions tenues dans des salles remplies d'avocats et d'employés. Le syndicalisme est devenu lui aussi une bureaucratie, reflétant la structure du monde des affaires. Walter Reuther et John Lewis sont aussi connus, et presque aussi puissants qu'Engine Charlie. Et presque aussi respectables : les éditeurs de *Fortune* expriment l'avis que « le nouveau leader syndical est un membre de la nouvelle classe. Son salaire est élevé. C'est un personnage public. Il détient un pouvoir dans la société[25]. » Les principaux syndicalistes ont rejoint l'establishment. « Les dirigeants syndicaux [sont] accueillis à bras ouverts dans les associations de charité et les organisations patriotiques... Un nombre croissant d'entre eux arborent, avec un éclat académique, la robe et la capuche écarlate des diplômes honorifiques[26]. »

Au moment des négociations, les leaders syndicaux nationaux et les dirigeants des grandes firmes s'expriment en termes menaçants devant la presse ; pendant ce temps, les bureaucrates et les spécialistes des deux camps s'assoient derrière des portes closes, comparent chiffres et données financières, et se mettent d'accord.

De tels compromis sont possibles parce que les syndicats sont organisés par secteur industriel — automobile, construction aéronautique, sidérurgie, industrie du caoutchouc, construction navale, verre, papier, équipement électrique, produits chimiques ; toute augmentation de salaires ou tout avantage social s'étend ainsi à l'ensemble des entreprises du secteur. Comme les grandes firmes de chaque secteur coordonnent déjà leurs prix, il est relativement facile pour leurs négociateurs de donner leur accord pour des augmentations de salaires généreuses, qui seront répercutées ensuite sur les consommateurs via des augmentations de prix. Les dirigeants d'entreprises trouvent cet arrangement anodin préférable à des grèves et à des arrêts de travail, qui mettent en péril le flux régulier de la production de masse. De même, les leaders syndicaux savent jusqu'où ils peuvent pousser leurs demandes sans inquiéter indûment les hommes politiques, qui redoutent l'inflation. « Là où vous avez un secteur industriel bien établi et un syndicat bien établi, vous avez atteint le point où une grève n'a plus de sens », observe George Meany, le président de l'AFL-CIO[27].

Malgré une légère diminution du taux de syndicalisation au cours des années cinquante et soixante, des accords salariaux généreux conduisent à des augmentations régulières des niveaux de salaires pour l'ensemble de l'industrie. Pendant plus d'un quart de siècle, les salaires réels des ouvriers américains augmentent, en moyenne, de 2,5 % à 3 % par an. Les avantages sociaux s'accroissent parallèlement. En 1950, 10 % des accords syndicaux prévoient des retraites, et seulement 30 % incluent une assurance sociale ; cinq ans plus tard, 45 % accordent des retraites aux travailleurs, et 70 % des assurances-vie et accidents, ainsi qu'une assurance santé comprenant l'hospitalisation et les soins de maternité. Les congés payés deviennent la norme, ainsi que les compléments d'allocations-chômage pour les salariés licenciés, venant s'ajouter à celles versées par les États. Pendant une décennie, les salaires sont immédiatement ajustés à toute augmentation du coût de la vie résultant de l'inflation.

Symbole de cette transformation, la façon dont les syndicats sont perçus dans la culture américaine. Non plus comme un mouvement social, mais comme une institution politique et économique bien établie. Ils partagent avec le monde des affaires la responsabilité d'assurer la prospérité toujours croissante de la nation. Les années trente étaient l'ère du drame prolétarien, comme dans la mordante pièce en un acte de Clifford Odets intitulée *Waiting for Lefty*, qui avait pour thème l'exploitation des travailleurs par leurs patrons. « Nous sommes les oiseaux de malheur de la classe ouvrière », proclame l'un d'eux, en guise de défi, dans la scène finale, après que Lefty, qui essaie d'organiser un syndicat, a été assassiné par les patrons, « et quand nous mourons, ils savent que nous le faisons pour construire un monde nouveau ». Le rideau tombe sur les chants de colère des travailleurs : « Grève, grève, grève ! »

Dans les années cinquante, le drame prolétarien fait place à la comédie musicale, comme dans le succès de Broadway *Pajama Game (Le jeu du pyjama)*. Ici, une grève menace, dans la société Sleep Tite Pajama. Mais le dénouement est quelque peu différent, et emblématique de l'ère nouvelle. Après une série de confrontations traitées sur le mode de la farce, le jeune président réactionnaire de la société accède finalement à la demande de ses employés, qui réclamaient une augmentation de 7,5 % du salaire horaire. Dans le final, le président apparaît dans la joyeuse soirée-pyjama de ses employés.

3
Le compromis national

De même que chaque entreprise semblait mieux fonctionner si vous investissiez une partie de ses profits dans des améliorations, de même l'ensemble des entreprises pris comme un tout semblait mieux fonctionner si vous investissiez une partie du revenu national dans l'amélioration des revenus et du statut des groupes aux revenus les plus faibles, leur permettant d'acheter davantage de produits et donc d'accroître le marché pour tous.

FREDERIK LEWIS ALLEN
The Big Change (1952)

EN ÉCHANGE de la prospérité, la société américaine accepte la légitimité et la permanence de la grande firme. L'État ne s'immiscera plus dans les prérogatives des chefs d'entreprise. Certes, des réglementations seront finalement mises en œuvre, avec plus ou moins d'ardeur, pour limiter les effets indirects néfastes de l'activité économique sur la santé publique, la sécurité, l'environnement et les droits civils ; mais il n'y aura pas de retour aux contrôles de la période de guerre, à la planification industrielle de l'ère de la Grande Dépression, et pas de flirt avec les nationalisations, comme dans certains pays d'Asie et d'Europe. L'État ne cherche pas non plus à faire appliquer les lois anti-trust avec la rigueur et la passion qui s'emparaient périodiquement des réformistes durant les décennies passées. La collusion tacite entre les plus grandes firmes de chaque secteur industriel (ou, dans le langage plus technique et moins alarmiste de la théorie économique, « la coordination oligolistique ») devient une réalité acceptée de la planification du secteur privé pour une production de masse.

Au contraire, les fonctionnaires considèrent comme l'une de leurs responsabilités premières le maintien à un niveau satisfaisant des profits des grandes firmes. L'État offre des prêts à taux d'intérêt faible pour l'achat de logements neufs, qui constituent une stimulation efficace. Il cherche à atténuer les fluctuations conjoncturelles, de sorte que les grandes firmes puissent plus facilement planifier leur production de masse sans s'inquiéter plus que nécessaire d'une chute ou d'une hausse soudaine de la demande pour leurs produits. Pour contrebalancer les tendances de l'économie à fluctuer, les responsables de la Réserve fédérale se chargent d'ajuster l'offre de monnaie et ceux du Bureau du budget les dépenses de l'État. Il arrive qu'un président sermonne les dirigeants des grandes firmes et les leaders syndicaux, pour les persuader de renoncer à une augmentation des prix et des salaires qui semble trop généreuse ; mais c'est seulement dans une situation d'urgence que le Gouvernement cherche à contrôler directement les prix.

La détermination du niveau d'inflation tolérable reste pourtant un sujet de controverse. Les républicains conservateurs, dont font partie la majorité des principaux hommes d'affaires américains, préfèrent éviter le plus possible l'inflation, même au risque d'un chômage important. Cette préférence est compréhensible, si l'on songe que leurs électeurs sont des prêteurs, et que la valeur de leurs prêts est réduite par l'inflation ; en outre, ils ne sont pas les plus exposés à un risque de licenciement en cas de récession économique. Les démocrates, de l'autre côté, préfèrent un plus haut niveau d'emploi, même au prix d'un surcroît d'inflation. Cette préférence est tout aussi compréhensible, étant donné que leurs électeurs tendent à être endettés et à occuper des emplois plus menacés. Ce conflit entre les deux partis aboutit à un compromis au Congrès — l'Employment Act de 1946 — qui substitue « emploi maximum » à la version initiale « plein emploi », avec pour résultat un mandat trop vague et peu efficace comme guide d'action.

2

PRÉPARER les enfants américains à un emploi rémunérateur relève aussi de la responsabilité publique. Dans le cadre du système américain de production de masse standardisée, cette responsabilité n'est pas difficile à assumer. Pour la plupart des emplois, il suffit d'être capable de comprendre des directives simples, écrites ou orales, et de montrer un contrôle de soi suffisant pour les mettre en œuvre.

Ainsi, au milieu du siècle, l'enseignement primaire et secondaire est le reflet du système de production de masse. Les enfants vont de classe en classe en suivant une séquence prédéterminée de sujets standard, comme sur les chaînes de montage d'une usine. À chaque étape, certains faits sont mis dans leurs têtes. La piste la plus rapide est réservée aux enfants ayant la plus grande capacité à absorber les faits, et dont le comportement est le plus soumis. La piste la plus lente est attribuée à ceux qui ont la moindre capacité pour la rétention des faits et l'auto-discipline. La plupart des enfants se retrouvent sur une piste de vitesse moyenne. Des tests standardisés sont administrés de manière routinière à certains points de contrôle ; ils mesurent combien de faits ont été enfoncés dans les petites têtes ; les « produits défectueux » sont retirés de la chaîne et renvoyés à l'atelier pour un nouveau façonnage. Comme dans le système de production de masse, la discipline et l'ordre passent avant tout.

Ici aussi, la standardisation permet les économies d'échelle. Comme les ouvriers d'usine, les professeurs n'ont guère de liberté sur ce qu'ils doivent faire à chaque étape de la chaîne. On leur demande de suivre des plans préparés par des spécialistes au plus niveau de la hiérarchie de l'éducation, et transmis vers les étages inférieurs par des couches de proviseurs, censeurs, conseillers d'éducation. Et, comme pour la production industrielle, la grande taille apparaît comme la meilleure solution. Les petites écoles communales sont, de manière continue, rassemblées dans des écoles toujours plus grandes, donnant naissance à de vastes usines centralisées appelées écoles régionales, où des enfants toujours plus nombreux peuvent être traités sans heurt et en continu.

La préparation est parfaite pour le monde de la production de masse. Au début des années trente, un expert en matière d'éducation, Elwood Cubberly, a décrit par avance l'école américaine idéale dans des termes analogues : « Nos écoles sont, en un sens, des usines dans lesquels une matière première doit être façonnée en produits propres à satisfaire les demandes variées de la vie. Les spécifications pour la fabrication viennent des exigences de la civilisation du XXe siècle, et c'est l'affaire de l'école de former ces enfants conformément aux spécifications imposées. Ceci exige de bons outils, des machines spécialisées, des contrôles permanents de la production pour vérifier qu'elle est en accord avec les spécifications, et l'élimination des gaspillages dans la production. »[1] En 1957, le lancement réussi du premier satellite soviétique amène les Américains à douter de la qualité de leur système d'enseignement. Mais il ne remet pas en cause leur vision d'une manière fondamentale. La réponse américaine n'est pas de repenser les principes qui organisent l'enseignement, mais de dégager des crédits supplémentaires pour entraîner les professeurs à être plus efficaces dans la production de masse, en particulier en mathématiques et dans les autres disciplines scientifiques.

Les 15 % les meilleurs parmi les élèves des lycées, ceux traités sur la piste la plus rapide, accèdent à l'enseignement supérieur. Ils se placent ensuite sur la piste des cadres qui les mènera vers les sommets de la bureaucratie des grandes firmes. Un peu plus de la moitié des élèves restants ne terminent pas leurs études secondaires. Aucune sanction financière n'est attachée à cet écart de conduite. Des emplois bien payés dans l'industrie attendent aussi bien ceux qui ont achevé leur études secondaires que ceux qui se sont arrêtés en chemin.

3

La défense nationale est le troisième domaine de la responsabilité publique. Les préoccupations de la nation à l'égard de l'Union soviétique donnent une nouvelle signification à l'identité supposée entre l'économie nationale, ses grandes firmes, et le bien-être des Américains. Le conflit entre le capitalisme et le communisme ne doit pas être mené seulement aux limites de l'empire soviétique, mais aussi sur le champ de bataille de l'économie mondiale. Ainsi, au milieu du siècle, les performances économiques des États-Unis sont considérées comme un des aspects de leur préparation à leur défense, et rien n'est plus représentatif de ces performances que la grande firme américaine.

La mission de défense dans la Guerre froide sert de justification toute prête pour l'investissement du secteur public. La contribution indirecte du Spoutnik au système d'enseignement américain est appelée, assez justement, le National Defense Education Act. Son but avoué est de former davantage de scientifiques et d'ingénieurs pour que les Russes ne puissent nous surpasser dans la conquête de l'espace. De la même façon, une nouvelle législation est lancée pour créer un système national de routes à grande circulation — 60 000 kilomètres d'autoroutes pour remplacer les anciennes routes fédérales à deux voies qui traversaient les villes et les villages. Cette législation a été appelée le National Defense Highway Act, et justifiée dans les allées du Congrès par le fait qu'il s'agit d'un moyen de transporter plus rapidement les munitions dans l'éventualité d'une guerre. Aucune discussion publique ne porte sur les autres conséquences, bonnes ou mauvaises, qu'elle pourrait aussi avoir : donner naissance à des banlieues étendues et à des centres commerciaux, causer du tort aux détaillants, faire grossir le secteur des travaux publics, stimuler les ventes d'automobiles, créer une industrie des poids lourds, évincer les péniches et les trains, et réduire de manière radicale le coût du transport et de la distribution des produits à travers le pays.

Il n'est pas non plus reconnu que les milliards de dollars consacrés à la recherche, au développement et à la construction de systèmes d'armement complexes donneront naissance à des technologies ayant des possibilités commerciales. Les firmes travaillant pour la défense nationale inventent les transistors, qui finalement se retrouveront dans toutes sortes d'objets, depuis les téléviseurs jusqu'aux montres. Du complexe militaro-industriel, comme Eisenhower l'a joliment baptisé, émergeront aussi les plastiques solides, les fibres optiques, les lasers, les ordinateurs, les réacteurs et les fuselages d'avions, les jauges de précision, les systèmes sensibles, et un ensemble d'objets électroniques, dont beaucoup apporteront un avantage commercial aux grandes firmes américaines. (Des technologies dont la naissance a été favorisée par le Pentagone proviennent beaucoup d'éléments indispensables à la vie moderne, comme les calculatrices solaires, les raquettes de tennis en graphite, et les téléviseurs télécommandés.)

Les largesses militaires vont à un ensemble sélectionné et relativement stable de grandes firmes, pour la plupart impliquées dans l'aéronautique et les télécommunications. Tout au long des années cinquante et soixante, une centaine de grandes firmes reçoivent deux tiers, en valeur, de tous les contrats pour la Défense. Une dizaine en reçoivent un tiers. Parmi les 100 plus grandes firmes travaillant pour la Défense en 1957, 86 sont encore parmi les 100 dix ans plus tard[2]. Cette permanence manifeste est due en partie à la tendance de leurs cadres dirigeants à être recrutés dans les rangs des fonctionnaires du ministère de la Défense, dont la générosité avec l'argent des contribuables sera récompensée une fois qu'ils auront quitté leur emploi. Elle est due aussi au nombre nullement insignifiant d'emplois industriels bien payés créés par ces firmes dans tout le pays. En 1959 par exemple, 20 % de la population active non agricole est employée, directement ou indirectement, par les principales firmes travaillant pour la Défense ; cette proportion est de 22 % dans l'État de Washington, de 17 % dans l'Arizona, et de 16 % dans le Maryland[3].

4

AU MILIEU du siècle, les échanges commerciaux des États-Unis avec le reste du monde sont très limités. Les économies dévastées par la guerre ne sont pas capables de vendre grand-chose aux Américains qu'ils ne puissent acheter à meilleur prix ou de meilleure qualité chez eux. Elles ne sont pas davantage en mesure d'acheter ce que les Américains pourraient avoir à leur vendre. En 1960, 4 % seulement des voitures achetées par les Américains sont fabriqués hors des États-Unis, un peu plus de 4 % de l'acier, moins de 6 % des téléviseurs, postes de radio, et biens de consommation incluant de l'électronique, et seulement 3 % des machines-outils. Les États-Unis cherchent néanmoins à faire bénéficier le reste du monde des merveilles du capitalisme américain, pour dresser un rempart supplémentaire contre l'expansion du communisme. « Aujourd'hui, le marché libre des États-Unis est la merveille du monde », prêche le magazine *Fortune* pendant l'été 1955. « Son extension à l'échelle internationale confronterait les Soviétiques à une combinaison insurmontable de forces, et en même temps réaffirmerait les principes fondamentaux de liberté sur lesquels notre nation s'est développée jusqu'à atteindre la grandeur. »[4]

Les États-Unis montrent la voie vers un capitalisme mondial modelé sur le capitalisme américain. Dans les premières années de l'après-guerre, le pays se fait le champion d'un système de changes fixes, qui minimisera les fluctuations des taux de change entre les monnaies, d'un Fonds monétaire international qui assurera la liquidité mondiale, d'une Banque mondiale qui rassemblera et dirigera les fonds destinés au développement, et d'un Accord général sur les tarifs douaniers et le commerce (GATT) qui mettra en place et défendra la liberté du commerce international. Les États-Unis envoient des milliards de dollars d'aide vers l'Europe de l'Ouest et le Japon, destinés à la reconstruction des usines, des routes, des voies ferrées, des écoles ; ils dirigent l'aide et le savoir-faire vers les pays en développement. Et ils réduisent sans cesse leurs droits de douane. « Le vieil impérialisme — c'est-à-dire l'exploitation en vue de tirer un profit de l'étranger — n'a pas de place dans nos projets », affirme Harry Truman, dans son Programme en quatre points d'assistance technique aux pays en développement. « Ce que nous envisageons, c'est un programme de développement fondé sur le concept de loyauté démocratique. » Il aurait pu ajouter : « et sur l'endiguement de la menace soviétique ».

Cet effort va se traduire par un succès stupéfiant pour toutes les parties prenantes. Les années 1945 à 1970 sont témoins de la croissance économique la plus spectaculaire et la plus partagée de l'histoire de l'humanité. Le produit national brut de l'ensemble du monde progresse de 300 à 2 000 milliards de dollars. En tenant compte de l'inflation, les revenus sont multipliés par trois, et le commerce mondial par quatre. Mais là encore, les objectifs de sécurité de la nation convergent avec les intérêts des grandes firmes. En aidant à remettre sur pied les économies dominantes du monde, et à tenir ainsi le communisme en échec, le nouveau système mondial de commerce et d'assistance apporte aux grandes firmes de nouvelles opportunités de développement et de prospérité : elles sont beaucoup plus grandes, plus riches, et plus avancées technologiquement que toutes les autres. Le dollar étant la monnaie de référence du système de taux de change fixes, les grandes firmes et les banquiers américains peuvent étendre leur emprise en prenant un minimum de risques. Grâce à leur contrôle sur la Banque mondiale, les Américains peuvent concentrer l'aide au développement précisément là où les grandes firmes américaines perçoivent les meilleures opportunités. Et aussi longtemps que les bénéficiaires de l'aide américaine l'utilisent pour acheter des produits américains, les grandes firmes peuvent se lancer dans le commerce mondial, confiantes dans la réceptivité des marchés. Avec ces moyens, le terrain de jeu du commerce mondial est suffisamment incliné dans la direction des États-Unis pour que même la National Association of Manufacturers puisse se prononcer en faveur d'une réduction des droits de douane.

Ce n'est pas non plus une simple coïncidence si la CIA découvre des complots communistes là où les grandes firmes détiennent ou souhaitent détenir des droits substantiels sur les ressources naturelles. Quand, en 1953, un mouvement nationaliste et anticolonialiste iranien, dirigé par Mohammed Mossadegh défie le pouvoir du Shah et s'empare de l'Anglo-Iranian Oil Company, la CIA envoie secrètement des millions de dollars à des officiers chargés de ramener le Shah au pouvoir ; une fois cet objectif rempli, un accès généreux au pétrole iranien est accordé à Gulf, Texaco, Socony, Mobil et Standard Oil of New Jersey. La même année, le président régulièrement élu du Guatemala, Jacobo Arbenz Guzman, lance un programme de réforme agraire qui comprend la confiscation des plantations d'United Fruit ; la CIA embauche alors des factieux d'extrême-droite qui, en 1954, aidés par les pilotes de la CIA et les avions fournis par le dictateur nicaraguayen Anastasio Somoza, épargnent finalement à United Fruit un si triste destin. En 1954 aussi, les États-Unis commencent discrètement à être impliqués en Indochine, une autre zone riche en ressources naturelles. Dans les combats qui font rage entre l'Armée coloniale française et le Vietminh, les États-Unis fournissent des renforts appelés par euphémisme « conseillers techniques », des pilotes de la CIA, et 70 % du budget militaire français. Une fois les Français définitivement battus, le président Eisenhower craint que le populaire Ho Chi Minh, qui contrôle désormais le nord du Vietnam, remporte des élections générales. Il refuse de signer les accords de Genève. Il organise au contraire le retour au Sud Vietnam, pour s'emparer du pouvoir, d'un anticommuniste déterminé alors en exil aux États-Unis, Ngo Dinh Diem. En 1965, quand la guerre civile en République dominicaine menace les plantations de sucre américaines, Lyndon Johnson envoie 30 000 marines.

Que les relations avec l'Iran, le Vietnam et l'Amérique centrale soient devenues moins que cordiales dans les décennies suivantes a sans doute quelque chose à voir avec l'ardeur sans défaillance des États-Unis à mettre leur politique étrangère au service de la grande firme américaine.

5

L'ÉCHELLE et la supériorité des grandes firmes étendent l'emprise du capitalisme américain bien plus que le Departement of Defense ou la CIA. Coca-Cola, Ford, General Motors, Heinz, National Cash Register, Sears, IBM et un grand nombre d'autres grandes firmes exportent non seulement leurs produits mais, plus important, leurs méthodes de marketing et leur savoir-faire — sous la forme d'usines, de points de vente et de publicité sur toute la planète. Et, au moment où les citoyens du monde acquièrent le goût pour les produits américains fabriqués chez eux, et la capacité de les payer, les Américains bénéficient d'un flux toujours croissant de dividendes et de royalties venant de tous les coins du monde.

La société multinationale américaine ne manque pas de générosité à l'égard de ses hôtes étrangers, mais elle maintient un contrôle serré. Les étrangers qui deviennent cadres moyens dans ses installations ont typiquement moins de liberté d'action dans leur travail que leurs *alter ego* américains. (General Motors, par exemple, donne à tous ses cadres étrangers un manuel de 300 pages détaillant ses procédures opératoires.) Les étrangers sont rarement invités à partager les succès des opérations américaines qu'ils accueillent. IBM préfère se retirer d'Inde plutôt que de vendre une part minoritaire dans ses activités à des partenaires locaux.

De fait, le terme « filiale », utilisé pour désigner les opérations à l'étranger des grandes firmes, suggère pourquoi les étrangers ne se sentent pas à l'aise dans la relation. Ils se sentent subordonnés non seulement aux intérêts de l'économie américaine mais aussi à la stratégie américaine dans la Guerre froide. En effet, Washington ne cesse d'exiger que les filiales étrangères des sociétés américaines n'entretiennent aucune relation commerciale avec le bloc soviétique. Le ton pressant du livre polémique de Jean-Jacques Servan-Schreiber *Le Défi américain* résume l'état d'esprit prévalant en Europe et dans les autres régions dominées de manière croissante par le capitalisme américain. Dans des termes presque identiques à ceux que certains commentateurs emploieront deux décennies plus tard à propos du défi japonais, il avertit que l'Europe est en train de succomber face aux États-Unis : « L'industrie américaine se répand à travers le monde d'abord à cause de l'énergie libérée par la firme américaine. » Cette énergie provient elle-même d'« un système économique très organisé basé sur des grandes unités, financées et guidés par le Gouvernement national ». C'est, en d'autres termes, un couplage stratégique de la puissance nationale et de la puissance des firmes. « Le plus frappant est le caractère pour ainsi dire stratégique de la pénétration industrielle américaine. Elle choisit, un par un, les secteurs marqués par… un fort coefficient de croissance[5]. »

Le choix est clair : « … construire une Europe indépendante ou la laisser devenir une annexe des États-Unis[6]. » Servan-Schreiber, et beaucoup d'autres Européens, sont davantage attirés par la première possibilité. Et, semble-t-il, la meilleure façon de construire une Europe indépendante est de créer des champions nationaux que les Européens puissent considérer comme les leurs. Dans les années soixante, le Royaume-Uni rassemble ses constructeurs automobiles dans British Leyland, ses sidérurgistes dans British Steel et ses fabricants d'ordinateurs encore balbutiants dans ICL ; Renault devient le champion français dans l'automobile, Bull son champion informatique, Usinor et Sacilor ses champions dans l'acier ; l'industrie chimique italienne est concentrée dans Montedison et la sidérurgie dans l'IRI ; et ainsi de suite. Certains de ces nouveaux champions nationaux sont ouvertement propriété de l'État, alors que d'autres sont fortement subventionnés. Mais quelle que soit la forme d'organisation, les accords sont beaucoup plus explicites entre les nations européennes et leurs grandes firmes qu'entre les États-Unis et les leurs.

6

RÉSUMONS les termes du compromis national au milieu du siècle. D'abord, la grande firme planifie et réalise la fabrication d'une grande quantité de biens. Cette grande quantité permet des économies d'échelle significatives, ce qui réduit le coût de production de chaque unité. Du fait de la coordination avec les autres grandes firmes, les prix peuvent être maintenus à un niveau assez élevé pour assurer des revenus substantiels. Une part importante de ces revenus sont réinvestis dans de nouvelles usines et de nouveaux équipements, mais une part significative va aux cadres moyens et aux ouvriers. Les syndicats, en contrepartie, évitent les grèves et les arrêts de travail qui interfèrent avec la production de masse. Les deux parties s'abstiennent de fixer les prix à un niveau trop élevé, susceptible de relancer l'inflation.

Pendant ce temps, le Gouvernement ne se mêle pas des décisions des entreprises. Il s'abstient de toute forme de planification centralisée, mais autorise les grandes firmes à mettre en œuvre une planification privée, en coordonnant en toute quiétude leurs productions et leurs prix. Pour aider encore les grandes firmes dans leur recherche de la production de masse, le Gouvernement atténue les fluctuations du cycle des affaires. La jeunesse du pays est préparée de manière appropriée aux emplois qui l'attendent dans le système industriel. De plus, le Gouvernement subventionne l'achat des logements neufs, et construit un réseau routier à l'échelle nationale, deux aides supplémentaires à la consommation de masse. Le Gouvernement passe aussi des contrats avec les grandes firmes pour défendre la nation, apportant ainsi indirectement des fonds à la recherche-développement de nouvelles technologies commercialisables. Et le Gouvernement encourage les sociétés américaines à investir à l'étranger, puis protège leurs intérêts après qu'elles l'ont fait.

Le système possède sa propre logique interne. Le monde des affaires, les grands syndicats, et la collectivité dans son ensemble subventionnent la production de masse en vue d'obtenir des économies d'échelle encore plus importantes, permettant en retour le développement d'une classe moyenne américaine et lui donnant les moyens d'acheter cette production croissante. C'est sans conteste un compromis national. L'équation ne dépend pas de la domination sur les marchés étrangers, comme dans les formes anciennes du mercantilisme et de l'impérialisme. L'investissement à l'étranger des multinationales américaines est plutôt considéré comme un moyen d'agrandir le cercle vertueux (et ainsi, en plus, d'empêcher l'extension du communisme dans le monde).

De cette manière, le compromis repose sur un accord tacite entre toutes les parties : dirigeants et investisseurs du monde des affaires, salariés, et collectivité, représentée par le Gouvernement. Ils acceptent certaines restrictions, sacrifiant des gains immédiats en faveur de gains plus élevés pour tous un peu plus tard. C'est une illustration presque parfaite de ce qu'Alexis de Tocqueville avait appelé le « principe de l'intérêt individuel bien compris », selon lequel les Américains sont prêts à faire des sacrifices en faveur du bien-être général, non par altruisme ou par patriotisme, mais en raison des bénéfices ultérieurs que l'action collective va leur procurer.

Le compromis national est bien sûr rarement discuté ouvertement. Ses termes se révèlent seulement lorsqu'il semble le plus en danger d'être rompu. Ce fut le cas quand, en 1962, John Kennedy dénonce publiquement Roger Blough, le président d'US Steel, pour avoir augmenté les prix de l'acier et avoir ainsi violé l'accord sur les prix et les salaires trouvé par les syndicats de la sidérurgie et les autres producteurs d'acier. Le compromis n'est pas non plus parfait. Comme je l'ai noté, il ne s'étend pas aux Noirs et aux femmes, ou aux nations plus pauvres qui fournissent aux grandes firmes les matières premières. Néanmoins, il tient ses promesses : pendant un quart de siècle, la classe moyenne américaine se développe et prospère. L'Europe et le Japon participent à ce boom. Leurs propres compromis nationaux, plus explicites que celui des Américains, sont fondés sur la même logique de la production de masse standardisée.

4
Le problème présumé

> La perte de compétitivité de l'industrie américaine pendant la dernière décennie n'a été rien moins qu'un désastre économique.
>
> *Business Week* (30 juin 1980)

CE FUT une simple question de temps pour que le savoir-faire américain en matière industrielle, lancé dans le monde de l'après-guerre, décrive un cercle complet et revienne à l'endroit d'où il était parti, comme un boomerang géant. Certains avaient pressenti ce retour. En 1953, RCA, Westinghouse, Du Pont, Armco Steel, et General Electric vendent des brevets aux Japonais et participent au démarrage d'entreprises industrielles japonaises, poussant *Fortune* à demander, innocemment : « Est-ce bien conforme aux intérêts à long terme des États-Unis ? Est-ce qu'une industrie japonaise revitalisée ne va pas tailler dans les marchés américains à l'étranger, et envahir de plus en plus notre marché domestique[1] ? » Mais durant ces années de boom pour la production de masse, ces inquiétudes semblent exagérées aux yeux de ceux qui occupent les plus hautes sphères du monde des affaires, du travail et de la politique aux États-Unis.

Après deux courtes décennies, les Américains découvrent que les étrangers mettent en œuvre la production de masse pour les produits standard : voitures, téléviseurs, appareils ménagers, lingots d'acier, produits textiles ; ils peuvent ensuite vendre aux États-Unis des produits moins chers, et parfois de meilleure qualité, que ceux des grandes firmes américaines. Ce n'est pas seulement que les travailleurs étrangers soient prêts à peiner pour une petite fraction des salaires et des avantages sociaux croissants des Américains, ou que les étrangers aient un accès moins coûteux à certaines matières premières. (Bien des filiales des grandes firmes américaines tirent déjà parti de ces avantages.) La découverte véritable et humiliante est ailleurs : les étrangers savent construire des usines modernes, et les gérer aussi efficacement que les dirigeants des champions nationaux américains. Ils peuvent ensuite envoyer leurs produits standardisés aux États-Unis et les vendre à un coût remarquablement bas, grâce à l'efficacité croissante des transports et des télécommunications à longue distance (bateaux et avions cargos, containers scellés pouvant être transbordés entre train, bateau, avion et camion, câbles sous-marins puis satellites envoyant des signaux électriques d'un continent à l'autre). Avec l'allègement et la miniaturisation de ces produits (téléviseurs à transistors, circuits intégrés), les coûts de transport chutent encore plus vite. Entre 1970 et 1988, par exemple, le prix du transport, par bateau ou par avion, d'un kilogramme d'importations américaines a baissé de plus de 4 % par an en dollars constants[2].

N'importe qui, ou presque, peut se lancer dans la production de masse standardisée en utilisant l'équipement le plus moderne, et envoyer cette production à bas prix partout dans le monde. La conséquence est inéluctable : à la fin des années soixante, les grandes firmes américaines ne sont plus en mesure d'imposer leurs prix. Elles sont désormais soumises à une concurrence féroce, qui ressemble à celle qu'elles avaient affrontée un siècle plus tôt, à l'aube de la production de masse.

2

QUE FAIRE[3] ? Une stratégie possible est d'agir précisément comme nos aïeux un siècle plus tôt : tenter d'empêcher l'entrée des produits bon marché dans le pays. Ainsi, près d'un siècle après que les États-Unis ont érigé le premier grand mur protectionniste, ils se mettent avec ardeur à en élever un second. Sa construction ne part pas du sol : les fabricants américains de textiles et de vêtements avaient exigé l'instauration de quotas très stricts pour les importations étrangères dès le début de l'après-guerre. Les sidérurgistes font de même en 1969. Au cours des années soixante-dix et quatre-vingt, ils sont suivis tour à tour par les fabricants américains de téléviseurs et d'autres biens de consommation à base d'électronique, par les constructeurs automobiles, par les fabricants de semi-conducteurs... À la fin des années quatre-vingt, près d'un tiers, en valeur, des biens standardisés produits aux États-Unis est protégé de la concurrence internationale[4].

Les grandes firmes américaines insistent sur le fait qu'elles se défendent simplement contre les pratiques « déloyales » des firmes étrangères. Pourtant, la nature de cette déloyauté est rarement précisée. Il est dit que les étrangers « font du dumping » aux États-Unis, un terme éveillant l'image d'énormes piles de biens de consommation durables de qualité inférieure et de gadgets bon marché salissant les plages américaines*. En fait, le mot « dumping » ne décrit rien de plus que le comportement de producteurs étrangers agissant comme tout compétiteur qui se respecte et qui souhaite vendre ses produits en grandes quantités : attirer ses premiers clients par un prix d'appel, quitte quelquefois à vendre à perte, avec l'espoir de faire des profits plus tard grâce à des économies d'échelle[5]. Parallèlement, les grandes firmes américaines affirment que les producteurs étrangers sont subventionnés par leurs gouvernements ; l'accusation est piquante quand on connaît toutes les largesses que l'État dispense aux firmes américaines : bourses de recherche, contrats pour la défense, renflouements.

Une telle prétendue « déloyauté » n'a que rarement poussé les États-Unis à ériger des quotas et des droits de douane unilatéraux. D'ailleurs, cette pratique aurait violé l'Accord général sur les tarifs douaniers et le commerce (GATT). La tendance plus commune est que les étrangers fautifs consentent à limiter « volontairement » leurs exportations vers les États-Unis ; « volontairement » doit être pris ici dans un sens étroit : ils acceptent en sachant parfaitement qu'ils subiraient un sort plus sévère, comme un quota plus restreint dirigé uniquement contre eux, s'il leur prenait l'envie de refuser.

La stratégie protectionniste apporte un soulagement temporaire à certaines grandes firmes américaines ; mais c'est un palliatif qui, en aucun cas, ne parvient à restaurer les revenus élevés et toujours croissants prévalant vingt ans auparavant. Tout d'abord, chaque

---

* *En anglais, le verbe « to dump » a pour sens propre « déposer » et s'applique en particulier aux déchets. (NdT)*

fois qu'un secteur industriel obtient une protection, un autre secteur, situé en aval du précédent, se trouve pris en sandwich. Après que les sidérurgistes ont barré la route à l'acier étranger, les trois grands constructeurs automobiles américains découvrent qu'ils doivent payer leur acier 40 % plus cher que leurs concurrents dans le monde ; ils subissent ainsi un handicap qui, paradoxalement, rend encore plus nécessaire de les protéger. Il en est de même pour les fabricants américains de vêtements, quand, les premiers, les textiles bénéficièrent d'une protection, et pour les fabricants américains d'ordinateurs, lorsque les semi-conducteurs étrangers furent bannis du marché américain.

Ce n'est pas la seule difficulté : les exportations étrangères qui sont « volontairement » limitées ont un chic remarquable pour se faufiler à travers la frontière américaine, même quand ce n'est pas à l'intérieur d'autres produits. Quelquefois, elles s'infiltrent via un troisième pays qui n'a pas encore donné son accord « volontaire » pour contenir ses exportations ; quelquefois, la firme étrangère installe un atelier à l'intérieur des États-Unis, où elle se contente d'assembler le produit dont les exportations sont limitées, à partir de composants venant de chez elle. Ainsi, en dépit de la prolifération d'accords de limitation « volontaire », la valeur des produits manufacturés importés par rapport à la production domestique bondit de 14 % à 38 % entre 1969 et 1979 aux États-Unis. En 1986, ce taux est passé à 45 % : pour 100 dollars d'achats de produits manufacturés fabriqués aux États-Unis, les Américains acquièrent 45 dollars de produits manufacturés importés[6].

Les murailles protectionnistes ont un autre effet négatif : les producteurs étrangers s'emparent des autres marchés mondiaux ; en vendant leurs produits partout, à l'exception des États-Unis, ils bénéficient d'économies d'échelles importantes. Protégées derrière leurs frontières, les grandes firmes américaines en profitent beaucoup moins : dans un marché américain relativement terne, la demande pour de nombreux produits standardisés se ralentit en même temps que la croissance de la population. Pendant ce temps, au cours des années soixante-dix, de nombreux marchés étrangers sont en plein boom, des consommateurs de plus en plus nombreux acquérant les moyens de satisfaire leurs appétits pour les biens standardisés.

De plus, la protection n'a pas pour effet d'accroître le niveau de vie de la majorité des Américains. À l'inverse, elle les oblige à payer plus cher ce qu'ils achètent. Au cours des années quatre-vingt, les restrictions « volontaires » d'exportations pour les voitures japonaises aident temporairement les trois grands constructeurs automobiles américains à maintenir leurs profits (mais pas leurs effectifs) ; elles coûtent aux acheteurs de voitures américains un milliard de dollars supplémentaire par an[7].

3

C'EST pourquoi une deuxième stratégie se développe : ce que les étrangers peuvent faire à bon marché, les grandes firmes américaines devraient aussi pouvoir le faire. Les dirigeants américains commencent à demander à leurs salariés d'accepter des réductions de salaires substantielles. Ils s'efforcent aussi de « rationaliser » leurs opérations, en fermant les usines inefficaces et en licenciant des ouvriers. Si ces mesures ne suffisent pas, ils installent de nouvelles usines à l'étranger, dans les pays mêmes où s'effectue la production à bon marché qui déprime leurs profits. La valeur totale des importations provenant d'usines possédées par des Américains et installées à l'étranger passent de 1,8 milliard de dollars en 1969 à près de 22 milliards en 1983, après ajustement pour la hausse des prix[8]. Incapables de les surpasser, les grandes firmes américaines essayent de les rejoindre.

Mais cette stratégie ne suffit pas à restaurer les profits de la plupart des firmes qui la mettent en œuvre. Même quand les entreprises américaines parviennent à abaisser leurs coûts de production jusqu'au niveau de ceux de leurs concurrents étrangers, elles ne réalisent pas pour autant des profits substantiels. Quel que soit le prix qu'elles demandent, les concurrents étrangers arrivent toujours à appâter les consommateurs en demandant un prix encore plus bas et en se contentant d'un taux de profit encore plus faible. La concurrence parfaite, cette pierre de Rosette de l'économiste, finit par supprimer tous les profits, provoquant l'effondrement des meilleures entreprises : certains n'ont pas encore assimilé cette douloureuse leçon.

4

UNE TROISIÈME stratégie est donc imaginée, aussi vaine que les deux précédentes : incapables de bannir les produits étrangers comme de se battre sur les prix, certaines grandes firmes américaines cherchent à préserver leurs profits par des manœuvres financières. Ainsi, dans un mouvement commençant à la fin des années soixante et prenant son ampleur dans les deux décennies suivantes, les grandes firmes américaines se transforment en holdings financières pour le maniement efficace de leurs actifs. Initialement, elles forment des conglomérats d'entreprises exerçant des activités sans liens entre elles ; puis, en cas d'échec, elle les vendent. Tel est le destin humiliant de près de la moitié des sociétés acquises par des conglomérats entre 1965 et 1975[9]. Harold Geneen d'ITT achète quelque 200 sociétés à la fin des années soixante et dans les années soixante-dix, et revend la majorité d'entre elles dans les années quatre-vingt ; tout cela sans augmenter d'un cent la valeur des actions d'ITT, si l'on tient compte de l'inflation. Peter Grace, l'indomptable patron de W.R. Grace, qui fulminait sans cesse contre les gaspillages et l'inefficacité de l'État, s'embarque dans des centaines d'acquisitions pendant les années soixante et soixante-dix ; le résultat est qu'un dollar investi dans sa société au début de son règne a moins de valeur, à la fin des années quatre-vingt, que s'il avait été investi au hasard dans les 500 firmes les mieux notées par Standard & Poor[10].

Quand, à la fin des années soixante-dix, la formation de conglomérats perd ses attraits, les firmes américaines se lancent dans les OPA inamicales et les LBO. Ces deux stratagèmes permettent de remplacer des actions par des dettes, ce qui réduit l'impôt sur les sociétés versé par les firmes (les intérêts sont déductibles, à l'inverse des dividendes payés aux actionnaires). Les avantages fiscaux associés à ces transactions sont clairs ; plus douteuses sont l'efficacité, les synergies et les autres impulsions qu'elles sont censées susciter. Leur premier résultat est que la propriété des sociétés circule, comme dans un jeu de chaises musicales. Une de ces aventures les plus brèves et les plus démesurées est l'achat de R. J. Reynolds par Nabisco en 1985, puis sa revente trois ans plus tard après un LBO totalisant 28 milliards de dollars. Quelquefois, il est difficile de garder trace de toutes les allées et venues, depuis le conglomérat jusqu'au LBO, en passant par l'OPA. Dans les années soixante, la société de location de voitures Avis faisait partie du vaste conglomérat qu'était ITT. Dans les années soixante-dix, ITT vend Avis à Norton Simon, qui subit une OPA d'Esmark. Un an plus tard, Esmark cède aux flatteries de Beatrice Foods. En 1986, c'est au tour de Beatrice de subir une OPA lancée par un groupe d'investisseurs comprenant plusieurs anciens dirigeants d'Esmark. Ils démantèlent rapidement Beatrice et vendent Avis à ses dirigeants. À peine quatorze mois plus tard, ceux-ci vendent la société à ses salariés. Qui contrôle Avis aujourd'hui ? Dieu seul le sait avec certitude, et quelques banques d'investissement.

Encore faut-il, bien sûr, que toutes ces transactions ne portent pas préjudice au système de production. Les sièges sociaux des firmes s'avèrent une base mal adaptée pour jouer à la Bourse. Les ventes et les achats fiévreux des dirigeants de sociétés finissent pas coûter à leurs actionnaires environ trois fois plus que ce qu'un gestionnaire de fonds de placement demande en moyenne pour s'occuper d'un portefeuille de titres[11].

5

LES PROFITS des grandes firmes américaines s'amenuisent donc. Qu'ils soient mesurés par la portion du revenu national allant aux actionnaires et aux autres propriétaires, ou par le taux de rentabilité des investissements, les profits ont décliné depuis le milieu des années soixante. À partir d'un pic de près de 10 % en 1965, le taux de profit moyen après impôts des sociétés non financières américaines descend à moins de 7 % en 1980, une chute d'un tiers. Ceci, il faut le rappeler, à un moment où un dollar sous-évalué aurait dû rendre les exportations américaines relativement attractives pour le reste du monde. Les profits font un bond entre 1982 et 1985, en raison des énormes dépenses militaires décidées par Ronald Reagan ; puis leur baisse reprend[12]. Le Dow Jones commence son ascension en août 1982 ; il atteint un pic en août 1987, juste avant le crack soudain d'octobre (ou la « correction » comme les boursiers de Wall Street préfèrent le désigner) ; mais si l'on tient compte de l'inflation, le pic est en dessous de son précédent maximum de janvier 1966. Les nations industrialisées de l'Europe occidentale font l'expérience de la même baisse des profits, quand leurs firmes les plus grandes cherchent aussi à s'ajuster aux changements dans l'économie mondiale[13].

Le problème supposé de la « compétitivité déclinante » des États-Unis est rendu responsable de tous les maux de cette nation, y compris l'endettement grandissant à l'égard des autres nations, la tendance croissante des étrangers à acheter ses actifs, et la stagnation du revenu moyen. « Certains secteurs de l'industrie américaine qui dominaient autrefois le commerce mondial... ont subi une forte réduction de leurs parts de marché, à la fois aux États-Unis et à l'étranger ; dans quelques secteurs, la présence américaine a même complètement disparu », avertit dans son rapport de 1989 la commission du MIT sur la productivité industrielle[14]. Elle se fait l'écho des préoccupations d'innombrables autres rapports, déclarations et livres blancs publiés par d'autres commissions, groupes de travail et autres comités consultatifs.

Cette façon d'envisager le problème, bien qu'elle ne soit pas totalement fausse, est devenue, dans la dernière décennie du siècle, gravement trompeuse. Elle suppose l'existence d'entités – les firmes américaines, les secteurs industriels américains, même l'économie américaine dans son ensemble – dont la vitalité doit être restaurée pour améliorer le niveau de vie américain. Ces entités, est-il supposé, continuent à jouer le rôle d'intermédiaires entre les Américains et l'économie mondiale, de telle sorte que leur succès est nécessaire pour améliorer la richesse des individus. C'est, bien sûr, une description de l'économie américaine du milieu du siècle, quand les destins économiques de la plupart des Américains étaient liés entre eux, à l'intérieur et autour des grandes firmes et des secteurs industriels américains.

Cette description, pourtant, ne convient plus. Les firmes « américaines » et les secteurs industriels « américains » ont cessé d'exister sous une forme qui permette de les distinguer, d'une manière significative, du reste de l'économie mondiale. Pas plus, de ce point de vue, que l'économie américaine comme un tout ne garde une identité distincte, à l'intérieur de laquelle les Américains dans leur ensemble réussissent ou échouent. Ainsi, supposer que la revitalisation de ces entités abstraites aidera les Américains est désormais une pensée périmée. Le niveau de vie des Américains, comme celui des citoyens des autres nations, dépend moins du succès des grandes firmes de la nation, ou même de quelque chose qui pourrait s'appeler l'« économie nationale », que de la demande mondiale pour leurs compétences et leur perspicacité. C'est vers cette réalité nouvelle que je vais maintenant me tourner.

Deuxième partie

Le réseau mondial

5
De la production de masse à la production personnalisée

La firme moderne de la fin du XXe siècle ne ressemble que superficiellement à son aînée du milieu du siècle. Les noms et les logos des grandes firmes américaines sont toujours emblématiques de l'économie américaine : General Electric, AT&T, General Motors, Ford, IBM, Kodak, American Can, Sears, Caterpillar Tractor, TWA, etc. ; on peut même leur adjoindre quelques nouveaux géants virtuellement inconnus au milieu du siècle, comme Texas Instruments, McDonald's, Xerox, et American Express. Leurs noms continuent à évoquer l'image d'une grande richesse et d'une mainmise sur l'économie. Elles sont toujours dirigées à partir d'immenses immeubles de verre et d'acier ; leurs patrons frayent avec les hommes politiques et les célébrités ; ils rédigent des autobiographies où ils se congratulent sur leur sagesse et leur audace.

Mais, en réalité, tout a changé. La grande firme américaine ne planifie et ne réalise plus la production de grandes quantités de biens et de services ; elle ne possède ni n'investit plus dans de vastes déploiements d'usines, de machines, de laboratoires, d'entrepôts, et d'autres actifs réels ; elle n'emploie plus une armée d'ouvriers et de cadres moyens ; elle ne sert plus de voie d'accès à la classe moyenne. En fait, la grande firme n'est même plus américaine. Elle est, de plus en plus, une façade, derrière laquelle fourmille une multitude de groupes et de sous-groupes décentralisés, qui passent sans cesse, à travers le monde, des accords avec des unités de production tout aussi diffuses.

2

La transformation ne s'est pas opérée en douceur. N'étant plus capable d'engendrer des revenus élevés à partir de la production de masse de biens standardisés, et n'étant pas en mesure de restaurer ses profits en protégeant le marché américain, en baissant les prix, ou par des manipulations financières, les grandes firmes américaines se tournent peu à peu, souvent dans la douleur, vers la satisfaction de besoins exclusifs de clients particuliers. Les firmes qui survivent et prospèrent sont passées de la production de masse à la production personnalisée ; elles l'ont fait par essais et erreurs, d'une façon décousue, souvent dans un grand stress, et habituellement sans avoir clairement conscience ni de ce qu'elles faisaient ni des raisons qui les poussaient. Une transformation analogue est en train de se produire dans d'autres économies nationales qui étaient traditionnellement organisées autour de la production de masse.

Quelques exemples aideront à renforcer l'argumentation[1]. Aux États-Unis, comme dans les autres zones dominantes de l'économie mondiale, les activités les plus rapidement croissantes et les plus rentables de la sidérurgie ne se situent plus dans des établissements-mammouths de 5 000 salariés, produisant de longues coulées de lingots d'acier. Elles consistent à fabriquer des aciers ayant des usages spéciaux : aciers résistants à la corrosion (galvanisés à chaud ou électrogalvanisés) destinés aux voitures, aux camions et à des appareils ménagers spécifiques ; poudre de fer pouvant être utilisée dans des pièces détachées légères et équilibrées avec précision, servant pour des arbres de transmission et pour d'autres pièces de moteur subissant des contraintes très fortes ; alliages comprenant de l'acier mélangé avec du silicone, du nickel ou du cobalt, pour les parties mobiles des turbines et des compresseurs, pour les écarteurs, les joints, et pour d'autres composants d'avions soumis à de hautes températures (McDonnell Douglas achète maintenant, à 50 000 dollars pièce, des pales d'hélicoptère en composite contenant 17 matériaux différents) ; mini-hauts fourneaux, utilisant des arcs électriques et de la ferraille pour satisfaire la demande de clients particuliers. Une transformation analogue est en route dans les plastiques, où les profits élevés ne viennent plus de grandes fournées de polymères de base comme le polystyrène, mais de polymères spéciaux créés à partir d'une combinaison unique de molécules, supportant des niveaux variés de tension et de température et pouvant être moulés en des pièces complexes (comme celles que l'on rencontre dans les téléphones cellulaires et les ordinateurs). Dans la chimie, de la même façon, les plus gros profits sont tirés de produits spéciaux conçus et préparés pour des usages industriels particuliers.

Que le secteur industriel soit ancien ou récent, mûr ou de haute technologie, la situation est la même. Grâce à l'outillage le plus moderne, par fonderie sous pression, sont fabriquées des pièces de précision en aluminium et en zinc pour les structures d'ordinateur, les pièces rapportées, les carters, et les mécanismes d'entraînement. Les entreprises les plus rentables dans le textile sont celles qui produisent des tissus spéciaux pour les voitures, les meubles de bureau, les vêtements imperméables et les tissus muraux. Parmi les firmes qui produisent des semi-conducteurs, celles qui croissent le plus vite et font les profits les plus élevés fabriquent des microprocesseurs spécialisés et des circuits intégrés destinés à répondre aux besoins spécifiques des acheteurs. Maintenant que les ordinateurs ayant des systèmes d'exploitation standard sont devenus des articles courants, les profits les plus importants proviennent des logiciels qui permettent d'utiliser ces ordinateurs pour les besoins particuliers des utilisateurs. (En 1984, 80 % du coût d'un ordinateur était dans le hardware, et 20 % dans les logiciels ; en 1990, les proportions sont exactement inverses.)

Les services traditionnels sont en train de vivre une transformation identique. Dans les télécommunications, les profits les plus élevés viennent des services sur mesure à longue distance, comme le traitement de la voix, de l'image et de l'information ; d'installations reliant les téléphones, les ordinateurs et les fax ; de réseaux de télécommunications spécialisés reliant les individus travaillant dans des lieux différents. Les entreprises de transport routier, ferroviaire et aérien dont la croissance est la plus rapide satisfont les besoins de leurs clients en matière d'enlèvements et de livraisons spécialisés, de containers exclusifs, et d'intégration sur toute la planète des différents modes de transport. Les organismes financiers les plus rentables offrent une grande variété de services (liant la banque, l'assurance et les placements) adaptés aux besoins spécifiques des individus et des entreprises. Les journaux télévisés étant désormais diffusés vingt-quatre heures sur vingt-quatre, les entreprises s'occupant d'information et de transmission de données préparent de la même façon des ensembles uniques d'informations ajustés aux besoins des souscripteurs (des lettres d'information sur mesure, des services vidéo présentant les nouvelles, finalement même des journaux sur videotext adaptés aux microordinateurs). De nouveau, de la production de masse à la production personnalisée.

Ces nouvelles entreprises sont rentables pour deux raisons : d'une part les clients sont prêts à payer un surprix pour des biens et des services qui répondent exactement à leurs besoins, d'autre part cette production personnalisée ne peut être facilement copiée par des concurrents accoutumés à la production de masse. La concurrence continue à comprimer les profits sur tout ce qui est uniforme, courant, standard, c'est-à-dire sur tout ce qui peut être fabriqué, reproduit, ou extrait en grandes quantités partout dans le monde ; mais les entreprises florissantes dans les nations économiquement avancées changent de terrain, et s'appuient sur des produits et des services personnalisés. La nouvelle barrière à l'entrée n'est plus la quantité ou le prix, c'est la capacité à trouver le bon accord entre des technologies spécifiques et des marchés spécifiques. Les grandes firmes ne se focalisent plus sur les produits en tant que tels ; de manière croissante, leur stratégie se concentre sur les connaissances spécialisées.

3

REGARDEZ de près des entreprises engagées dans la production personnalisée, et vous apercevrez trois compétences différentes, mais reliées entre elles, qui leur permettent d'avancer. C'est là, précisément, que réside la valeur. D'abord, les compétences pour résoudre les problèmes, fondées sur la capacité à réunir divers éléments d'une manière inédite, que ce soit pour obtenir des alliages, des molécules, des circuits intégrés, des logiciels, des scénarios, des portefeuilles de titres, de l'information. Ceux qui résolvent les problèmes doivent parfaitement connaître ce que les éléments à leur disposition peuvent donner quand ils sont rassemblés ; ils doivent ensuite transformer cette connaissance en modèles et en instructions pour passer au stade de la fabrication. À l'inverse des chercheurs et des dessinateurs dont les prototypes sortaient du laboratoire ou de la table à dessin entièrement prêts pour la production de masse, ces « résolveurs* de problèmes » sont impliqués dans une

* L'équivalent du mot « solver » manque à la langue française ; nous nous sommes permis de le créer de toutes pièces, car le mot reviendra souvent sous la plume de l'auteur. (NdT)

recherche continuelle en vue de nouvelles applications, de nouvelles combinaisons, de nouveaux raffinements propres à résoudre les problèmes de toutes sortes susceptibles d'apparaître.

Ensuite viennent les capacités nécessaires pour aider les clients à comprendre quels sont leurs besoins, et comment ces besoins peuvent être satisfaits par des produits personnalisés. Pour lancer et vendre des produits standardisés, il faut que de nombreux consommateurs soient persuadés des vertus d'un produit particulier, qu'une masse de commandes soit prise pour ce produit, et qu'ensuite ces commandes soient satisfaites ; à l'inverse, la commercialisation de produits personnalisés requiert une connaissance intime du métier du client, de l'endroit où se situe l'avantage compétitif, et de la manière de le concrétiser. Le point-clé est l'identification de nouveaux problèmes, et des possibilités d'application du nouveau produit personnalisé. L'art de la persuasion est remplacé par l'identification des opportunités.

Enfin viennent les capacités nécessaires pour faire se rejoindre les résolveurs et les identificateurs de problèmes. Ceux qui tiennent ce rôle doivent avoir une compréhension des technologies et des marchés spécifiques suffisante pour discerner le potentiel des nouveaux produits ; ils doivent aussi trouver l'argent nécessaire pour lancer le projet, et rassembler les bons résolveurs et identificateurs de problèmes qui le mèneront à son terme. Ceux qui occupent cette place dans la nouvelle économie étaient typiquement appelés « dirigeants » ou « entrepreneurs » dans l'ancienne, mais aucun de ces termes ne décrit complètement leur rôle dans l'entreprise de production personnalisée. Plutôt que de contrôler des organisations, de fonder des entreprises, ou d'inventer, ils passent tout leur temps à manier des idées. Ils jouent le rôle de courtiers-stratèges.

4

DANS l'entreprise de production personnalisée, les profits ne proviennent pas des économies d'échelle, mais de la découverte continuelle de nouveaux liens entre solutions et besoins. La distinction qui est habituellement tracée entre « biens » et « services » n'a plus de sens. En effet, une trop grande partie de la valeur dégagée par l'entreprise florissante — en fait, la seule valeur qui ne peut pas être reproduite partout dans le monde — provient des services : les services spécialisés de recherche et de développement, nécessaires pour résoudre les problèmes ; les services spécialisés de vente, de commercialisation et de conseil nécessaires pour identifier les problèmes ; et les services spécialisés de stratégie, de financement et de direction pour coordonner les précédents. Chaque entreprise de production personnalisée doit se charger de mettre en œuvre de tels services.

La production d'acier est ainsi devenue une activité de services. Quand un nouvel alliage est préparé pour une densité et une tolérance spécifiques, les services représentent une part significative de la valeur du produit obtenu. Les centres de services pour l'acier aident les clients à choisir les aciers et les alliages dont ils ont besoin, puis inspectent, découpent, enduisent, stockent et enfin livrent les produits. Les fabricants d'ordinateurs exercent de la même façon une activité de services ; une portion de plus en plus importante de chaque dollar payé par un acheteur sert à personnaliser les logiciels, puis à les intégrer dans un système bâti autour d'eux. IBM est une société de services, bien qu'elle apparaisse chaque année sur la liste des plus grandes firmes industrielles du pays. En 1990, plus d'un tiers de ses profits provient de la mise au point de logiciels, soit 18 % de plus qu'au milieu des années quatre-vingt, et plus de 20 % viennent de l'intégration de systèmes d'ordinateurs. La majeure partie du reste dérive de ce que la firme appelle « ventes et soutien », c'est-à-dire de l'aide aux clients pour la définition de leurs besoins en matière de traitement des données, pour le choix du matériel et des logiciels appropriés, pour leur mise en place et leur démarrage, et ensuite pour l'élimination des erreurs de programmation. Parmi les 400 000 salariés d'IBM, moins de 20 000 sont classés comme ouvriers de production, engagés dans un processus de fabrication traditionnel. Même l'ordinateur personnel d'IBM, qui a remporté un énorme succès, inclut toute une série de services : recherche et développement, ventes, service après-vente ; seulement 10 % de son prix d'achat sert à payer la fabrication proprement dite de l'ordinateur[2].

Le système américain de comptabilité nationale continue à séparer industrie et services, classant par exemple les logiciels parmi les services (bien qu'ils soient reproduits comme un bien industriel), et un ordinateur parmi les produits manufacturés (bien qu'une part toujours plus grande du coût d'un ordinateur réside dans des services). L'industrie pharmaceutique est classée dans l'industrie, bien que les coûts de production ne représentent en fait qu'une fraction minime des coûts totaux, qui incluent principalement des services de recherche et développement, les essais cliniques, les achats de brevets, l'obtention des autorisations, et la distribution des médicaments. On nous dit sans arrêt que, dans les années quatre-vingt, près de 80 % des nouveaux emplois ont été créés dans les services, et que maintenant quelque 70 % des salariés du secteur privé travaillent dans ce secteur. Mais comme la frontière devient floue entre services et biens, ces chiffres perdent de plus en plus leur sens du point de vue de ce qui passe réellement dans l'économie, et du lieu où se situe vraiment la valeur.

6
La nouvelle entreprise-réseau

Il y avait... un rite d'initiation mystérieux auquel, d'une manière ou d'une autre, presque tous les membres avaient dû se soumettre. Le terme que les vétérans utilisaient pour désigner ce rite... était « s'engager ». En s'engageant pour le projet, vous acceptiez de faire tout ce qui était nécessaire pour son succès. Vous acceptiez de délaisser, si nécessaire, votre famille, vos loisirs, vos amis, s'il vous en restait (ce qui n'était pas forcément le cas si vous vous étiez déjà engagé de trop nombreuses fois). ... Le travail n'était plus une contrainte. Le travail était volontaire.

TRACY KIDDER,
The Soul of a New Machine (1981)

L'ENTREPRISE de production personnalisée n'a plus besoin de contrôler de vastes ressources, d'encadrer des armées d'ouvriers, ni d'imposer des travaux routiniers. Aussi n'a-t-elle plus besoin d'être organisée comme les vieilles pyramides qui caractérisaient la production standard : des cadres supérieurs puissants ayant autorité sur des couches toujours plus larges de cadres moyens, situés eux-mêmes au-dessus d'un groupe encore plus nombreux d'ouvriers payés à l'heure, tous suivant des procédures d'opérations standard.

En fait, l'entreprise de production personnalisée ne peut pas être organisée de la sorte. Les trois groupes qui donnent à la nouvelle entreprise la plus grande partie de sa valeur — résolveurs de problèmes, identificateurs de problèmes, et courtiers-stratèges — doivent être en contact direct les uns avec les autres pour découvrir constamment de nouvelles opportunités. Des messages clairs doivent circuler rapidement, si les solutions appropriées doivent être appliquées aux problèmes appropriés au moment opportun. La bureaucratie n'a plus sa place.

Les enfants aiment le jeu du téléphone : ils forment une ligne ; le premier chuchote une phrase à l'oreille du suivant, qui lui-même chuchote ce qu'il a entendu au suivant, et ainsi de suite jusqu'à ce que le dernier annonce à haute voix une phrase qui, invariablement, n'a aucune ressemblance avec la phrase originale. Quiconque a pratiqué ce jeu sait ce qui peut arriver quand des messages, même les plus simples, passent par des intermédiaires : « Passez une bonne journée » devient « Sortez de mon trajet ». Si les identificateurs de problèmes doivent envoyer à l'état-major de l'entreprise tout ce qu'ils apprennent à propos des besoins de leurs clients, à travers des couches de cadres moyens, tandis que les résolveurs de problèmes doivent envoyer tout ce qu'ils apprennent sur les nouvelles technologies vers l'état-major à travers autant de couches, et qu'ensuite les deux groupes doivent attendre les décisions de l'état-major sur ce qu'il convient de faire, décisions qui doivent effectuer le même chemin en sens inverse à travers les mêmes canaux bureaucratiques, les résultats seront, pour parler sans excès, tardifs, non pertinents, et probablement déformés.

Ainsi, une des tâches des courtiers-stratèges est de créer des lieux où les résolveurs et les identificateurs de problèmes pourront travailler ensemble sans interférence indue. Le courtier-stratège se charge de faciliter les choses, et a un rôle d'entraîneur ; il trouve les membres des deux groupes qui peuvent apprendre le plus les uns des autres ; il leur procure toutes les ressources dont ils ont besoin, il leur donne le temps de découvrir de nouvelles complémentarités entre les technologies et les besoins des clients ; mais il les guide aussi suffisamment pour qu'ils ne perdent pas de vue les objectifs terre à terre, comme faire du profit.

Les équipes de créateurs résolvent et identifient les problèmes d'une manière très semblable — qu'ils développent de nouveaux logiciels, imaginent une nouvelle stratégie de commercialisation, fassent de la recherche scientifique, ou conçoivent un montage financier. La coordination est davantage horizontale que verticale. Comme les problèmes et les solutions ne peuvent être définis à l'avance, les réunions et les ordres du jour formels ne les mettront pas en évidence. Ils émergent au contraire de relations fréquentes et informelles. L'apprentissage est mutuel à l'intérieur de l'équipe, à mesure que les idées, les expériences, les énigmes et les solutions sont partagées, souvent au hasard. Une solution trouvée pour un problème s'avère applicable à un problème totalement différent ; un échec dans un domaine se transforme en stratégie gagnante dans un tout autre domaine. C'est comme si les membres de l'équipe reconstituaient en même temps plusieurs puzzles avec des pièces rassemblées dans le même tas, des pièces qui peuvent être arrangées de diverses manières pour former plusieurs images différentes. (De telles synergies intellectuelles se rencontrent même, quelquefois, dans les départements universitaires.)

Ainsi, l'entreprise de production personnalisée ne ressemble plus à une pyramide, mais à un réseau. Les courtiers-stratèges sont au centre, mais ils ne sont pas directement impliqués dans un grand nombre de liaisons, et de nouvelles relations sont tissées sans cesse. Chaque nœud du réseau comprend un nombre relativement réduit de membres, qui dépend de la tâche à accomplir, et va d'une douzaine à plusieurs centaines de personnes ; si le groupe est plus important, il ne peut pas pratiquer l'apprentissage rapide et informel[1]. Les compétences individuelles sont combinées de telle sorte que l'aptitude du groupe à innover dépasse celle de la simple somme de ses membres. Au fur et à mesure que le temps passe, et que le groupe travaille sur des problèmes variés et selon des approches différentes, chacun mesure mieux les aptitudes de ses associés. Les membres du groupe apprennent à s'aider les uns les autres pour obtenir de meilleurs résultats, ils découvrent ce que chacun peut apporter à chaque projet et comment ils peuvent tous ensemble accroître leur expérience. Chaque participant est à l'affût d'idées propres à faire avancer le groupe. Cette expérience et ces connaissances accumulées ne peuvent être traduites en procédures opératoires faciles à transférer à d'autres salariés et à d'autres organisations. Chaque nœud de « l'entreprise-réseau » représente une combinaison unique de compétences.

2

La vitesse et l'agilité sont si importantes pour l'entreprise de production personnalisée qu'elle ne peut être alourdie par des frais généraux importants comme des immeubles pour la direction, des usines, des équipements, et des fichiers de personnel. Elle doit être en mesure de changer rapidement de direction, d'explorer des options quand elles se présentent, de découvrir de nouveaux liens entre problèmes et solutions où qu'ils se situent.

Dans l'ancienne entreprise de production personnalisée, les coûts fixes comme les usines, les équipements, les entrepôts et les énormes fichiers de salariés étaient nécessaires pour contrôler les opérations et s'assurer que leur déroulement était conforme aux prévisions. Dans l'entreprise de production personnalisée, ils représentent un poids superflu. Ici, tout ce qui compte est la rapidité à identifier et à résoudre les problèmes, le mariage de la perspicacité technique et du savoir-faire commercial, favorisé par une clairvoyance stratégique et financière. Tout le reste, c'est-à-dire tous les éléments plus standardisés, peuvent être obtenus au moment des besoins. Les bureaux, les usines, les entrepôts sont loués ; le crédit-bail est là pour les équipements standard ; les composants courants sont achetés en gros à des producteurs bon marché, souvent au-delà des mers ; les secrétaires sont engagées de manière temporaire, tout comme les informaticiens pour les traitements routiniers, les employés aux écritures, et les ouvriers pour la production courante.

En fait, un faible nombre de personnes travaillent pour l'entreprise de production personnalisée, au sens traditionnel où ces personnes occupent des emplois stables et reçoivent des salaires fixes. Les occupants des sièges sociaux des firmes, qui passent la majeure partie de leur temps à rechercher la bonne combinaison de solutions, de problèmes, de stratégies et d'argent, sont prêts à partager les risques et les profits de leur chasse. Quand une combinaison prometteuse est trouvée, ceux qui prennent part au projet qui en résulte, au centre du réseau ou sur des nœuds à la périphérie, sont disposés à partager les profits éventuels plutôt que de percevoir des salaires fixes.

Avec ses risques et ses profits largement partagés, et ses frais généraux réduits au minimum, l'entreprise-réseau peut expérimenter. L'expérimentation était dangereuse dans l'ancienne entreprise de production de masse, parce que les échecs, comme celui, célèbre, de la Ford Edsel, signifiaient que l'organisation entière devait changer de direction, revoir tous ses équipements, reformer son personnel, réorienter les ventes et la commercialisation, toutes choses ayant des coûts très élevés. Mais l'expérimentation est la sève de l'entreprise de production personnalisée, parce que la personnalisation des produits requiert un processus constant d'essais et d'erreurs.

Le partage des risques et des profits offre un avantage supplémentaire : il incite puissamment à la création. Pour repérer de nouvelles opportunités dans les technologies et les marchés, les résolveurs de problèmes, les identificateurs de problèmes et les courtiers-stratèges doivent être fortement motivés. Peu de stimulants sont plus efficaces que l'appartenance à un petit groupe engagé dans une tâche commune, partageant les risques de la défaite ou les récompenses potentielles de la victoire. Ces récompenses ne sont pas seulement financières. Souvent, les membres du groupe ont aussi en commun la volonté d'imprimer leur marque sur le monde.

Sur les franges du réseau se placent les fournisseurs de biens et de services standard (usines, équipements, espaces pour les bureaux, composants courants, comptabilité, entretien des locaux, traitement de données, etc.) ; ils signent des contrats pour une durée fixée et à un prix spécifié. De tels arrangements sont souvent plus efficaces que le contrôle direct de salariés[2]. Les fournisseurs, qui gagnent d'autant plus d'argent qu'ils accomplissent leur travail vite et bien, ont toutes les raisons de découvrir de nouvelles méthodes d'efficacité croissante pour accomplir leurs tâches. Pensez par exemple au titulaire d'une franchise McDonald's qui travaille quinze heures par jour et s'arrange pour que son restaurant garde toujours une propreté parfaite ; ou au conducteur d'une machine qui la maintient toujours en parfait état, s'il en est propriétaire et travaille avec elle sous contrat[3].

3

LES RÉSEAUX d'entreprise prennent différentes formes, et ces formes continuent à évoluer. Les plus communes sont les suivantes.

Centres de profit indépendants. Ce réseau supprime les cadres intermédiaires et, en ce qui concerne le développement des produits et les ventes, transfère l'autorité à des groupes d'ingénieurs et de commerciaux (résolveurs et identificateurs de problèmes) dont la rémunération est liée aux profits réalisés par l'unité à laquelle ils appartiennent. Les courtiers-stratèges dans les sièges sociaux apportent une aide financière et logistique, mais laissent les unités libres de leurs dépenses jusqu'à un certain montant. En 1990, Johnson & Johnson comprenaient 166 sociétés indépendantes ; Hewlett-Packard, quelque 50 unités séparées. General Electric,

IBM, AT&T et Eastman Kodak, parmi d'autres, adoptaient aussi cette approche. Pour des raisons assez semblables, les grandes maisons d'édition étaient en train de créer activement de petites maisons d'édition semi-autonomes à l'intérieur de la structure de la société-mère, chacune formée d'une douzaine de personnes ayant des responsabilités très larges dans l'acquisition et l'impression de livres en propre.

Partenariats externes. Dans ce type de réseau, les courtiers-stratèges dans les sièges sociaux agissent comme des pourvoyeurs de capital-risque et des obstétriciens ; ils amènent à maturité les bonnes idées qui jaillissent de groupes de résolveurs et d'identificateurs de problèmes et ensuite (si les idées ont du succès sur le marché) transforment les groupes en entreprises indépendantes dans lesquelles ils conservent une part. Xerox et 3M ont été les premiers à mettre en œuvre des réseaux de ce type aux États-Unis, mais ils n'ont rien de nouveau pour les Japonais. Hitachi, par exemple, comporte actuellement plus de 60 sociétés, dont 27 sont l'objet de transactions publiques. Certaines firmes de capital-risque et certains partenariats de LBO ressemblent à ce type de réseau, dans lesquels les risques et les gains sont partagés entre le centre et les dirigeants des entreprises séparées.

Partenariats internalisés. Dans ce type de réseau, les bonnes idées jaillissent de groupes indépendants de résolveurs et d'identificateurs de problèmes. Les courtiers-stratèges dans les sièges sociaux achètent les meilleures d'entre elles, ou forment des partenariats avec les indépendants, et ensuite produisent, distribuent et commercialisent ces idées sous la propre marque réputée de la firme. Cette sorte d'arrangement est commun chez les producteurs de logiciels. En 1990, par exemple, plus de 400 minuscules firmes de développement de logiciels ont été achetés par des grandes firmes comme Microsoft, Lotus et Ashton-Tate. Les développeurs de logiciels recevaient une belle récompense pour leurs efforts, tandis que les grandes firmes entretenaient un flux continu de nouvelles idées.

Concession. Dans ce cas, le siège social passe des contrats avec des entreprises indépendantes pour qu'elles utilisent ses marques, vendent ses formules spéciales, ou commercialisent de toute autre façon ses technologies (c'est-à-dire trouvent des problèmes auxquels les appliquer). Les courtiers-stratèges au centre du réseau garantissent qu'aucun licencié ne compromet la réputation de la marque en offrant une qualité insuffisante ; ils procurent aussi aux licenciés des services généraux comme la gestion informatique des stocks ou la publicité. Mais la majorité de la propriété et du contrôle est laissée entre les mains des licenciés. Un exemple est donné par les franchises, qui font partie des entreprises dont la croissance est la plus rapide dans toutes les économies avancées, et qui vendent maintenant les choses les plus diverses, depuis la préparation des déclarations d'impôts et les services de comptabilité jusqu'aux chambres d'hôtels, aux biscuits, aux produits d'épicerie, à l'impression et la reproduction, aux soins de santé, et aux cours de gymnastique. En 1988, les franchisés américains regroupaient 509 000 points de vente, et représentaient 640 milliards de ventes, soit plus de 10 % du produit national[4].

Courtage pur. Dans la forme de réseau la plus décentralisée, les courtiers-stratèges passent des contrats avec des entreprises indépendantes pour la solution et l'identification de problèmes aussi bien que pour la production. Ce réseau est idéal quand il faut pouvoir changer de direction rapidement. En 1990, par exemple, Compaq, de Houston — qui n'existait pas en 1982 mais avait huit ans plus tard des revenus de trois milliards de dollars — achetait à l'extérieur la majorité des composants de valeur dont elle avait besoin : des microprocesseurs chez Intel, des systèmes d'exploitation auprès de créateurs de logiciels comme Microsoft, des écrans à cristaux liquides chez Citizen ; avec ces composants, Compaq fabriquait des ordinateurs qu'elle distribuait par l'intermédiaire de revendeurs indépendants auxquels elle garantissait des zones de vente exclusives. Le coût de fabrication de l'Apple II était inférieur à 500 dollars, dont 350 dollars de composants achetés à l'extérieur[5]. En 1990 aussi, la Lewis Galoob Toy Company vendait pour plus de 50 millions de dollars de petits objets conçus par des inventeurs indépendants et des sociétés spécialisées, développés par des ingénieurs indépendants, fabriqués et emballés par des fournisseurs à Hong Kong (qui faisaient faire en Chine et en Thaïlande le travail demandant le plus de main-d'œuvre), et puis distribués aux États-Unis par des sociétés de jouets indépendantes. Les studios de cinémas comptaient autrefois sur leurs propres équipements, leurs équipes exclusives d'acteurs, de réalisateurs et de scénaristes ; elles passent maintenant des contrats, projet par projet, avec des producteurs, des acteurs, des scénaristes, des cameramen indépendants, et s'appuient sur des distributeurs indépendants pour que les films soient projetés dans des salles appropriées. Les éditeurs ne passent pas des contrats seulement avec les auteurs ; ils le font aussi pour l'impression, la maquette, les illustrations, la commercialisation, et toutes les autres facettes de la production. Même les constructeurs automobiles externalisent une part croissante de ce qu'ils fabriquent. (En 1990, Chrysler produisait directement 30 % seulement de la valeur de ses voitures ; Ford, environ 50 %. General Motors achetait la moitié de ses services de conception et d'ingénierie auprès de 800 sociétés différentes.)

4

LES AMÉRICAINS adorent les débats portant sur les vieilles catégories. L'industrie a-t-elle un avenir, ou bien l'économie américaine est-elle en train de devenir une économie de services ? Les grandes entreprises sont-elles destinées à disparaître comme des animaux préhistoriques, ou bien ont-elles une importance cruciale pour notre avenir ? De telles questions sont l'occasion de discussions sans fin, un peu comme les débats du XIIIe siècle sur le sexe des anges. Ces débats ont une utilité sociale, dans la mesure où ils sont le prétexte de séminaires, de conférences, d'articles de revues, et sont ainsi la source de nombreux emplois rémunérateurs. Mais ils n'apprennent pas grand-chose. Chaque participant trouve des arguments pour soutenir le point de vue qu'il a choisi, en définissant les mots à sa convenance. Savoir si l'industrie est remplacée par une économie de services dépend de ce que l'on entend par « industrie » et « services » ; de même, savoir si les petites entreprises vont remplacer les grandes dépend du sens donné à ces adjectifs. En fait, toutes les entreprises industrielles comportent une part d'activité de services, et toutes les grandes entreprises se transforment en petits réseaux de plus petites entreprises.

Le système de statistique industrielle est, dans ce domaine, anachronique et peu utile. Il définit un « établissement » comme n'importe quelle entreprise, y compris s'il fait partie d'une société plus vaste[6]. Dans ces conditions, il n'est pas surprenant que, selon les statistiques officielles, le nombre des petits « établissements » ait quasiment doublé entre 1975 et 1990, et qu'ils aient créé des millions d'emplois, exactement au moment où la firme hiérarchisée de production de masse se transformait en une entreprise-réseau décentralisée de production personnalisée. Mais, même en tenant compte de ce tour de passe-passe statistique, le passage des hiérarchies de production de masse à des réseaux de production décentralisée donne l'impression d'un noyau s'amenuisant, parce que les grandes firmes n'emploient plus beaucoup de salariés directement, et que leur réseau d'emploi indirect rend les mesures très difficiles.

Comme je l'ai dit un peu plus haut, selon les données officielles, les 500 plus grandes firmes industrielles américaines n'ont pas réussi à augmenter d'une seule unité leurs effectifs entre 1975 et 1990, et leur part dans l'emploi civil est tombée de 17 % à moins de 10 %. Pendant ce temps, après des décennies de déclin, le nombre de personnes se déclarant elles-mêmes comme « étant leur propre employeur » a recommencé à augmenter[7]. Et le nombre de nouvelles entreprises a explosé (en 1950, 93 000 entreprises ont été créées aux États-Unis ; à la fin des années quatre-vingt, environ 1,3 million de nouvelles entreprises apparaissaient chaque année[8]). La plupart des nouveaux emplois semblent provenir des petites entreprises[9]. Il en est de même pour la majeure partie de la croissance de la recherche-développement[10]. Une transformation analogue est en train de se produire dans les autres économies[11].

Il semble naturel de tirer comme conclusion de ces données que les grandes firmes sont remplacées par des millions d'entreprises minuscules ; ce serait tomber dans le même piège que dans le débat entre « industrie » et « services » : dans les deux cas, c'est ignorer les relations en forme de réseaux qui structurent la nouvelle économie. La grande firme n'est plus une « grande » entreprise ; mais ce n'est pas non plus un simple ensemble d'entreprises plus petites. C'est un réseau d'entreprises. Son centre apporte la perspicacité stratégique et relie les éléments entre eux. Mais ceux-ci gardent souvent une autonomie suffisante pour établir des connections profitables avec d'autres réseaux. Il n'y a pas de séparation nette entre « intérieur » et « extérieur » de la firme, il n'y a que des distances variables à son centre stratégique.

Les interconnections qui en résultent peuvent être extrêmement complexes. IBM, vous vous en souvenez, était suffisamment jalouse de son indépendance pour préférer quitter l'Inde plutôt que de partager des profits avec des partenaires locaux ; tout au long des années quatre-vingt, elle a passé des accords avec des dizaines de sociétés, Intel, Merrill Lynch, Aetna Life and Casualty, MCI, Comsat, et plus de 80 sociétés étrangères, pour partager la résolution et l'identification de problèmes et le courtage stratégique. De la même façon, AT&T s'est vantée pendant soixante-dix ans d'avoir un contrôle total sur ses produits et sur ses systèmes d'exploitation ; elle s'est retrouvée dans un nouveau monde de télécommunications déréglementé et imprévisible, qui requiert des centaines d'alliances et de joint-ventures, et des milliers de contrats[12]. Dans les autres économies avancées, les grandes firmes sont en train de vivre une transformation analogue. En effet, comme nous le verrons, leurs entreprises, de plus en plus décentralisées, sont devenues des extensions indifférenciées de nos propres entreprises[13].

Cette tendance ne doit pas être exagérée. Même dans les années quatre-vingt-dix, il restera des grandes firmes organisées et fonctionnant de manière bureaucratique, qui emploieront directement des milliers de salariés et qui possèderont des actifs physiques substantiels. Mais ces firmes apparaîtront comme des exceptions. Elles survivront et prospéreront en dépit de, plutôt que grâce à, leur mode d'organisation.

Les firmes dégageant les profits les plus élevés se transforment en entreprises-réseaux. De l'extérieur, elles peuvent ressembler aux anciennes formes d'organisation ; mais, à l'intérieur, tout est différent. Leurs marques réputées sont attribuées à des produits et à des services assemblés à partir de nombreux éléments différents, venant de sources situées au-delà des frontières formelles de la firme. Elles louent leurs majestueux sièges sociaux, leurs usines coûteuses, leurs entrepôts, leurs laboratoires, leurs flottes de camions et d'avions privés. Leurs ouvriers, leur personnel d'entretien, leurs employés aux écritures sont engagés par des contrats temporaires ; ceux de leurs chercheurs, de leurs ingénieurs, et de leurs responsables du marketing qui occupent des positions-clés partagent les profits. Et leurs distingués dirigeants, au lieu d'exercer un grand pouvoir et une grande autorité, ont peu de contrôle sur quoi que ce soit. Au lieu d'imposer leur volonté sur un empire industriel, ils guident les idées à travers les nouveaux réseaux de l'entreprise.

7
La diffusion de la propriété et du contrôle

> Lorsque l'on distingue entre les intérêts de la propriété et les pouvoirs du contrôle, il est nécessaire de garder un fait à l'esprit : de même que de nombreux individus ayant des intérêts dans l'entreprise n'en sont pas habituellement considérés comme propriétaires, de même de nombreux individus détenant une part du pouvoir sur elle peuvent ne pas être considérés comme faisant partie de ceux qui la contrôlent.
>
> ADOLF BERLE et GARDINER MEANS,
> *The Modern Corporation and Private Property* (1932)

L'IMAGE de la grande firme possédant et contrôlant de vastes ressources est ainsi une représentation qui s'écarte de plus en plus de la réalité ; elle nous rappelle ce qu'était la grande firme, mais nous masque ce qu'elle est devenue. Les vrais actifs de l'entreprise de production personnalisée ne sont pas des objets matériels, mais les compétences requises pour apporter des solutions à des besoins particuliers, et la réputation d'avoir réussi de telles opérations dans le passé. Aucun groupe ou participant unique ne « contrôle » cette entreprise comme c'était le cas pour l'entreprise de production de masse. Personne non plus n'en est « propriétaire » au sens traditionnel de ce terme. Les dirigeants coordonnent et mettent en relation ; les investisseurs apportent une partie de l'argent nécessaire pour financer les activités ; ils seront rémunérés, comme beaucoup de participants, par une part des profits. Les résolveurs et les identificateurs de problèmes les plus compétents et les plus talentueux, sur qui tout ou presque repose, recevront aussi probablement une part des profits. Ils resteront très discrets sur ce qu'ils font, et sur leur manière de procéder. Quant aux fonctions routinières, elles seront de plus en plus transférées hors de l'entreprise. Ainsi, le pouvoir devient diffus.

L'organigramme formel ne renseigne guère sur les vraies sources du pouvoir dans l'entreprise de production personnalisée. Le pouvoir ne dépend pas d'un rang ou d'une autorité formels (comme dans l'entreprise de production de masse), mais de la capacité à augmenter la valeur des réseaux de l'entreprise. Les résolveurs et les identificateurs de problèmes, ainsi que les courtiers, exercent un rôle de direction, en créant des voies que les autres emprunteront pour ajouter à leur tour de la valeur. Ainsi émergent les leaders.

Ce processus peut être observé à l'intérieur des sociétés de haute technologie de Silicon Valley, des immeubles du centre de Manhattan, des studios de cinéma de Hollywood, des agences publicitaires de Madison Avenue, des banques d'investissement, des maisons d'édition, des sociétés d'ingénierie, des cabinets de conseil juridique, de consultants, d'architectes, de spécialistes de relations publiques, de lobbying. Plus leur réputation de résolveurs de problèmes, d'identificateurs de problèmes et de courtiers s'affirme, plus les leaders informels gagnent en crédibilité, et recrutent des disciples. À la fin de chaque opération, eux et leurs disciples reçoivent une part croissante des profits, ou bien ils s'en vont pour créer une société qui leur appartient. De cette façon, la configuration des réseaux d'entreprise se modifie, et de nouveaux leaders émergent. Des nœuds périphériques, où arrivait et d'où partait un faible nombre de voies, se transforment en nouveaux réseaux, centrés sur des groupes de personnes qui créent le plus de valeur et attirent les disciples les plus talentueux. Le pouvoir de direction se situe là où le maximum de valeur est créé, amené à maturité, développé.

Les décisions stratégiques clés concernant les relations avec l'extérieur sont prises à des niveaux souterrains : avec qui passer des contrats, et portant sur quoi ? Les courtiers-stratèges qui ont la responsabilité des décisions quotidiennes qui tissent les réseaux d'entreprise ont souvent des titres peu valorisants, comme directeur des achats ou chef des approvisionnements. Ils prennent des milliers de micro-décisions relatives aux contrats, qui, toutes ensemble, déterminent ce que l'entreprise vendra. Le directeur des achats de Polaroïd, par exemple, dépense la moitié environ des recettes de l'entreprise pour acquérir toutes sortes de choses, depuis les pièces détachées de haute technologie jusqu'aux services de nettoiement. Il passe 95 000 contrats avec plus de 8 000 fournisseurs. Bien que son nom n'apparaisse pas sur la liste des vingt principaux dirigeants qui figure dans le rapport annuel de la société, c'est l'un des stratèges les plus importants de la firme. De ses décisions dépend dans une large mesure ce que la firme vendra à ses clients, à quel prix et à quel niveau de qualité. Dans l'organisation informelle, il détient une part essentielle du pouvoir.

2

LA PRESSE d'affaires, qui conditionne si largement nos idées sur la firme moderne, perpétue la notion périmée d'une propriété et d'un contrôle centralisés. Dans les pages de *Fortune*, de *Forbes*, de *Business Week* et de *The Wall Street Journal*, dans les émissions interminables sur le monde des affaires qui démentent les promesses esthétiques de la télévision câblée, les discussions sur les grandes firmes continuent à présenter celles-ci comme de vastes entités hiérarchisées, dirigées du haut vers le bas, et agissant en masse. Cette présentation est propre à induire en erreur, pour employer une litote.

Une illustration imaginaire, mais non exagérée : la Grande Firme Américaine annonce, et la presse d'affaires rapporte pieusement, qu'elle est en train d'introduire une nouvelle ligne de bracelets lestés personnalisés, dans un assortiment de poids, de tailles, de formes et d'épaisseurs. La nouvelle est évidemment d'importance pour les courtiers-stratèges de la Grande Firme Américaine et pour ses actionnaires. Le cours de ses actions va en effet monter ou descendre selon le nombre d'aspirants culturistes qui vont se précipiter dans les magasins, les centres d'aérobic, et les salles de culturisme pour acheter le nouveau bracelet lesté. Mais l'annonce crée l'impression fausse qu'il existe une immense entité unique, appelée la Grande Firme Américaine, qui est largement, ou même seule, responsable du bracelet lesté, et que les effets du succès ou de l'échec du bracelet lesté sur le marché seront ressentis principalement par les actionnaires de la Grande Firme Américaine.

En fait, le bracelet lesté personnalisé est plus probablement le produit d'une entreprise-réseau complexe. Typiquement, il a été conçu par un groupe, appelons-le société A, qui fait formellement partie de la Grande Firme Américaine, mais qui fonctionne de manière pratiquement indépendante. Un autre groupe, appelons-le société B, a mis au point le bracelet lesté ; sa spécialité est de transformer les nouvelles idées en produits pouvant être fabriqués efficacement et à faible coût. Elle est légalement distincte de la Grande Firme Américaine ; mais elle lui est étroitement liée, dans la mesure où la Grande Firme Américaine est son client quasi exclusif. Le bracelet lesté est fabriqué et assemblé par la société C, dont les salariés travaillent sur les équipements les plus modernes à Taiwan ou à Hong Kong. Il est empaqueté par la société D, distribué par la société E, et commercialisé par la société F. Les sociétés G et H ont prêté de l'argent pour le projet, et ont déjà revendu les titres représentatifs de ce prêt à plusieurs autres sociétés. Les sociétés I et J vendent les bracelets lestés par l'intermédiaire de leurs clubs franchisés de remise en forme, alors que la société L est chargée de la publicité. La société M possède l'usine où le bracelet lesté est assemblé, et la société N est propriétaire des machines. Les sociétés O et P ont des contrats d'exclusivité pour commercialiser le bracelet lesté chacune dans une partie du pays, tandis la société Q a acheté les droits de fabrication et de vente du bracelet lesté pour l'Europe et va signer des contrats avec les sociétés R, S, T, U et V pour le commercialiser et le distribuer sur ce continent. La société W tient les comptes et gère le cash-flow, tandis que les sociétés X, Y et Z se chargent des voyages, des communications et de toute la logistique. Les personnes travaillant dans certaines de ces sociétés reçoivent des salaires directement de la Grande Firme Américaine ; d'autres partageront les profits récoltés grâce au bracelet lesté, mais ne recevront rien si le lancement du produit échoue ; d'autres encore ont signé des contrats à long terme avec la firme et reçoivent des honoraires fixes pour leurs services.

Qu'est-ce donc, finalement, que la Grande Firme Américaine ? C'est une combinaison en forme de réseaux de toutes ces sociétés. Il faut y ajouter quelques investisseurs extérieurs (les actionnaires de la Grande Firme), qui récolteront eux aussi une part des profits, et les courtiers-stratèges de l'état-major qui négocient tous les contrats et rassemblent toutes les pièces du puzzle (une prouesse non négligeable, qui leur vaudra une belle récompense pour peu que le bracelet lesté personnalisé devienne la toquade de l'année suivante).

Attribuer le bracelet lesté à la « Grande Firme Américaine » masque l'endroit où la valeur naît vraiment dans le réseau. En fait, les actionnaires de la Grande Firme Américaine ne récupéreront qu'une faible part des profits de l'opération ; la part principale ira à d'autres participants qui auront ajouté beaucoup plus de valeur et auront pris une grande partie du risque. Supposons que la société A soit formée par deux douzaines de personnes spécialisées dans le développement d'idées en matière de nouveaux produits pour le culturisme. Les courtiers-stratèges de la Grande Firme Américaine viennent de les débaucher de chez un concurrent, pour lequel ils avaient imaginé des concepts de culturisme extrêmement populaires. Ils les ont attirés par de hauts salaires et une part de l'ensemble des profits résultant de leurs idées. Ainsi, l'un des aspects les plus importants, quoique généralement inexprimé, de l'histoire du bracelet lesté personnalisé de la « Grande Américaine » est le rôle du groupe talentueux de la société A qui en a eu l'idée, et ce que ce produit leur rapportera s'il remporte un grand succès. La description habituelle dissimule de la même façon l'endroit où se situe le vrai pouvoir dans le réseau. Les marchands d'idées de la société A exercent au moins autant d'autorité, et ont au moins autant de contrôle sur le produit final, que les dirigeants installés au siège social.

Dans des phrases comme « La Grande Firme Américaine introduit un nouveau produit », ou « le bracelet lesté personnalisé de La Grande Américaine », les verbes et les possessifs utilisés suggèrent la même structure de propriété et de contrôle que dans l'entreprise de production de masse. Mais quand elle est appliquée à l'entreprise de production personnalisée, avec sa propriété et son contrôle largement partagés, cette grammaire perpétue une falsification subtile mais envahissante.

3

UNE ILLUSION voisine transparaît dans les informations relatives aux achats de sociétés et aux ventes de filiales par les grandes firmes, telle que « La Grande Firme Américaine vend sa société A à la Grande Firme Générale ». L'image qui vient alors à l'esprit est celle d'usines, d'équipements et de salariés passant sous le contrôle d'un nouveau propriétaire, comme dans le cas de n'importe quel transfert de propriété. Dans l'ancienne entreprise de production de masse, où le contrôle était situé au sommet et où tout le monde mettait en œuvre les plans de la direction, de tels transferts d'actifs ressemblaient vraiment à une vente. Mais dans l'entreprise de production personnalisée, la portée du transfert est bien plus faible. Il modifie simplement la façon dont la solution et l'identification des problèmes sont combinées avec le courtage stratégique et le financement.

Dans notre exemple, les courtiers-stratèges et les investisseurs de la Grande Générale n'ont pas en fait acquis la « propriété » et le contrôle de grand-chose. Rappelez-vous que les vrais actifs de la société A sont ses membres, compétents et talentueux, plutôt que des biens matériels susceptibles d'être achetés ou vendus. Certes, les succès passés de ce groupe ont pu donner naissance à des actifs commercialisables comme des brevets, des copyrights, des marques déposées, qui reviennent maintenant de droit à la Grande Firme Générale ; mais les manifestations futures de la perspicacité de ces membres ne peuvent être possédées ou vendues. Quelle que soit la valeur potentielle de ces actifs conceptuels, leurs vrais propriétaires restent ceux qui les ont dans leurs têtes. Ils ne peuvent en être extraits sans leur consentement, et leur degré d'engagement ne peut être commandé. Même si le treizième amendement de la Constitution n'interdit pas la servitude involontaire, il n'existe aucun moyen de réduire en esclavage des créateurs. Leurs idées et leur degré d'engagement futurs peuvent être achetés, mais s'ils sont mécontents de la transaction, il est peu probable qu'ils se montrent très perspicaces et créatifs. Ils finiront par appareiller pour des horizons plus amicaux et plus lucratifs.

Ainsi, indépendamment de la firme pour laquelle ils travaillent, ils exigeront une rémunération pour leur contribution qui reflétera la valeur effective qu'ils sont capables d'ajouter à l'entreprise, et qui prendra quelquefois la forme d'une part des profits éventuels. Plutôt que de décrire la transaction comme la vente par la Grande Firme Américaine à la Grande Firme Générale de sa société A, il est plus exact de dire que les talentueux résolveurs et identificateurs de problèmes de la société A ont échangé les courtiers-stratèges de Grande Américaine contre ceux de Grande Générale. Si les seconds font un meilleur travail que les premiers, les résolveurs et les identificateurs de problèmes de la société A augmenteront leurs gains, tout comme ceux qui ont investi dans Grande Générale. Mais s'ils font du moins bon travail, les membres talentueux de la société A chercheront sans doute un autre partenaire, ou quitteront complètement la société A.

Une entreprise de production personnalisée ne peut pas davantage être acquise que les individus compétents et talentueux qui la composent. Plus d'une fois, ce fait a surpris les investisseurs et les courtiers-stratèges qui pensaient avoir effectué un telle acquisition. Ils se sont rendu compte que l'entreprise disparaissait comme la barbe à papa disparaît aussitôt qu'elle touche les lèvres. (S'ils avaient su que c'était une entreprise-réseau, et non un bien concret, ils n'auraient peut-être pas essayé de l'avaler.) En 1986, General Electric pensait avoir acquis Kidder, Peabody, une société de services financiers. Mais quand General Electric essaya d'exercer son contrôle sur sa nouvelle acquisition, imposant la confection de comptes-rendus dans des conditions plus strictes, et une comptabilité analytique plus serrée, la plupart des membres les plus compétents de Kidder, Peabody partirent vers un environnement plus agréable. General Electric ne conservera que la réputation satisfaisante, mais évanescente, de Kidder, Peabody[1].

4

DANS l'économie de production de masse de la fin du XIXe siècle et du début du XXe, la lutte industrielle fondamentale, celle qui a obsédé Karl Marx, Andrew Carnegie, John Lewis et tant d'autres, oppose ceux qui possèdent les machines et ceux qui les font fonctionner. Chacun des deux groupes veut accroître sa part du gâteau. Dans les années cinquante, ils passent un accord tacite ; la direction accède à l'exigence de salaires toujours plus élevés formulée par les salariés ; en échange, ceux-ci contribuent à la production d'une quantité toujours croissante de biens ; le coût unitaire de ces biens est abaissé, en même temps que se développe une vaste classe moyenne américaine disposant des revenus nécessaires pour les acheter. Le Gouvernement joue un rôle important de soutien de cet accord. Tel est le compromis national, jusqu'à ce que la mondialisation de l'économie commence à faire sentir ses effets.

Dans l'entreprise de production personnalisée, les exigences des salariés qui effectuent le travail courant et celles des détenteurs du capital passent après celles des résolveurs et des identificateurs de problèmes, et des courtiers-stratèges. En conséquence, dans une économie avancée, les ouvriers reçoivent une part régulièrement décroissante de chaque dollar (ou de chaque mark, de chaque yen, de chaque franc) dépensé. Les profits sont, de la même façon, comprimés. À l'inverse, ceux qui conceptualisent les problèmes réclament des salaires et des honoraires toujours plus élevés. En 1920, plus de 85 % du coût d'une automobile servait à payer les ouvriers et ceux qui avaient apporté le capital. En 1990, ces deux groupes n'en reçoivent plus que 60 %, le reste allant aux dessinateurs, ingénieurs, stylistes, planificateurs, stratèges, spécialistes du financement, dirigeants, avocats, publicitaires, responsables du marketing, etc. Aujourd'hui, à peine 3 % du prix d'un circuit intégré vont aux fournisseurs des matières premières et de l'énergie, 5 % à ceux qui possèdent les usines, 6 % au travail courant. Plus de 85 % rémunèrent les services spécialisés de développement, et les brevets et copyrights sur les découvertes passées faites en fournissant ces services.

C'est la même chose pour l'économie dans son ensemble. Durant l'après-guerre, les salaires des ouvriers de production déclinent régulièrement aux États-Unis en termes de part dans le produit national brut, cette part passant de 11,6 % en 1949 à 4,6 % en 1990[2]. Dans le même temps, la part des profits des sociétés dans le produit national brut décline aussi. Au milieu des années soixante, les profits des sociétés (ajustés pour tenir compte des gains et des pertes sur les stocks) atteignent 11,7 % du produit national brut ; ce taux tombe à 6,9 % durant la récession de 1969-1970. Les taux ultérieurs sont plus bas, que ce soit lors des pics ou lors des creux conjoncturels. À la fin des années quatre-vingt, les profits ne représentent plus que 5,3 % du produit national brut[3]. Au fur et à mesure que les parts du produit national brut allant au travail courant et aux investisseurs diminuaient régulièrement, la part allant aux résolveurs et aux identificateurs de problèmes, et courtiers-stratèges augmentait régulièrement.

5

LA SUBORDINATION du travail courant a eu des conséquences que nous explorerons dans des chapitres ultérieurs. La subordination croissante du capital a causé une certaine confusion chez les apporteurs de capital, pour employer une litote. « Posséder » une société a changé de sens. Les comptables, qui n'ont pas la réputation d'exprimer publiquement leurs émotions, se sont ouvertement inquiétés de la façon d'informer les investisseurs potentiels sur la valeur véritable d'une entreprise lorsque cette valeur réside dans les cerveaux de ses employés. Ils ont créé le terme « écart d'évaluation » pour désigner la zone ambiguë sur le bilan entre les actifs tangibles d'une société et la valeur de ses membres talentueux. Mais, à mesure que le capital intellectuel prend le pas sur le capital physique comme actif fondamental de l'entreprise, les actionnaires se retrouvent sur un terrain de plus en plus instable. Une grande partie de l'« écart d'évaluation » peut disparaître avec le départ des salariés les plus compétents.

Bien sûr, certains actifs intellectuels subsisteront après le départ des salariés talentueux, et notamment les brevets et les copyrights, qui sont les legs légaux de leur perspicacité passée. Mais, dans la nouvelle économie, ces propriétés intellectuelles perdent souvent très vite leur valeur. Après tout, les brevets et les copyrights défendent seulement les inventions faites à un moment donné. Elles ne protègent pas la découverte initiale de l'existence d'un problème spécifique que les clients souhaitent ardemment voir résoudre (par exemple : comment enregistrer des programmes de télévision pour les voir plus tard, à un moment plus propice ?) ; elles ne protègent pas non plus contre les idées ultérieures propres à améliorer une solution existante (comme un camescope léger qui est en même temps une caméra vidéo et un magnétoscope). Pourtant, les découvertes de ce genre — qu'une demande existe et qu'il existe plusieurs façons de la satisfaire — ont souvent plus de valeur que l'invention originale brevetée ou couverte par un copyright. D'une manière caractéristique, des résolveurs de problèmes, des identificateurs de problèmes et des courtiers-stratèges qui peuvent n'avoir joué aucun rôle dans le produit original se précipitent pour tirer parti des nouveaux marchés qui ont été révélés et stimulés par la découverte. Ainsi, les rémunérations les plus élevées vont aux suiveurs rapides et habiles plutôt qu'aux inventeurs originaux et brillants. Les vieilles solutions aux vieux problèmes, bien que légalement protégées, sont rapidement démodées et remplacées.

Une marque familière est une autre forme d'actif non tangible apparaissant dans le bilan d'une société. General Electric, RCA, Westinghouse, Kodak, Sears, BankAmerica, General Motors, Procter & Gamble, Ford, Walt Disney, IBM, American Express, tous ces noms procurent un certain confort, en évoquant des institutions solides et fiables. Certes, de telles institutions sont devenues des réseaux décentralisés d'entrepreneurs, de sous-traitants, de concessionnaires, de franchisés, de partenaires et d'autres associés temporaires, réseaux tissés par de petits groupes de courtiers-stratèges. Mais cette transformation n'a pas affaibli la loyauté de leurs clients, parce qu'ils n'en ont pas pris conscience. C'est une autre conséquence d'une pensée périmée, cette fois au niveau des clients. Quand un produit porte la marque GE, il est supposé avoir été fabriqué par General Electric au sens traditionnel, c'est-à-dire par des salariés de GE travaillant sous le contrôle de cadres de GE dans des usines de GE. Rassurer aussi est un service commercialisable.

En fait, les marques de la plupart des grandes firmes font désormais partie de leurs actifs les plus précieux. Les marques peuvent être commercialisées pour elles-mêmes. Elles illuminent le haut des immeubles dans les villes. Elles apparaissent, avec tact, au début et à la fin des programmes de télévision, quand une voix digne informe le téléspectateur de la générosité magnanime de la firme. On les voit sur des publicités pleine page dans les magazines, surimposées sur des paysages paisibles ou sur des peintures classiques, et souvent sans aucune image du produit. La tautologie est parfaite : le symbole renvoie à la firme, et la firme renvoie au symbole. Dans l'esprit du public, IBM est une abstraction qui a un rapport avec les ordinateurs, avec Charlie Chaplin et avec un logo prudent, bleu et blanc, suggérant le pouvoir et l'autorité[4].

Quand le nom d'une firme se retrouve trop directement associé à un secteur industriel ou un produit défaillant, une modification de son identité peut aider à récupérer une partie de sa valeur évanescente. La vieille et lourde US Steel s'est rebaptisée USX, un nom brillant et contemporain. Il arrive aussi qu'une modification de l'image soit requise, pour permettre aux publicitaires et aux hommes du marketing de renouveler les impressions et non les produits. Ainsi, Philip Morris a payé 600 000 dollars aux Archives nationales pour avoir le droit de placer sur ses publicités le Bill of Rights de 1791 à côté de la marque Philip Morris ; la firme espérait ainsi que le public américain associerait, d'une façon ou d'une autre, ses cigarettes avec les Pères Fondateurs.

Parfois, un investissement dans les images de la firme est rentable même si la firme n'a pas aucun rapport direct avec le produit commercialisé : conforter la marque a un intérêt propre. Ainsi le symbole de General Motors ajoute de la valeur à un four à microondes dessiné, fabriqué et assemblé par Samsung dans des usines de Corée du Sud où les officiels de GE ont rarement mis les pieds ; de même pour la signature de Walt Disney et pour Mickey Mouse sur des briquets et des tee-shirts venant de Thaïlande ; de même aussi pour le logo rassurant d'American Express attribué à des cartes, des guides touristiques, des voyages organisés, des gîtes, préparés ou fournis par des gens dont la seule relation avec American Express est d'avoir signé un contrat autorisant l'utilisation de son nom ; de même enfin pour le nom Kodak porté sur des photocopieurs fabriqués par Canon, ou des cassettes vidéo confectionnées par Matsushita[5].

Mais même la marque la plus évocatrice ne peut garder sa valeur éternellement. Les souvenirs s'estompent peu à peu. De nouveaux produits, associés à de nouvelles marques, gagnent des adeptes. L'ancienne marque apparaît parfois sur des produits de mauvaise qualité, ce qui porte un coup à sa réputation. Ou bien les consommateurs découvrent qu'ils n'ont plus besoin d'être rassurés, et qu'ils peuvent acheter le même produit à un coût plus faible sans avoir à subventionner la grande firme et ses agences de publicité. Les cassettes vidéo de Matsushita sont d'aussi bonne qualité que celles de Kodak. Ainsi, comme les brevets ou les marques déposées, les marques réconfortantes perdent leur valeur à mesure qu'elles vieillissent. Même cette forme de « goodwill » est un actif qui se déprécie.

6

DANS l'entreprise de production personnalisée, un seul actif prend d'autant plus de valeur qu'il est plus utilisé : les compétences des principaux résolveurs et identificateurs de problèmes, et courtiers-stratégiques. Les machines se détériorent peu à peu, les matières premières disparaissent dans le processus de production, les brevets et les copyrights deviennent obsolètes, et les marques perdent leur faculté de rassurer ; mais les compétences et la perspicacité qui viennent de la découverte de nouveaux liens entre les technologies et les besoins se renforcent avec la pratique.

Plus la tâche est complexe, plus elle sert de préparation pour une tâche qui sera plus compliquée la fois suivante. Un problème conduit à un autre problème. Des courtiers-stratèges ont trouvé la combinaison exacte de compétences techniques et de commercialisation pour développer des logiciels destinés aux ingénieurs de la mécanique : ils ont acquis en même temps des idées sur ce qui est nécessaire pour développer des interfaces utilisateurs extrêmement complexes pour les ingénieurs de l'aéronautique. Produire des enregistrements musicaux qui conduisent les auditeurs au paroxysme de l'extase prépare le terrain pour la production d'enregistrements encore plus euphorisants plus tard. Développer et commercialiser des spécialités chimiques est un préalable pour des céramiques à haute performance. Et ainsi de suite.

L'ancienne entreprise de production de masse bénéficiait bien sûr de la présence de salariés expérimentés. Les anciens travailleurs connaissaient souvent les machines et les matériels suffisamment bien pour être en mesure de deviner les problèmes avant qu'ils se manifestent. Mais, dans ce cas, l'expansion dépendait fondamentalement de l'exploitation d'économies d'échelles toujours croissantes. Ceux qui investissaient dans des usines et des machines qui rendaient possibles de telles économies d'échelles pouvaient ainsi exiger une part toujours croissante des profits qui en résultaient. Pourtant, dans l'entreprise de production personnalisée, la croissance dépend de l'expérience cumulative des salariés-clés. En conséquence, une part de plus en plus importante de la valeur de l'entreprise, en même temps que de l'autorité et des gratifications, est transférée à ceux dont les compétences en matière de solution et d'identification des problèmes, ainsi que de courtage sont de plus en plus développées.

L'hypothèse des rendements décroissants est une des prémisses de la théorie économique traditionnelle. Quand une ressource commence à s'épuiser, son prix augmente ; cette augmentation encourage les acheteurs à préserver cette ressource et à partir à la recherche de substituts moins coûteux, ce qui finira par faire baisser le prix. Ainsi, les prix élevés du pétrole dans les années soixante-dix ont poussé les utilisateurs à économiser l'énergie et encouragé les compagnies pétrolières à accroître leurs recherches ; ces deux comportements provoquèrent finalement la chute des cours du brut dans les années quatre-vingt. Un des grands avantages d'un système de prix — tous les économistes le confirmeront — est qu'il tend à se rééquilibrer lui-même de manière automatique.

Mais le capital humain fonctionne selon un principe différent. Les individus apprenant par la pratique, la valeur de ce qu'ils font s'accroît habituellement à mesure que leur expérience s'enrichit. Ce système n'est pas auto-correcteur, au sens où ceux qui, les premiers, ont acquis de l'expérience finiraient par perdre la prime que leur accorde le marché au moment où les autres les rattraperaient. Au contraire, les individus assez heureux pour avoir reçu une excellente formation puis pour avoir acquis dans le travail l'expérience de réalisations complexes voient leur valeur personnelle croître régulièrement avec le temps, ce qui fait que les autres ont de plus en plus de mal à les rattraper[6]. En fait, cet avantage croissant peut s'étendre au delà d'une génération, dans la mesure où leurs revenus supplémentaires sont investis dans la formation de leurs enfants. Un tel accroissement des inégalités peut devenir permanent dans une économie mondiale fondée sur les compétences de haute valeur plutôt que sur le travail ou le capital courants. Je reviendrai sur ce problème un peu plus tard.

8
Le réseau mondial

De nouveaux réseaux structurent l'entreprise de production personnalisée, et remplacent les vieilles pyramides de l'entreprise de production de masse ; ils sont en train de s'étendre sur l'ensemble du globe. De ce fait, il n'y aura plus de firme américaine, britannique, française, japonaise ou allemande ; il n'y aura pas davantage de produit fini qui puisse être qualifié d'américain, de britannique, de français, de japonais ou d'allemand.

L'ancienne firme multinationale américaine était contrôlée à partir de son siège social américain. Ses filiales étrangères étaient vraiment des filiales, ce que les travailleurs et les consommateurs étrangers avaient souvent l'occasion de se remettre en mémoire. Les filiales extrayaient des matières premières et les envoyaient aux États-Unis, où elles étaient utilisées ; ou bien elles distribuaient et vendaient sur leurs marchés d'implantation des produits fabriqués aux États-Unis et retournaient les profits ainsi réalisés ; ou encore ces filiales fabriquaient des produits selon des spécifications décidées par le siège social américain avant de les commercialiser sur place et d'expédier les profits aux États-Unis ; mais, dans tous les cas, il était clair qu'elles étaient là pour servir les intérêts de la maison-mère américaine. Il n'y avait pas le moindre doute sur la nationalité du sommet de la pyramide. Et, quelle que soit la part du produit final fabriquée à l'étranger, le travail le plus complexe était accompli aux États-Unis par des Américains. Une telle domination financière et technologique poussa beaucoup d'Européens, puis des Asiatiques, à réagir en créant leurs propres champions nationaux.

Mais ce contrôle du sommet jusqu'à la base et cette propriété centralisée sont impossibles pour l'entreprise de production personnalisée, du fait de son organisation en forme de réseau. Dans ce cas, la puissance et la richesse vont aux groupes qui ont accumulé les compétences les plus fortes en matière de résolution et d'identification de problèmes, et de courtage stratégique. Ces groupes se multiplient partout sur la planète. L'efficacité accrue des télécommunications et des moyens de transport réduit la taille du monde, et permet à un groupe localisé dans un pays de combiner ses compétences avec celles d'autres groupes localisés dans d'autres pays, pour créer la plus grande valeur possible ; cette valeur sera incorporée dans des produits qui iront à des utilisateurs localisés à peu près n'importe tout. Les fils du réseau mondial sont des ordinateurs, des fax, des satellites, des écrans à haute résolution des modems ; ils relient entre eux, partout dans le monde, les dessinateurs, les ingénieurs, les entrepreneurs, les concessionnaires et les revendeurs[1].

Bien sûr, de nombreuses nations essayent encore de freiner le passage du savoir et des capitaux à travers leurs frontières. Mais leurs manœuvres s'avèrent de plus en plus vaines, en partie parce que les technologies modernes leur rendent la tâche trop malaisée. Dans la dernière décennie du siècle, les pouvoirs publics ne réussiront à bloquer à leurs frontières que les objets matériels pesant plus de cent kilos. La majeure partie du savoir, des capitaux, des biens et des services que les ressortissants des différentes nations souhaitent échanger est maintenant facilement transformée en signaux électroniques qui traversent l'atmosphère à la vitesse de la lumière. En 1988, quelque 17 000 circuits internationaux de téléphones étaient loués pour transmettre des dessins d'ingénieurs, des images vidéo et des données, instantanément et dans les deux sens, entre les résolveurs et les identificateurs de problèmes et les courtiers-stratèges travaillant sur les cinq continents. Les fils des réseaux mondiaux en train de se former sont à peine visibles, et donc souvent insaisissables.

2

DANS l'ancienne économie de production de masse, la majorité des produits, tout comme les firmes dont ils émanaient, avaient une nationalité précise. Quel que soit le nombre de frontières qu'un produit franchissait, son pays d'origine ne faisait pas de doute, et il portait habituellement sur lui le nom de ce pays. Le travail nécessaire pour le fabriquer était effectué pour l'essentiel au même endroit, simplement parce que les économies d'échelle le nécessitaient. Dans la grande usine centralisée arrivaient des matières premières comme du charbon ou du coton, et des biens intermédiaires tel l'acier ; il en sortait des produits standard comme des robes ou des voitures.

Dans l'économie de production personnalisée qui est en train d'émerger, et où la production à grande échelle ne joue plus le même rôle, rares sont les produits qui ont une nationalité déterminée. Divers éléments sont produits efficacement dans des endroits très variés ; ils sont ensuite combinés de toutes sortes de manières pour répondre aux besoins des consommateurs dans différents endroits. Le capital intellectuel et financier peut provenir de partout, et être incorporé instantanément.

Prenons quelques exemples. L'équipement de précision pour le hockey sur glace est conçu en Suède, financé au Canada, et assemblé à Cleveland et au Danemark pour être distribué respectivement en Amérique du Nord et en Europe ; dans sa fabrication entrent des alliages dont la structure moléculaire est le fruit de recherches menées dans l'État de Delaware et qui y ont été brevetés, mais qui sont fabriqués au Japon. La campagne de publicité est conçue en Grande-Bretagne ; le film de cette campagne est tourné au Canada, sonorisé en Grande-Bretagne, monté à New York. Une voiture de sports est financée par le Japon, dessinée en Italie, et montée dans l'Indiana, au Mexique, en France ; elle contient les composants électroniques les plus récents, mis au point dans le New Jersey et fabriqués au Japon. Un microprocesseur est conçu en Californie et financé aux États-Unis et en Allemagne ; il contient des mémoires dynamiques à accès aléatoire fabriquées en Corée du Sud. Un avion à réaction est conçu dans l'État de New York et au Japon, et monté à Seattle, avec des cônes arrières venant du Canada, des éléments de queue spéciaux venant de Chine et d'Italie, et des moteurs de Grande-Bretagne. Un satellite conçu en Californie, fabriqué en France, et financé par des Australiens est envoyé dans l'espace par une fusée russe[2]. Lequel de ces produits est américain ? Lequel ne l'est pas ? Comment décider ? Et la réponse a-t-elle vraiment de l'importance ?

3

DANS les réseaux mondiaux, les produits sont des assemblages internationaux. Ce qui est échangé entre les nations, c'est moins souvent des produits finis que des services de résolution de problèmes (recherche, développement, fabrication), d'identification de problèmes (marketing, publicité, études de marché), et courtage (financement, mise en relations de participants, contrats), ainsi que certains composants et services courants, l'ensemble étant combiné pour créer de la valeur.

Ainsi, quand un Américain achète une Pontiac Le Mans de General Motors, il prend part sans le vouloir à une transaction internationale. Des 20 000 dollars payés à General Motors, 6 000 environ vont à la Corée du Sud pour le travail courant et les opérations de montage, 3 500 au Japon pour les composants de pointe (moteurs, axes de transmission et électronique), 1 500 en Allemagne pour le dessin de la carrosserie et les études de conception, 800 à Taiwan, à Singapour et au Japon pour les petits composants, 500 en Grande-Bretagne pour le marketing et la publicité, et environ 100 en Irlande et aux Barbades pour le traitement de données. Le reste, soit moins de 800 dollars, va aux stratèges de Detroit, à des avocats et à des banquiers new-yorkais, à des lobbyistes de Washington, à des employés d'assurance et à des membres des professions de santé dans tous les États-Unis, et aux actionnaires de General Motors, dont la plupart vivent aux États-Unis, mais dont un nombre croissant sont des étrangers. Il va sans dire que le nouveau propriétaire fier de sa Pontiac n'a pas conscience d'avoir tant acheté au-delà des mers.

À l'intérieur du réseau mondial, c'est General Motors qui est chargé de vendre. Cette situation est typique. Dans les années quatre-vingt-dix, la majeure partie du « commerce » ne prendra plus la forme de transactions entre acheteurs d'une nation et vendeurs d'une autre ; elle se fera entre partenaires appartenant au même réseau, qui seront probablement amenés à traiter ensemble de manière répétée à travers les frontières. Ils peuvent être membres de la même grande firme multinationale, et recevoir des salaires provenant de la même source ; ou bien ils travaillent pour des sociétés différentes qui partageront les profits éventuels d'une joint-venture ; ou encore ils signent simplement des contrats prévoyant la fourniture de services spécifiques en échange d'honoraires prédéterminés. Les ingénieurs allemands qui ont conçu la Pontiac Le Mans peuvent être payés directement par General Motors ; ou bien ils sont payés par la société allemande Siemens, engagée dans une joint-venture avec General Motors ; ou encore Siemens accorde simplement à General Motors une licence d'utilisation pour les projets d'automobiles développés par ses ingénieurs. Quelle que soit la forme légale précise de l'opération, son contenu économique est le même : des ingénieurs allemands ont ajouté de la valeur au réseau mondial, en échange de quoi ils ont reçu une rémunération. Le montant exact de cette rémunération peut varier, mais elle sera probablement sensiblement égale à la valeur que les ingénieurs allemands auront ajouté au réseau mondial.

Ces liens qui ignorent les frontières représentent désormais la majeure partie du commerce international entre les économies avancées. Dans les années quatre-vingt, moins de la moitié de la dégradation de la balance commerciale américaine est due à des importations de produits finis tels que voitures, magnétoscopes, fax, et tous les autres gadgets miraculeux dont les consommateurs américains ne peuvent plus se passer. La majeure partie des importations étaient des portions de tels produits, auxquelles s'ajoutaient les services d'ingénierie, de conception, d'assistance, financiers et de direction qu'ils transportaient avec eux. En fait, en 1990, plus de la moitié des exportations et des importations américaines représentaient des transferts de produits, avec les services incorporés, entre des filiales de firmes mondiales[3].

Les échanges de ce type ne sont pas faciles à comptabiliser. Aujourd'hui, bien souvent, des partenaires traitent ensemble de manière répétée à travers les frontières, échangeant des services dont le prix n'est pas fixé sur un marché mais entre les divisions d'une même firme mondiale, ou par des contrats d'emploi complexes, des accords de partage de profits, et des conventions de livraison à long terme ; dans ce cas, ce qu'une « nation » a payé à une autre « nation » ne peut être déterminé que très approximativement. Les statistiques de la balance des paiements sont de ce fait notoirement imprécises, sujettes à d'amples oscillations et à des rectifications inexplicables. La vérité est que, de nos jours, personne ne sait si, à un moment donné, le commerce international des États-Unis (ou de tout autre pays) est ou non équilibré, ne connaît l'ampleur réelle d'un déséquilibre éventuel et n'est en mesure de saisir sa signification.

Pour la même raison, il est devenu impossible de dire avec quelque précision quelle part d'un produit donné est fabriquée à tel ou tel endroit. Les autorités nationales qui cherchent à prélever des impôts sur des portions de réseaux mondiaux sont souvent déroutées. À combien s'élèvent les gains réalisés sur les opérations menées à l'intérieur du pays ? Des légions de fiscalistes internationaux se sont penchées sur la question depuis des années, les rédacteurs de l'Internal Revenue Service ont multiplié les heures supplémentaires. Les ministres des Finances de toute la planète se rencontrent interminablement, sans apercevoir de solution définitive. Des entreprises de plus en plus nombreuses deviennent des portions de réseaux mondiaux, dont les comptabilités internes retracent les transferts de produits intermédiaires et de services incorporés. Le résultat est que les gains et les revenus peuvent apparaître dans n'importe quels lieux (souvent, ce n'est pas un hasard, là où les impôts sont les plus faibles). Savoir qui gagne quoi et où est une question qui, apparemment, n'a pas de réponse simple.

4

Les réseaux mondiaux se drapent souvent dans le manteau national qui leur convient le mieux. Quand ils opèrent à l'intérieur d'une nation dont le marché est protégé de la concurrence étrangère, ils se présentent eux-mêmes comme des citoyens loyaux, exigeant même à l'occasion une protection accrue. C'est le cas, en 1987, de la société Hyster dont le siège social est à Portland, dans l'Oregon. Elle fabrique des chariots élévateurs à fourche utilisés pour déplacer des objets lourds à l'intérieur d'usines ou d'entrepôts. Elle accuse plusieurs sociétés japonaises de vendre leurs chariots élévateurs moins cher aux États-Unis qu'au Japon, incitant le département du Commerce à imposer une taxe spéciale sur les importations de chariots élévateurs. Les firmes japonaises réagissent en commençant à fabriquer des chariots élévateurs aux États-Unis. Hyster crie à la tromperie, arguant que les chariots élévateurs de ses concurrents sont toujours « japonais », puisqu'une grande partie de leurs composants viennent du Japon. Pourtant, Hyster se garde bien de révéler que ses propres chariots élévateurs « américains » contiennent davantage de composants étrangers que ceux qu'elle accuse d'être « japonais ». Ce qui semble être un « dumping » étranger aux États-Unis n'est en réalité rien d'autre qu'un réseau mondial demandant, aux États-Unis, un prix moins élevé qu'un autre réseau mondial pour ses chariots élévateurs fabriqués dans le monde[4].

Changer de costume national peut être relativement aisé. Regardez, par exemple, comment les réseaux mondiaux tournent sans effort les règles du Pentagone selon lesquelles il doit acheter des fournitures militaires « américaines » sauf si les produits étrangers équivalents sont sensiblement meilleur marché. La justification de ces règles est bien sûr la défense nationale et l'intérêt des travailleurs américains (qui, on le suppose, méritent davantage que les travailleurs étrangers certains privilèges comme celui de travailler dans des usines dangereuses de munitions). Mais comme la plupart des systèmes d'armement utilisent des composants qui sont conçus et fabriqués dans le monde entier, l'effet pratique de ces règles a été d'encourager les firmes américaines à servir de façade à des concepteurs et des fabricants étrangers. Le Gouvernement américain considère qu'une firme est « américaine » si elle a son siège aux États-Unis ; il est ainsi facile pour une firme « américaine » de faire accomplir le travail par son vaste réseau mondial. En réalité, le Pentagone n'a aucune idée de qui fait quoi et où[5]. Bull HN – un amalgame de Bull, Honeywell et NEC, trois firmes possédées respectivement par des Français, des Américains et des Japonais – réaffirme régulièrement au Pentagone qu'elle est encore une société américaine, qui a droit à tous les avantages financiers de la citoyenneté, même si elle conçoit et fabrique partout dans le monde ses produits destinés au Pentagone.

À l'inverse, les biens et les services du pays se transforment magiquement en produits étrangers quand cela est plus avantageux. Est-ce que cette firme américaine travaille encore en Afrique du Sud ? C'est fini, affirme le directeur des relations publiques, pour rassurer ses interlocuteurs. La firme a plié bagage. Un examen plus attentif révèle une réalité moins encourageante. La firme a simplement changé la forme légale de son réseau, qui pénètre encore profondément au pays de l'apartheid. Au lieu de détenir officiellement sa filiale sud-africaine, elle lui accorde une licence pour fabriquer et vendre le même produit. Et, comme auparavant, les revenus quittent l'Afrique du Sud à destination des courtiers-stratèges américains[6].

Certains changements de costumes peuvent se faire avec une rapidité qui coupe le souffle. Ainsi pour la modification instantanée, effectuée en 1990 par le constructeur automobile Ford, en réaction à une réglementation de l'Agence pour la protection de l'environnement. Cette agence avait exigé qu'un certain minimum d'économie de consommation d'essence soit réalisé, en moyenne, dans l'ensemble des voitures « fabriquées aux États-Unis » par chaque constructeur. De même, toutes les voitures étrangères fabriquées ou importées par chaque constructeur devaient aussi satisfaire aux mêmes standards d'économie de consommation moyenne. Les constructeurs américains n'étaient donc pas autorisés à faire la moyenne entre leurs petites voitures économes importées et leurs grosses voitures gourmandes beaucoup plus rentables. L'Agence pour la protection de l'environnement voulait ainsi encourager les constructeurs américains à continuer à fabriquer des petites voitures aux États-Unis. Pourtant, en 1989, Ford, montrant son talent en matière d'innovation destinée à contourner une réglementation, concocta une brillante idée : en augmentant la part des pièces fabriquées à l'étranger dans les grosses voitures, Ford pouvait les classer parmi les voitures « fabriquées à l'étranger », permettant ainsi de faire la moyenne avec les vraies importations. Ce fut vite fait ! Du jour au lendemain, les remarquablement inefficaces Mercury Marquises et LTD Crown Victorias « fabriquées à l'étranger » pouvaient être vendues aux États-Unis sans avoir à être comptabilisées avec les voitures plus petites (et beaucoup moins rentables) fabriquées aux États-Unis. L'habile changement de costume de Ford n'a pas servi la cause des économies d'énergie, mais il a évité à cette firme de perdre une quantité d'argent importante.

Quelle part d'un produit doit avoir été réalisée dans un pays pour que ce produit soit considéré comme « national » et non comme « étranger » ? Et comment cette part doit-elle être calculée ? Les décisions officielles à ce sujet ont nécessité des millions d'heures de travail et ont demandé des efforts herculéens de la part des auteurs de règlements aux États-Unis comme ailleurs. Faut-il que plus de 50 % de la valeur du produit ait son origine dans le pays pour qu'il soit considéré comme un produit national ? Ou bien 60 % ? Les dépenses de publicité et de commercialisation doivent-elles être incluses dans le calcul ? Et les intérêts versés aux banques du pays ? Et ainsi de suite. Chaque jour, les règles deviennent plus complexes, les recueils qui les rassemblent plus épais, les livres comptables plus détaillés, les inspections plus mesquines.

Ces décisions ont également entraîné des manœuvres diplomatiques délicates. Dans les années quatre-vingt, les bureaucrates français ont limité les importations d'automobiles japonaises à 3 % du marché français ; ils durent ensuite expliquer à Margaret Thatcher pourquoi les Bluebirds Nissan devaient être incluses dans le quota, alors qu'elles étaient montées en Grande-Bretagne, et que 80 % des composants venaient d'Europe (ils n'y parvinrent pas). Quand, en 1989, Taiwan essaya d'appliquer l'interdiction d'importer des voitures japonaises aux Toyota montées aux États-Unis, ce fut au tour de l'administration Bush d'exprimer son indignation ; et Taiwan dut faire machine arrière. Dans une volte-face remarquablement aisée, quoique couronnée de moins de succès, l'Admnistration tenta ensuite de faire supprimer une règle de la Communauté européenne selon laquelle les photocopieurs Ricoh assemblés en Californie étaient en réalité « japonais », et donc soumis à des taxes spéciales.

L'idée que tous les produits ont un pays d'origine est si profondément ancrée que les gouvernements, et les électeurs qu'ils représentent, sont incapables de s'adapter à la réalité qui émerge. Obsédés par des préoccupations périmées, ils continuent à focaliser leur attention sur une fausse question : est-ce que ce produit est « national » ou « étranger » ? La réponse qu'ils donnent est déroutante et évasive, appuyée sur des mesures raffinées, des discriminations subtiles, des manipulations bureaucratiques et légales. Malheureusement, toutes ces contorsions ne font que distraire l'attention d'une question beaucoup plus pertinente : pour un produit donné, quels citoyens du pays ont acquis quelle expérience ? et que feront-ils de cette expérience dans l'avenir ? Je reviendrai sur cette question plus fondamentale dans les chapitres ultérieurs.

9
La fin du champion national

J'ai été interrogé l'autre jour sur la compétitivité américaine, et j'ai répondu que je n'y pensais jamais. Nous, chez NCR, nous nous considérons comme une société compétitive à l'échelle mondiale, dont le siège social se trouve être situé aux États-Unis.

GILBERT WILLIAMSON,
Président de NCR (1989)

LA GRANDE firme américaine assumait le rôle de véhicule de l'amélioration de la compétitivité des États-Unis. Après tout, c'est elle qui a mobilisé la vaste armée des ouvriers américains et l'a conduite vers une productivité de plus en plus élevée, elle qui a développé la classe moyenne, et qui a montré au reste du monde la puissance économique de la nation. Quand, en 1952, « Engine Charlie » Wilson disait ne voir aucune différence intrinsèque entre ce qui était bon pour General Motors et ce qui était bon pour les États-Unis, il exprimait l'opinion qui prévalait à l'époque.

Les firmes « américaines » sont désormais, comme les produits américains, déconnectées des États-Unis. Nous continuons à les appeler « américaines » parce que la majorité de leurs actions sont détenues par des citoyens américains, que leurs principaux courtiers-stratèges sont américains, et que leurs états-majors mondiaux sont installés aux États-Unis. Pourtant, elles se transforment rapidement en réseaux mondiaux ; la valeur de ce qu'elles vendent est créée en majeure partie dans d'autres régions du monde, y compris, il faut le noter, celle qui provient de la résolution et de l'identification de problèmes. Dans le même temps, une part encore plus grande de la valeur de ce que les champions nationaux des autres pays vendent à travers le monde est créée aux États-Unis.

En fait, les firmes appartenant à des Américains essaiment à l'étranger et les firmes appartenant à des étrangers pénètrent aux États-Unis ; en conséquence, ces deux groupes d'entreprises-réseaux se distinguent de moins en moins en ce qui concerne l'origine principale de la valeur incorporée à leurs produits et à leurs services. La nationalité des actionnaires et des dirigeants d'une firme a de moins en moins de rapport avec l'endroit où la firme investit et avec la nationalité de ceux avec qui elle passe des contrats.

2

UNE PREUVE directe de cette transformation peut être trouvée dans le grand nombre de travailleurs étrangers employés aujourd'hui par les firmes dites américaines. En 1990, 40 % des salariés d'IBM sont étrangers, et cette proportion est croissante. IBM-Japon revendique plus de 18 000 salariés japonais et des ventes dépassant six milliards de dollars par an, ce qui fait d'elle un des principaux exportateurs japonais d'ordinateurs. Examinons aussi le cas de Whirlpool. Après avoir réduit ses effectifs américains de 10 %, envoyé la majeure partie de sa production au Mexique, et acheté la division appareils de Philips (une société appartenant à des Hollandais), Whirlpool emploie 43 500 salariés, en majorité non américains, dans 45 pays. Seagate Technology, une société basée en Californie, est l'un des leaders mondiaux dans la production de drives de disques durs ; en 1990, cette société emploie 40 000 personnes, dont 27 000 travaillent en Asie du Sud-Est.

Tous comptes faits, la production des firmes appartenant à des Américains est réalisée pour plus de 20 % en dehors des États-Unis par des travailleurs étrangers, et cette proportion s'accroît rapidement. Les investissements à l'étranger des firmes américaines se sont accélérés depuis le début des années quatre-vingt, s'accroissant de 24 % pour la seule année 1988. En 1989, ils sont 13 % au-dessus du niveau record de l'année précédente, et en 1990 encore 16 % supérieurs à 1989 (alors que, cette même année, leurs investissements aux États-Unis n'ont augmenté que de 6,7 %). Soucieuses d'assurer une forte présence en Europe après l'achèvement de l'union économique, les firmes américaines furent les premières à se précipiter sur les firmes européennes, investissant 5,2 milliards de dollars rien que pendant les six derniers mois de 1989[1].

Même les principales sociétés américaines de service public se mettent de la partie. En 1990, Bell South, le plus grand fournisseur de services téléphoniques de base aux États-Unis, opère dans plus de vingt pays ; cette société développe des réseaux de téléphones cellulaires en Argentine et en France, des systèmes câblés en France, du logiciel pour le management en Inde, des systèmes de reconnaissance vocale et de traitement de données en Chine, de l'assistance technique pour les réseaux digitalisés au Guatemala. Et Bell Atlantic a dépensé 1,5 milliard de dollars pour acquérir la compagnie de téléphone néo-zélandaise[2].

Ce comportement n'est pas propre aux grandes firmes américaines traditionnelles. Regardons le cas de Molex, une société qui a son siège social dans la banlieue de Chicago ; elle a vendu en 1989 environ 570 millions de dollars de connecteurs utilisés pour relier les fils électriques dans les voitures et dans les ordinateurs ; ses connecteurs sont fabriqués en majorité dans les 46 usines étrangères de Molex, disséminées dans plus de vingt pays, et employant plus de 6 000 salariés étrangers. La société Loctite, dirigée depuis Newington, dans le Connecticut, vend tous les ans environ 460 millions de dollars d'adhésifs et de produits dérivés ; elle emploie 3 500 personnes, dont moins d'un tiers d'Américains[3]. La société familiale d'optique Swan, de Long Island à New York, passe pour l'un des six fabricants américains de montures de lunettes encore en vie ; les usines de Swan sont pourtant situées à Hong Kong, en Chine et en Italie. Alan Glassman, le président de Swan, décrit la stratégie de sa société comme « nous précipiter partout où nous trouvons un marché du travail compétitif[4] ». Le cas de Swan est loin d'être unique : durant la décennie 1980, les petites et moyennes entreprises américaines les plus rentables (selon la classification du département du Commerce) ont accru leurs investissements à l'étranger de 20 % en moyenne par an[5].

Bien entendu, une partie de cette activité à l'échelle mondiale n'est rien d'autre que de la production de masse standardisée transplantée pour aborder de front les concurrents étrangers dont les coûts de production sont réduits. Et, comme je l'ai noté un peu plus haut, les profits tirés de cette stratégie « si vous ne pouvez les battre, rejoignez-les » tendent à être limités, dans la mesure où il n'y a pas de barrières à l'entrée. N'importe quelle firme dans le monde peut suivre exactement la même route en direction des bas salaires. Il reste qu'à la fin des années quatre-vingt, des sociétés appartenant à des Américains emploient 11 % de la main-d'œuvre industrielle de l'Irlande du Nord, produisant en masse les produits les plus divers, des logiciels aux cigarettes, la majorité d'entre eux arrivant finalement sur les rayons des magasins américains[6]. À l'autre bout du monde, 200 firmes appartenant à des Américains emploient plus de 100 000 Singapouriens pour fabriquer et assembler des composants électroniques destinés à être exportés vers les États-Unis. De fait, le plus important employeur privé de Singapour est General Electric, qui est aussi à l'origine d'une part notable des exportations croissantes de ce pays. Taiwan aussi compte AT&T, RCA et Texas Instruments parmi ses principaux exportateurs. Et, avec l'ouverture de l'Europe de l'Est, les firmes américaines ont brusquement accès à des travailleurs heureux de percevoir des salaires comparables à ceux versés aux Philippins, mais avec cette différence importante que les Européens de l'Est ne sont qu'à quelques centaines de kilomètres d'un des marchés les plus vastes et les plus lucratifs du monde. En 1989, General Electric débourse 150 millions de dollars pour une usine hongroise d'ampoules, avec pour résultat que des centaines de Hongrois travaillent pour une société qui employa autrefois Ronald Reagan. Le capitalisme, à l'inverse des autres idéologies, n'attache pas d'importance aux croyances et au passé de ceux qui travaillent pour lui, pour peu qu'ils améliorent les bénéfices.

3

UNE PART croissante de cette nouvelle activité mondiale des firmes appartenant à des Américains comporte pourtant de la résolution et de l'identification de problèmes en dehors des États-Unis[7]. C'est de ces activités que le réseau mondial tire la majeure partie de ses profits, parce que les compétences et la perspicacité ne sont pas faciles à reproduire. Les stylistes italiens aident General Motors à produire une voiture de sport de bel aspect, les concepteurs allemands s'assurent que cette voiture est fiable, et les ingénieurs japonais confirment que les coûts de montage seront faibles. Des chercheurs de différents pays aident les firmes appartenant à des Américains à découvrir de nouveaux produits, de nouvelles applications, des perfectionnements. Selon les chiffres de la National Science Foundation, entre 1986 et 1987, les sociétés appartenant à des Américains ont accru leurs dépenses de recherche et développement de 33 % à l'étranger et de 6 % seulement aux États-Unis[8]. Depuis 1987, Eastman Kodak, W.R. Grace, Du Pont, Merck, Procter & Gamble et Upjohn ont créé de nouvelles installations de recherche et développement au Japon. Dans le laboratoire de Du Pont à Yokohama, plus de 180 scientifiques et techniciens japonais travaillent au développement de nouvelles technologies. Le laboratoire de recherche d'IBM à Tokyo, blotti derrière l'extrémité du Palais Impérial au centre de la ville, héberge une petite armée d'ingénieurs japonais qui perfectionnent la technologie de traitement des images. Dans le laboratoire Kanagawa d'IBM, à Yamato, 1 500 chercheurs japonais développent des matériels et des logiciels de pointe.

Les firmes américaines ne limitent pas leurs recherches les plus avancées au Japon. À la fin des années quatre-vingt, deux chercheurs européens du laboratoire IBM de Zürich annoncent deux progrès majeurs dans les domaines de la supraconductivité et de la microscopie, qui leur valent des prix Nobel. Un des principaux produits nouveaux mis sur le marché par Procter & Gamble dans les années quatre-vingt, Liquid Tide, est l'œuvre des chercheurs européens de la société. En 1990, les chercheurs allemands de Hewlett-Packard réalisent de grands progrès dans la technologie des fibres optiques ; ses chercheurs australiens dans les logiciels d'aide aux ingénieurs ; ses ingénieurs singapouriens dans les imprimantes laser. Les chercheurs de Motorola à Hong Kong conçoivent des circuits intégrés spéciaux. Les chercheurs de Monsanto à l'université d'Oxford mettent au point de nouvelles molécules d'hydrates de carbone. Apple choisit Singapour pour installer le centre de recherche où seront développés les écrans vidéo de l'avenir[9].

Les firmes américaines tentent même de délocaliser en Europe de l'Est la résolution de problèmes fortement productrice de valeur. Les courtiers-stratèges installés au siège de Du Pont à Wilmington, dans le Delaware, parrainent la recherche sur les virus à l'Institut tchécoslovaque de chimie organique et de biologie. Les courtiers de Monsanto payent 500 000 dollars à une équipe de biologistes russes de l'institut Shemyakin de Moscou, contre le droit de commercialiser leurs découvertes à l'Ouest. « C'est un moyen pour nous d'étendre nos recherches dans les biotechnologies avec l'aide de quelques-uns des meilleurs esprits de la planète », déclare un dirigeant de Monsanto au *New York Times*[10].

Les nouvelles sociétés américaines ne connaissent aucune frontière, aucune contrainte géographique. En 1989, pendant les six premiers mois de sa vie cosmopolite, Momenta, dirigée à partir de Mountain View, en Californie, recueille quelque 13 millions de dollars auprès d'investisseurs taiwanais et américains. Un petit groupe d'ingénieurs américains conçoivent l'ordinateur de pointe de Momenta ; tous ses composants sont fabriqués au Japon, et assemblés à Taiwan et à Singapour. Le financement à l'échelle mondiale est « l'un des seuls moyens propres à nous assurer les 40 millions de dollars dont nous avions besoin », affirme le courtier-stratège, natif d'Iran, qui monta la société. Et la production à l'échelle mondiale est, selon lui, la méthode optimale pour « utiliser la meilleure technologie disponible pour la société[11] ».

Bien entendu, ceux qui, à l'étranger, sont directement employés par les firmes américaines ne contribuent que pour une faible fraction à la valeur « étrangère » incorporée dans les produits de ces firmes. La plus grande part est ajoutée par l'intermédiaire de contrats de fournitures, de licences, de joint-ventures. Dans ces contrats, une partie du courtage et la majorité de la valeur issue de la résolution et de l'identification de problèmes sont réalisées en dehors des États-Unis par des salariés payés par des sociétés appartenant à des étrangers[12]. Dans les années 1980, Corning Glass abandonne son organisation de forme pyramidale en faveur d'une structure en réseau, fabriquant par exemple des câbles optiques par l'intermédiaire de son partenaire européen, Siemens AG, et de l'équipement médical avec Ciba-Geigy. En 1990, ces alliances européennes génèrent près de la moitié des profits de Corning[13]. American Telephon and Telegraph s'est elle aussi transformée en réseau mondial : NEC, une société possédée par des Japonais, aide AT&T à fournir le marché en circuits intégrés ; Philips, une firme possédée par des Hollandais, aide AT&T à fabriquer et à commercialiser des équipements de commutation téléphonique et des circuits intégrés destinés à des applications spécifiques ; Mitsui, une firme possédée par des Japonais, aide AT&T avec des réseaux. IBM s'est associée avec Mitsubishi pour des réseaux, avec Siemens pour des drives de disques, et avec Siemens et Italtel pour des équipements de commutation. Les nouveaux réseaux s'étendent à la CEI. En 1989, Gulfstream Aerospace, une filiale de Chrysler, annonce un projet de fabrication d'un avion supersonique avec l'aide de son partenaire, Sukhoi Aerospace, qui est chargé de développer le prototype à partir de projets de Gulfstream et d'assurer l'ingénierie de fabrication ; Rolls-Royce devait concevoir le moteur, que devait fabriquer la firme soviétique Lyulka.

4

LES DIRIGEANTS des firmes appartenant à des Américains continuent de s'en prendre à ce qu'ils affirment être une concurrence étrangère déloyale. C'est une attitude nécessaire. Elle confirme leur patriotisme, et rassure le public américain : les capitaines de l'industrie américaine tiennent bon la barre nationale. En protestant vertueusement contre les lourdes charges supportées par les firmes américaines par rapport à leurs concurrentes étrangères, ils peuvent même récolter une sympathique réduction d'impôts ou une subvention gouvernementale. Mais ceci n'est qu'illusion. Au-delà de la politique et des relations publiques, derrière les murs protecteurs des salles de réunion, le dirigeant américain conduit ses manœuvres à l'échelle mondiale, sans se soucier des frontières. Lee Iacocca, par exemple, l'indomptable président de Chrysler, a fait un sacré remue-ménage au sujet des importations de voitures japonaises. En 1979, M. Iacocca a convaincu le Congrès de garantir 1,2 milliard de prêts à Chrysler pour que cette firme évite la faillite et continue à fabriquer des voitures aux États-Unis. Il a contribué à faire accepter par les Japonais un « accord de restriction des exportations » de voitures vers les États-Unis. Et, dans des publicités télévisées, il a dit aux Américains d'abandonner leur « complexe d'infériorité » à l'égard des Japonais. Pourtant, au début des années quatre-vingt-dix, des Trois Grands constructeurs américains, c'est Chrysler qui met dans ses voitures la plus forte proportion de composants fabriqués à l'étranger, y compris les composants les plus complexes comme les moteurs et les axes de transmission. De plus, Chrysler détient 12 % de Mitsubishi Motors et, par l'intermédiaire de Mitsubishi, une participation dans Hyundai Motors, une firme sud-coréenne ; ces deux firmes fournissent aux clients de Chrysler les Dodge Colts, Chrysler Conquests, Dodge Vistas, Eagle Summits et autres modèles aux noms tout aussi grisants. Certaines rumeurs ont même couru selon lesquelles Chrysler, à nouveau aux prises avec des difficultés financières, pourraient fusionner avec Mitsubishi, ou avec Fiat.

D'autres constructeurs automobiles « américains » se désengagent de la même manière des États-Unis. En 1990, Ford possédait

25 % de Mazda, et les deux sociétés détiennent des actions de Kia Motors, un constructeur sud-coréen ; Mazda et Kia fournissent à Ford des petites voitures et des composants. Ford achète aussi des composants à Yamaha Motor Company, une société japonaise (les publicités télévisées de Ford glorifiant le « moteur gonflé » de la Ford Taunus oubliait de mentionner son origine japonaise). Ford a accru de 37 % ses dépenses d'investissement en Europe depuis le début des années quatre-vingt, tandis qu'il les réduisait de 17 % aux États-Unis. Dans la foulée, Ford a acheté le symbole même de l'élégance intellectuelle britannique, Jaguar. L'intention de Ford est de concevoir et de fabriquer les petites voitures en Europe, pour les exporter partout dans le monde. Pour ne pas être surpassé, General Motors a acheté plus de 40 % du japonais Isuzu, qui lui fournit plus de 300 000 petites voitures par an ; GM a acheté la moitié du sud-coréen Daewoo Motors, qui lui fournit 80 000 voitures supplémentaires ; GM a acheté aussi 50 % du suédois Saab. GM s'est également associé avec le japonais Fanuc pour fabriquer des robots. Et, au début des années quatre-vingt-dix, General Motors investit furieusement dans des usines européennes, alors qu'elle ferme plusieurs de ses usines américaines[14].

Quand on les presse de justifier ces liens, les dirigeants des firmes appartenant à des Américains affirment qu'ils sont nécessaires pour en apprendre le plus possible sur les nouvelles techniques de fabrication et sur les nouvelles technologies, quel que soit l'endroit où elles apparaissent. Pourtant, cette justification caractéristique est trompeuse : elle suggère que le savoir-faire désiré est absorbé par les employés américains des firmes américaines, et qu'ils l'utiliseront dans l'avenir. Mais le fait que le savoir-faire étranger s'introduise dans les produits vendus sous la marque d'une firme américaine n'est pas une raison pour supposer que des Américains ont joué un rôle important et qu'ils pourront rapporter ce savoir-faire dans leur pays. De par leur nature même, les réseaux mondiaux peuvent utiliser les nouvelles connaissances efficacement sans qu'un seul Américain apprennent quoi que ce soit.

5

UNE ÉVOLUTION encore plus spectaculaire est l'arrivée aux États-Unis, à un rythme rapidement croissant, de firmes appartenant à des étrangers. En 1977, l'investissement étranger représentait environ

2 % de la valeur (comptable) de l'ensemble des sociétés non financières aux États-Unis ; en 1988, ce taux est passé à 9 %, et l'on prévoit qu'il atteindra 15 % en 1995[15]. En 1977, les firmes appartenant à des étrangers ne représentaient encore que 5 % de l'industrie manufacturière américaine (au sens des statistiques officielles), et 3 % de l'emploi dans ce secteur ; en 1990, les étrangers détiennent plus de 13 % des actifs de l'industrie manufacturière américaine, (et même la moitié des actifs pour l'électronique grand public) ; ils emploient 8 % des travailleurs de l'industrie, dont quelque trois millions d'Américains[16]. En 1990, Mitsubishi emploie à lui seul plus de 3 000 Américains pour assembler des téléviseurs à Santa Ana, en Californie, pour tester et assembler des semi-conducteurs à Durham, en Caroline du Nord, pour fabriquer des pièces détachées automobiles à Cincinnati, dans l'Ohio, et assembler des téléviseurs et des téléphones cellulaires portables à Braselton, en Georgie. Et tandis que les Trois Grands de la construction automobile délaissaient les États-Unis, les Japonais comblaient rapidement la brèche. Rien qu'entre 1987 et 1990, les Trois Grands ont licencié 9 063 Américains, alors que les Japonais en embauchaient 11 050[17]. Il ne s'agit pas simplement d'opérations de montage ; les constructeurs japonais prévoient qu'en 1992 ils fabriqueront ou achèteront aux États-Unis au moins 75 % du contenu de leurs voitures américaines, une proportion plus forte que pour les constructeurs américains[18].

En fait, beaucoup de ces firmes appartenant à des étrangers sont résolument exportatrices. En 1990, Sony exporte en Europe des cassettes et des vidéocassettes fabriquées à Dothan, en Alabama, des magnétophones montés dans son usine de Fort Lauderdale, en Floride. Sharp exporte chaque année 100 000 fours à micro-ondes de son usine de Memphis, dans le Tennessee ; Philips, une firme appartenant à des Hollandais, exporte au Japon 30 000 téléviseurs fabriqués à Greeneville, dans le Tennessee ; de même Toshiba America exporte au Japon des téléviseurs fabriqués à Wayne, dans le New Jersey ; Matsushita, des tubes cathodiques fabriqués dans l'Ohio ; et Honda prévoit d'exporter 50 000 voitures montées dans l'Ohio. Au total, en 1990, plus du quart des exportations américaines portent la marque de firmes appartenant à des étrangers ; les sociétés appartenant à des Japonais représentent à elles seules plus de 10 % du total des exportations américaines. (Il faut noter que, bien sûr, ce chiffre ne dit pas quelle est la part de travail effectué hors des États-Unis comprise dans ces produits exportés[19].)

Il n'est pas sans importance que les firmes appartenant à des étrangers réalisent une part toujours croissante de leur recherche et de leur conception de haute valeur aux États-Unis. En fait, durant les années quatre-vingt, les sociétés appartenant à des étrangers ont investi, pour la recherche-développement, plus d'argent par salarié américain que ne l'ont fait les firmes appartenant à des Américains[20]. En 1990, plus de 500 scientifiques et ingénieurs américains travaillent pour Honda Motors à Torrence, en Californie ; 200 autres travaillent dans l'Ohio. Dans le nouveau centre de R&D de Mazda à Irvine, en Californie, qui a coûté 23 millions de dollars, des centaines de concepteurs et d'ingénieurs se livrent à des recherches de long terme sur l'automobile. Nissan emploie 400 ingénieurs américains dans son centre de Plymouth dans le Michigan ; Toyota, 140 dans son centre de recherches techniques à Ann Arbor. Au centre de recherche de Philips à Sunyvale, en Californie, des ingénieurs américains conçoivent le circuit intégré destiné aux ordinateurs le plus rapide du monde.

En outre, les firmes appartenant à des étrangers financent de la recherche dans les universités et les laboratoires américains. Selon une étude du General Accounting Office, en 1988, 496 firmes appartenant à des étrangers finançaient la recherche universitaire aux États-Unis, en échange d'un regard préalable sur les résultats non encore publiés et de la possibilité d'acheter des brevets aux universités[21]. Rien qu'au Massachussets Institute of Technology, 130 firmes appartenant à des étrangers se joignent à 160 firmes appartenant à des Américains pour fournir chaque année plus de quatre millions de dollars pour la recherche[22]. Dans les laboratoires de recherche américains les plus en pointe, comme l'Institut Battelle et le SRI International, la majorité de la recherche est payée par des firmes étrangères, principalement des firmes appartenant à des Japonais.

Pendant ce temps, les firmes appartenant à des étrangers, tout comme celles appartenant à des Américains, comptent de plus en plus sur les pays en développement pour la production de masse standardisée. C'est le cas même pour les firmes appartenant à des Japonais, qui maîtrisent le management de la production de masse. Une concurrence intense et croissante de la Corée du Sud et du reste de l'Asie du Sud-Est a rétréci les marges bénéficiaires sur la production standardisée au Japon, forçant les firmes japonaises à transférer certaines de leurs activités vers les pays à bas salaires. Ainsi, en 1990, les fours à micro-ondes et les téléviseurs couleur japonais viennent en fait d'usines situées en Thaïlande, en Malaisie ou en Chine. La majorité de ces produits est exportée vers les consommateurs japonais, ce qui explique largement pourquoi les importations japonaises de produits manufacturés ont fait un bond durant les années quatre-vingt[23] ; mais une proportion croissante se dirige vers les États-Unis. Une grand part des automobiles Mitsubishi, dont certaines sont vendues aux États-Unis sous la marque Chrysler, sont en fait montées en Thaïlande.

6

QUELLE est la différence entre une firme « américaine » qui fabrique ou achète à l'étranger la majeure partie de ce qu'elle vend dans le monde, et une firme « étrangère » qui fabrique ou achète aux États-Unis la majeure partie de ce qu'elle vend ? Et comment distinguer l'une ou l'autre d'une joint-venture entre les deux, impliquant la fabrication ou la vente à l'étranger ou aux États-Unis ? En 1990, le canadien Northern Telecom vend à ses clients américains des équipements de télécommunication fabriqués par le japonais NTT dans son usine de Caroline du Nord. Si vous trouvez cet exemple trop simple, en voici un autre : depuis le début de 1991, le japonais Mazda produit des Ford Probes dans l'usine Mazda de Flat Rock dans le Michigan. Certaines de ces voitures sont exportées au Japon et vendues sous la marque Ford. Un véhicule utilitaire conçu par Mazda est fabriqué dans l'usine Ford de Louisville dans le Kentucky, et ensuite vendu dans les magasins de Mazda aux États-Unis. Nissan, pendant ce temps, conçoit un nouveau camion léger à San Diego, en Californie. Les camions seront montés dans une usine de Ford dans l'Ohio, avec des pièces détachées fabriqués par Nissan dans son usine du Tennessee, et ensuite commercialisés par Ford et Nissan aux États-Unis et au Japon. Qui est Ford ? Nissan ? Mazda ?

Cette tendance est mondiale. Partout, les champions nationaux deviennent des réseaux mondiaux n'ayant pas de lien particulier avec une nation particulière. À mesure que les firmes américaines produisent ou achètent de plus en plus à l'étranger, et que les firmes appartenant à des étrangers produisent ou achètent aux États-Unis, les deux ensembles de réseaux mondiaux se ressemblent de plus en plus, indépendamment de leur nationalité officielle. La même tendance est perceptible entre les réseaux mondiaux des autres nations :

rien qu'en 1990, Daimler-Benz, le plus grand groupe industriel allemand, annonce qu'il développe ses relations avec Mitsubishi, un des plus grands groupes japonais ; et le suédois Volvo dévoile des projets de fusion avec le français Renault, pour former le quatrième groupe industriel européen[24]. Même le petit pays qu'est Singapour crée ses propres firmes mondiales. Weng Kok Siew, président de Singapore Technologies, décrit sa stratégie mondiale dans des termes qui pourraient convenir pour n'importe quel autre réseau mondial : « Nous projetons de travailler dans n'importe quel pays du monde où cela procure un avantage, de fabriquer en Thaïlande parce que les coûts sont bas, en Allemagne parce que le marché est vaste, de faire de la recherche-développement à Boston[25]. »

Toutes ces variations ne sont que des formulations légales différentes de ce qui est essentiellement le même réseau mondial. Examinez chacun d'eux, et vous retrouverez chaque fois le même schéma : la production de masse standardisée est localisée principalement dans les pays où les salaires sont bas (excepté quand l'assemblage doit se faire dans les pays à hauts salaires où le produit final sera vendu, soit parce qu'il est moins cher d'y réaliser cet assemblage, soit pour contourner des barrières protectionnistes) ; la résolution et l'identification de problèmes, ainsi que le courtage stratégique se situent partout dans le monde où des compétences utiles peuvent être trouvées. Telle est l'entreprise mondiale de production personnalisée ; elle évolue vers un partenariat international de personnes dont les compétences sont combinées les unes avec les autres, et qui passent des contrats avec des travailleurs non qualifiés partout dans le monde pour toute la production de masse standardisée.

Dans sa forme la plus pure et la plus avancée, ce partenariat mondial vend directement ses compétences de haute valeur. Regardez McKinsey, la célèbre firme de consultants. Elle comptait en 1990, dans l'ensemble du monde, 14 000 résolveurs de problèmes, identificateurs de problèmes et courtiers-stratèges ; la majorité d'entre eux n'étaient pas américains. (Des années plus tôt, quand les clients de McKinsey cherchaient les secrets du succès économique des États-Unis, la firme leur vendait sa compétence en matière de management américain ; il n'est pas surprenant qu'aujourd'hui, elle vende à la place la compétence McKinsey.) Parmi les autres « partenariats de compétences » mondiaux figurent ceux qui vendent des capacités en matière de technologie de l'information, comme Arthur Andersen, qui emploient plus de 46 000 personnes dans le monde, dont 18 000 seulement sont américaines ; ceux qui vendent de la publicité et du marketing à l'échelle mondiale, comme le Groupe WPP (qui inclut ce qui était autrefois les américains J. Walter Thompson et Ogilvy & Mather), avec ses 21 500 salariés dans 50 pays ; ceux qui offrent du génie civil (Bechtel, avec 29 000 salariés dans 33 pays) ; ceux qui proposent des services financiers (Morgan Stanley, avec ses 6 000 salariés répartis dans 18 pays) ; ou des services juridiques (Baker & McKenzie, avec 3 500 salariés au siège et 1 500 avocats, dont moins de un tiers sont américains, dans 50 villes partout dans le monde) ; et la liste n'est pas close : recherche de pointe, relations publiques, génie agricole, génie logiciel, architecture et, très important, services des banques d'investissement (le chiffre d'affaire et les profits des partenariats mondiaux dans cette dernière activité ont crû de quelques pour cent pendant que vous lisiez ce paragraphe).

Beaucoup de ces partenariats de compétences ont autant de salariés et rapportent autant d'argent que les firmes plus traditionnelles qui fabriquent des biens matériels. En fait, le travail dans ces partenariats est le même que celui des résolveurs de problèmes, identificateurs de problèmes et courtiers-stratèges à l'intérieur des entreprises-réseaux dont nous avons parlé plus haut. Seule différence, leurs compétences sont vendues dans le monde à des « clients » plutôt qu'à des sous-traitants, licenciés, franchisés ou partenaires dans des joint-ventures. La distinction est principalement sémantique. Les partenariats de compétences mondiaux spécialisés dans un type particulier de résolution ou d'identification de problèmes, ou de courtage, deviennent des points d'intersection importants dans des réseaux mondiaux en expansion rapide.

7

PLUSIEURS implications de cette transformation méritent d'être soulignées. La première est que l'épargne nationale se dirige de plus en plus vers ceux qui savent le mieux l'utiliser, quel que soit l'endroit de la planète où ils se trouvent. La « compétitivité nationale » dépend donc moins de la quantité de monnaie que les citoyens de la nation en question épargnent et investissent que de la contribution à l'économie mondiale qu'apportent leurs compétences et leur perspicacité. Même si les Américains épargnaient suffisamment pour financer tous les investissements qu'ils pourraient vouloir réaliser aux États-Unis, et n'avaient ainsi aucune raison d'emprunter à l'étranger, le flux de capital international entrant aux États-Unis resterait important, et probablement augmenterait. En effet, les étrangers placent une fraction croissante de leur épargne dans des réseaux mondiaux qui ont des ramifications aux États-Unis, pendant que les Américains continuent à placer une fraction importante de leur épargne dans des réseaux mondiaux qui ont des ramifications à l'étranger. Je reviendrai plus en détail sur ce point.

Une autre conséquence est que, pour une part notable, le déficit commercial têtu des États-Unis pendant les années quatre-vingt n'était pas dû à la volonté prédatrice des nations et des firmes étrangères, mais au fait que les firmes appartenant à des Américains produisaient à l'étranger (ou, plus précisément, signaient des contrats avec des étrangers pour qu'ils leur fournissent certains biens et certains services, que les firmes vendaient ensuite aux États-Unis). Pendant la décennie quatre-vingt, cette pratique cosmopolite a représenté plus d'un tiers du fameux excédent commercial de Taiwan à l'égard des États-Unis, et plus de 20 % des excédents du Mexique, de Singapour, de la Corée du Sud, et même du Japon[26]. En pratique, les firmes appartenant à des Américains déploient tant d'activité à l'étranger, et les firmes appartenant à des étrangers tant d'activité aux États-Unis, que les consommateurs américains qui désirent améliorer le solde commercial de leurs pays feraient mieux d'acheter une Honda qu'une Pontiac Le Mans.

Face à cette situation étonnante, il n'y a pas de raison de critiquer les dirigeants des firmes qui appartiennent à des Américains. Beaucoup de courtiers-stratèges œuvrant dans les sièges sociaux américains ont accompli un travail louable. Ils ont réalisé l'ajustement rendu nécessaire par les tribulations des années soixante-dix en se concentrant sur la production personnalisée au lieu de la production de masse, ce qui leur a permis de maintenir la part globale de leurs firmes dans les exportations mondiales : elle était dans les années quatre-vingt au même niveau (et selon certaines statistiques plus élevée) que leur part en 1966, 17 %. Ils ont maintenu leur part dans les exportations en transférant de nombreuses unités de production hors des États-Unis, ajoutant de la valeur dans les autres nations, et exportant ensuite à partir de l'étranger. Bien entendu, il ne faut pas confondre les exportations des firmes appartenant à des Américains avec les exportations américaines ; durant la même période, celles-ci ont décliné régulièrement en termes de part dans les exportations mondiales[27]. En d'autres termes, les dirigeants des firmes appartenant à des Américains ont relativement bien fait ce qu'ils étaient payés pour faire, même si leur action n'était pas la meilleure du point de vue des salariés américains.

En définitive, l'image qui apparaît contraste fortement avec l'image persistante de la grande firme américaine comme champion national. Bien que son financement provienne encore principalement des États-Unis, la majorité du reste, c'est-à-dire à la fois la résolution et l'identification de problèmes et ce qui demeure de production de masse, arrive, de plus en plus, de l'extérieur du pays. Une partie des profits retourne bien sûr aux Américains, mais ce flux de profits se réduit par rapport au flux toujours croissant de revenus allant aux résolveurs et aux identificateurs de problèmes, et aux courtiers-stratèges partout dans le monde. Que la force de l'économie américaine soit synonyme de profitabilité et productivité des firmes américaines est un axiome qui frôle l'anachronisme.

10
L'influence décroissante de la nationalité des firmes

Deux voitures identiques sortent de la même chaîne de montage aux États-Unis. L'une porte un écusson japonais, l'autre un écusson américain. Et les gens préfèrent la voiture qui porte l'écusson japonais ! Cela doit cesser.

LEE IACOCCA
Publicité de Chrysler (1990)

Les négociants n'ont pas de patrie. Ils sont moins attachés à l'endroit où ils vivent qu'à celui d'où ils tirent leurs profits.

THOMAS JEFFERSON (1806)

AU DÉBUT des années quatre-vingt-dix, de nombreuses grandes firmes américaines sont entre des mains étrangères : RCA, CBS Records, American Can, Columbia Pictures, Doubleday, Mack Truck, Allis-Chalmers, Firestone, Goodyear, Giant Food, Grand Union, A&P, Bloomingdale's, Pillsbury, National Steel. La liste semble s'allonger chaque jour. Et, à mesure qu'elle s'allonge, l'inquiétude monte chez de nombreux Américains.

Cette inquiétude est compréhensible. Nous avons l'habitude d'identifier le succès de l'économie américaine avec celui des firmes américaines, et le succès des économies étrangères avec celui de leurs firmes ; c'est pourquoi nous avons peur quand des étrangers semblent prendre possession d'une part de plus en plus grande de nos actifs, en oubliant les actifs possédés à l'étranger par des Américains. (En fait, en 1991, la valeur totale des actifs étrangers aux États-Unis reste encore inférieure à la valeur marchande des actifs américains à l'étranger[1].) Et, parce que nous supposons que la richesse nationale dépend des actifs que nos compatriotes détiennent et contrôlent, nous sommes inquiets sur l'avenir de la nation.

Ces craintes sont relativement nouvelles aux États-Unis, au moins au XXe siècle, mais ne le sont pas dans les autres pays. Les Canadiens s'alarment depuis longtemps du poids des firmes possédées et contrôlées par des étrangers, en particulier par des Américains. Les Européens de l'Ouest ont été, de la même façon, contrariés par la puissance des multinationales appartenant à des Américains. Mais, maintenant, les Japonais, les Allemands et d'autres semblent « acheter en bloc » les États-Unis, et nous faisons l'expérience du même émoi[2].

Ces inquiétudes sont pourtant la conséquence d'une pensée démodée. Elles sont fondées sur une image des firmes nationales qui n'est plus exacte. Les firmes de toutes les nations s'étant transformées en réseaux mondiaux, la question importante, du point de vue de la richesse nationale, n'est pas ce que les citoyens de chaque nation possèdent, mais ce qu'ils ont appris à faire, dans quelle mesure cela les rend capables d'ajouter de la valeur à l'économie mondiale, et donc accroît leur valeur potentielle. Cette dernière question est une source d'inquiétude, sur laquelle je reviendrai. Mais je veux d'abord calmer les préoccupations à propos de l'investissement étranger.

2

CONSIDÉRONS d'abord ceux qui récupèrent les profits. Il importe, bien sûr de connaître la nationalité de ceux qui ont droit aux flux de revenus issus d'une entreprise, parce qu'ils en détiennent le capital. Toutes choses étant égales par ailleurs, il vaut mieux qu'une firme rentable appartienne à des Américains plutôt qu'à des étrangers, pour la raison évidente que les profits iront à des Américains. Mais toutes choses sont rarement égales. De manière croissante, des citoyens américains détiennent des actions de sociétés dont les actionnaires sont majoritairement étrangers et, en sens inverse, des étrangers détiennent des actions de sociétés dont les actionnaires sont majoritairement américains. L'investisseur américain moyen peut obtenir des revenus plus élevés en possédant, disons, un tiers des actions de deux sociétés japonaises prospères qu'en possédant la majorité des actions d'une seule société américaine moins prospère.

Conformément à cette logique, les Américains ont placé en 1989 environ 10 % de leurs portefeuilles en titres étrangers, et cette proportion est en train d'augmenter à vive allure. Toujours en 1989, les placements en actions effectués par-delà les frontières par les Américains, les Britanniques, les Japonais et les Allemands se sont accrus de 20 % par rapport à l'année précédente[3]. Plutôt que de bannir de tels placements, les gouvernements commencent à les encourager. Au début des années quatre-vingt, les Japonais et les Britanniques ont levé la plupart des barrières s'opposant au libre passage des capitaux à travers leurs frontières ; les Français et les Italiens en ont fait autant en 1986. Certains gouvernements continuent à empêcher les étrangers d'acheter la majorité des actions des sociétés dont le siège social est sur leur territoire ; mais les étrangers peuvent quand même prendre des participations par l'intermédiaire d'un ensemble déroutant de fonds de placement[4]. Pendant ce temps, les réseaux électroniques de transactions fonctionnent vingt-quatre heures sur vingt-quatre entre New York, Londres, Tokyo et Bonn, transformant la notion même de bourse « nationale ». Déjà, des courtiers comme Morgan Stanley, Merrill Lynch et Goldman Sachs sont membres du marché financier de Tokyo. Et, d'ici quelques années, une seule chambre de compensation mondiale traitera toutes les actions échangées au niveau international, ce qui provoquera un accroissement supplémentaire des placements à travers les frontières. L'ère est à jamais révolue où un président américain pouvait éviter une panique financière en attendant simplement, pour annoncer une mauvaise nouvelle au pays, que la Bourse de New York ait fermé. Aujourd'hui les nouvelles, bonnes ou mauvaises, parviennent sans délai aux marchés financiers mondiaux, qui réagissent immédiatement.

Les placements à travers les frontières sont effectués tranquillement, sans fanfare. L'investisseur américain moyen, qui confie son épargne à un fonds de placement, d'assurance ou de retraite, n'est pas conscient de posséder de petites portions de sociétés dont les noms ont une consonance étrangère, et qui sont dirigées à partir de lieux exotiques. Mais les gestionnaires des fonds se concurrencent férocement, chacun voulant montrer qu'il est plus efficace que les autres ; c'est pourquoi ils parcourent le monde à la recherche des placements offrant les meilleures perspectives pour leurs clients. Entre 1985 et 1990, le marché financier américain a augmenté de 147 % ; mais il est toujours en retard par rapport à quatorze autres marchés financiers, si l'on prend comme critère les revenus totaux en dollars[5]. En conséquence, les achats nets d'actions étrangères sont passés de 4,2 milliards en 1985 à 13,7 milliards en 1989[6]. Un sondage effectué en 1989 auprès des gérants de fonds de pension révélait que la majorité d'entre eux prévoyaient de placer un quart de leurs portefeuilles en titres étrangers durant les années quatre-vingt-dix[7].

En définitive, le revenu total que les investisseurs américains tirent de leurs placements en actions ne dépend plus du succès des firmes dont les actionnaires se trouvent être en majorité des Américains. Il dépend plutôt de deux autres facteurs : le premier, et le plus évident, est le montant total de leurs placements ; le second est le soin et la sagesse avec lesquels leurs portefeuilles internationaux ont été constitués.

3

En dehors de la destination des profits, une autre inquiétude concerne le contrôle des firmes. Même si des dirigeants étrangers engagent des Américains et leur procurent des emplois bien payés, pouvons-nous être sûrs qu'ils continueront à le faire ? Ils pourraient se retirer brusquement des États-Unis et nous laisser en rade ; tel est du moins l'argument, souvent implicite.

Cet argument est pourtant fondé sur une hypothèse curieuse. Il suppose qu'à l'inverse des firmes appartenant à des étrangers, les firmes appartenant à des Américains feront passer les intérêts de leurs actionnaires après ceux des États-Unis. Selon cette conception, une firme appartenant à des Américains aura, plus qu'une firme appartenant à des étrangers, tendance à s'abstenir de transférer sa production à l'étranger, même si elle diminue ainsi ses profits. C'est une idée charmante mais, là encore, naïvement périmée, nous ramenant au milieu du siècle. À cette époque, les grandes firmes américaines avaient l'obligation tacite, renforcée par le risque de grèves et d'interventions gouvernementales, de mettre en balance les besoins du public américain avec les exigences faiblement audibles des actionnaires ; d'ailleurs, le plus souvent, les intérêts des uns et des autres concordaient très bien.

Mais, dans la dernière décennie du siècle, la concurrence mondiale a modifié les règles tacites du capitalisme américain. Les firmes américaines ne peuvent plus compter sur la coopération tranquille des autres producteurs américains pour maintenir les prix et ainsi générer des profits conséquents. Et, pour leur part, les actionnaires ne se contentent plus de laisser les dirigeants gérer leurs entreprises comme ils l'entendent. Les petits porteurs d'actions dispersés d'autrefois ont été supplantés par des gestionnaires professionnels de fonds de placements, prêts à transférer rapidement leurs placements d'une société à l'autre en fonction de l'évolution du cours de leurs actions. L'« industriel-homme d'État » a pris le même chemin que la Ford Edsel. Le capitalisme américain est maintenant implacablement organisé autour du profit, non du patriotisme. Quand la recherche du profit exige que la production soit transférée d'une usine américaine vers une usine étrangère, le dirigeant américain n'hésite pas.

En fait, les dirigeants des firmes américaines sont parmi ceux qui, dans le monde, proclament le plus fortement que leur travail est de maximiser les dividendes versés aux actionnaires, et à ne pas avancer d'objectifs nationaux. « Les États-Unis n'ont pas un droit automatique sur nos ressources », note un dirigeant de Colgate-Palmolive en 1989. « Il n'y pas de raison de donner la première place aux intérêts de notre pays[8]. » Les dirigeants des firmes américaines se préoccupent de la vigueur de l'économie américaine, mais seulement dans la mesure où le marché américain est une des sources de revenus pour leurs entreprises ; de ce point de vue, ils ne sont pas différents des dirigeants des firmes étrangères qui vendent leurs produits sur le marché américain. Comme le dit un des plus hauts dirigeants d'IBM, « IBM doit se préoccuper de la compétitivité et de la bonne santé de tous les pays ou de toutes les régions du monde qui sont pour elle une source importante de revenus[9] ».

Ceci ne doit pas suggérer que les dirigeants des firmes appartenant à des Américains manquent de patriotisme. La transformation de leurs firmes en réseaux mondiaux peut même les perturber. « Dans la mesure où une société peut maintenir ce qu'elle a de mieux dans son pays, elle le fera », affirme, avec une conviction évidente, le vice-président de Motorola chargé de la stratégie internationale[10]. Que Motorola s'adresse à l'étranger pour les semiconducteurs et une grande partie des autres systèmes électroniques qui se retrouvent dans les produits que Motorola vend aux États-Unis et dans le monde peut troubler cet estimable gentleman. Mais les dirigeants de Motorola ou de n'importe quelle autre firme appartenant à des Américains ne sont pas prêts à fabriquer aux

États-Unis ou à y acheter des produits qu'ils pourraient fabriquer ou acheter ailleurs à meilleur prix. En effet, s'ils sacrifiaient ainsi les profits en faveur des intérêts nationaux, ils seraient vulnérables à des OPA lancées par des financiers ayant moins de scrupules patriotiques, et qui pourraient ainsi assurer aux actionnaires un meilleur revenu. En outre, ces dirigeants inspirés par l'intérêt général pourraient être poursuivis par leurs actionnaires pour abus de biens sociaux.

On ne voit pas bien non plus comment, dans la nouvelle économie mondiale, les dirigeants des firmes appartenant à des Américains pourraient assumer de telles responsabilités nationales. Les règles concernant l'activité des entreprises aux États-Unis s'appliquent à toutes les firmes, indépendamment de la nationalité de leurs actionnaires. Le système américain ne dispose pas de moyen particulier d'avertir les dirigeants des firmes appartenant à des Américains (par opposition à celles appartenant à des étrangers) de l'existence d'objectifs nationaux, ou de les mandater pour qu'ils poursuivent ces objectifs. En fait, si les firmes appartenant à des Américains étaient soumises à des charges ou à des obligations spéciales, elles souffriraient d'un handicap par rapport aux firmes appartenant à des étrangers opérant aux États-Unis qui seraient libres de maximiser leurs profits ; les dirigeants des firmes appartenant à des Américains n'ont pas manqué d'insister à de nombreuses reprises sur cet argument devant le Congrès et les services gouvernementaux[11].

4

LA MONDIALISATION rapide des firmes appartenant à des Américains n'empêche pas leurs dirigeants de proclamer à l'intérieur des États-Unis une citoyenneté sans faille et un engagement profond et fidèle envers l'intérêt public. Les dirigeants sensés connaissent la valeur des dons bien visibles en faveur d'écoles et d'hôpitaux locaux, des contributions pour la recherche contre les maladies les plus inquiétantes, et du soutien des programmes de télévision britannique sur les chaînes publiques. Tout ceci améliore l'image de la firme auprès du public, et l'aide ainsi à vendre ses produits. (Qu'en même temps les lobbyistes des firmes à Washington demandent des réductions d'impôts d'un montant beaucoup plus élevé, qui mettent en péril le financement des écoles publiques, des hôpitaux, de la recherche médicale, de la télévision publique, et de beaucoup d'autres choses, n'a pas à être pris en compte. La générosité des firmes permet d'améliorer leur image. Le lobbying pour obtenir d'énormes réductions d'impôts est, de ce point de vue, beaucoup moins efficace.)

Les firmes appartenant à des étrangers sont, naturellement, tout aussi désireuses de cultiver leur image auprès du public américain. En fait, elles peuvent même être encore plus motivées, étant donné la présomption largement répandue qu'en raison de leur nationalité, elles ne se comportent pas en bons citoyens américains. Dans les années récentes, les firmes japonaises ont loué les services d'une foule de spécialistes américains des relations publiques pour les conseiller sur les œuvres de charité à soutenir, et à quel degré[12]. Les catastrophes naturelles sur le sol américain offrent des opportunités merveilleuses pour une générosité bien visible. En 1989, après le passage de l'ouragan Hugo et le tremblement de terre de San Francisco, plusieurs firmes japonaises ont acheté de pleines pages de publicité dans les journaux américains pour faire part solennellement de leurs dons aux victimes. Selon le « Rapport sur la philanthropie des entreprises », si le mouvement se poursuit, les firmes japonaises contribueront en 1994 à hauteur d'un milliard aux œuvres de charité américaines, ce qui représentera environ 8 % du total des dons des firmes aux États-Unis[13].

Les firmes appartenant à des Américains qui opèrent à l'étranger se sentent de la même façon obligées d'agir en bons citoyens dans les pays hôtes. Quelles que soient les véritables motivations de ses dirigeants américains, la firme ne peut se permettre d'apparaître comme pratiquant le favoritisme à l'égard des intérêts américains ; laisser cette perception se développer mettrait sans nécessité en danger ses relations avec les travailleurs, les consommateurs et les gouvernements étrangers. Certains dirigeants américains de haut niveau ont été tout à fait explicites sur ce point. Comme l'a dit Jack Kueler, alors président d'IBM, « IBM doit se comporter en bon citoyen partout où elle est implantée[14] ». Robert Galvin, le président de Motorola, est encore plus direct : s'il devenait nécessaire pour son entreprise de fermer certaines de ses usines, il ne fermerait pas les usines d'Asie du Sud-Est avant celles des États-Unis. « Nous avons besoin de nos consommateurs d'Extrême-Orient », a-t-il affirmé dans un explosion de cosmopolitisme, « et nous ne pouvons nous aliéner les Malaysiens. Nous devons traiter sur un pied d'égalité tous nos salariés, où qu'ils travaillent dans le monde[15]. »

La firme cosmopolite n'hésite pas à recruter et à promouvoir des cadres de toutes les nationalités. La tendance inéluctable est à la formation, au centre des réseaux mondiaux, d'équipes de courtiers-stratèges de toutes nationalités, parlant de nombreuses langues, venant d'Europe, d'Amérique du Nord, d'Extrême-Orient et des autres principaux marchés. IBM se vante d'avoir onze nationalités représentées parmi ses cadres de très haut rang, et trois parmi ses directeurs. Sony n'est pas très loin derrière. Les firmes qui hésitent à attribuer les postes plus élevés à des étrangers ont des difficultés à recruter les meilleurs talents dans le monde ; ceux-ci ne veulent évidemment pas rejoindre une organisation qui ne laisse entrevoir aucune promesse de promotion[16].

Tout aussi vaine est la crainte que les firmes appartenant à des étrangers ne laissent les États-Unis sur le carreau en abandonnant brusquement leurs activités américaines. L'argument habituel est qu'elles pourraient se retirer pour des raisons de profit ou de politique étrangère. Mais, de toute façon, les briques et le mortier resteraient aux États-Unis, tout comme les installations. Il en est de même du savoir accumulé par les Américains employés par ces firmes. Dans de telles circonstances, du capital venant d'une autre source ne manquerait pas d'affluer pour financer ces actifs alléchants. Une firme américaine, ou une autre firme étrangère, achèterait simplement les installations. Plus important encore, la force de travail américaine resterait sur place, avec ses compétences intactes et prêtes à servir.

Après tout, les autorités américaines gardent sous leur juridiction les actifs localisés à l'intérieur des États-Unis. Les actifs détenus à l'étranger par des firmes appartenant à des Américains sont soumis à un contrôle étranger et, occasionnellement, à une expropriation ; à l'inverse, les actifs appartenant à des étrangers aux États-Unis sont à l'abri de changements brusques dans la politique des gouvernements étrangers. Durant la Deuxième Guerre mondiale, la filiale allemande de Ford continua consciencieusement à produire des camions pour les nazis[17]. Si le besoin s'en fait sentir, les installations situées aux États-Unis seront sans conteste sous le contrôle politique des États-Unis ; celles qui sont situées en dehors, sans conteste, non.

5

POURQUOI donc les étrangers viennent-ils aux États-Unis ? Si la propriété et le contrôle ont de moins en moins d'importance, pourquoi achètent-ils quand même des actifs américains ? C'est parce qu'ils pensent qu'ils pourront faire un meilleur usage des actifs américains, main-d'œuvre comprise, que les Américains eux-mêmes.

Il est vrai qu'à la fin des années quatre-vingt, le dollar a perdu de sa valeur par rapport aux autres monnaies, rendant brusquement les actifs américains bon marché. Mais ce n'est pas cette raison qui a fait accourir les investisseurs étrangers. Le dollar meilleur marché réduisait en même temps la valeur des profits que les actifs américains devaient en principe dégager, rendant du même coup leur achat moins intéressant. En fait, les investissements étrangers aux États-Unis ont augmenté régulièrement tout au long des années soixante-dix et quatre-vingt, que le dollar soit haut ou bas, que la balance commerciale américaine soit excédentaire ou déficitaire. Les principaux investisseurs étrangers étaient les Britanniques et les Hollandais, et non les Japonais et les Allemands, dont les excédents commerciaux étaient la contrepartie des déficits américains. En 1990, l'investissement total des Britanniques était encore deux fois plus élevé que celui des Japonais.

Si les firmes appartenant à des étrangers s'installent aux États-Unis, ce n'est pas non plus principalement parce qu'elles craignent que les États-Unis ferment leur marché à leurs exportations. Dans leur majorité, les investissements étrangers ne sont pas liés à des produits qui bénéficient d'une protection, ou qui risquent d'en bénéficier dans l'avenir. Et même quand le lien existe, les investissements semblent motivés par des préoccupations économiques plutôt que politiques. Ainsi quand, en 1988, les ventes de Nissan aux États-Unis ont baissé fortement, la firme aurait pu réduire la production de ses usines américaines et approvisionner entièrement le marché américain avec son quota de voitures importées du Japon. Mais elle a fait un autre choix. Elle a même fait exactement le contraire : elle a réduit ses importations de 50 000 voitures et sa production américaine de 7 000 voitures seulement. Même quand elle peut alimenter le marché américain à partir du Japon, Nissan préfère fabriquer ses voitures aux États-Unis[18].

Une firme appartenant à des étrangers ne s'installera aux États-Unis que si elle peut y faire des profits, c'est-à-dire seulement si elle a un avantage sur les firmes appartenant à des Américains qui opèrent déjà sur place ; cet avantage doit plus que compenser le coût supplémentaire que représente pour la firme étrangère le fait de travailler loin de sa base. Ainsi, les étrangers et les Américains exportent leur argent et leurs compétences en matière de courtage stratégique pour la même raison principale : c'est parce qu'ils pensent qu'ils pourront utiliser les actifs et la main-d'œuvre de l'autre pays mieux que les investisseurs et les managers de ce pays, augmentant ainsi la productivité de ces actifs et de cette main-d'œuvre[19].

En ce qui concerne la main-d'œuvre et les actifs américains, l'expérience suggère qu'en général, les étrangers ne se trompent pas. Ainsi, les constructeurs automobiles japonais exercent une domination croissante aux États-Unis parce qu'ils sont capables d'utiliser les ouvriers américains pour fabriquer des voitures de meilleure qualité, et en moins de temps, que les constructeurs américains. Bien que le Consumer Reports de 1990 attribue aux voitures japonaises une qualité meilleure qu'aux voitures américaines, il ne voit aucune différence de qualité entre voitures japonaises fabriquées au Japon et celles fabriquées aux États-Unis[20]. En outre, les usines japonaises d'automobiles sont presque aussi productives aux États-Unis qu'au Japon, et beaucoup plus productives que les usines appartenant à des Américains. Selon John Krafcik, du MIT's International Motor Vehicles Program, les Américains travaillant dans des usines appartenant à des Japonais montent en moyenne une voiture en 19,5 heures : à peine plus que les 19,1 heures des ouvriers japonais, mais nettement moins que les 26,5 heures des ouvriers américains travaillant dans les usines appartenant à des Américains[21]. Après qu'en 1984, Toyota a pris la direction de l'usine de General Motors à Fremont, en Californie, la productivité a fait un bond de 50 % par rapport à ce qu'elle était sous la direction de General Motors. L'absentéisme était de 25 % ; il est tombé à 3-4 %[22]. Même chose quand le japonais Bridgestone racheta les usines américaines de pneus, bien mal en point, de Firestone[23]. Dans les deux cas, la main-d'œuvre resta la même ; la seule différence significative fut que la direction et le capital américains devinrent japonais.

À défaut de profiter aux firmes appartenant à des Américains, tout ceci bénéficie largement aux travailleurs américains. Dans un même secteur industriel, ils reçoivent des firmes appartenant à des étrangers des salaires plus élevés que ceux versés par les firmes appartenant à des Américains[24]. Les Japonais dépensent près de 1 000 dollars de plus pour former chaque travailleur américain que les employeurs américains du même secteur industriel[25]. Imaginons que les travailleurs américains aient la possibilité de choisir entre deux ensembles de courtiers-stratèges et d'investisseurs pour leur confier leur futur bien-être : cadres américains et financiers de Wall Street d'un côté, cadres japonais et banquiers de Tokyo de l'autre ; ils seraient bien inspirés de choisir les Japonais.

Pour les étrangers dont les compétences en matière de courtage stratégique sont supérieures à celles des Américains, l'achat de sociétés américaines ou l'installation de leurs propres usines n'est pas le seul moyen de ramasser des profits importants aux États-Unis. Ils peuvent, par exemple, vendre directement leurs capacités en management. On peut prévoir que, dans les années à venir, les firmes appartenant à des Américains seront plus nombreuses à recruter des sociétés japonaises pour diriger leurs usines et leurs laboratoires, celles-ci recevant en retour une part des profits qui en résulteront. (C'était précisément l'accord passé entre General Motors et Toyota pour l'usine de Fremont.) Cet arrangement a une vertu : il peut réduire l'inconfort ressenti par les nombreux Américains qui s'accrochent à la vision périmée de l'économie. Les étrangers ne sont plus perçus comme « prenant possession » des actifs américains ; au contraire, ils sont plus justement perçus comme aidant les Américains à devenir plus productifs. Il reste que la transaction sous-jacente est virtuellement identique ; les gains des Japonais seront approximativement les mêmes, qu'ils détiennent complètement l'usine ou qu'ils la dirigent contre une part des profits finaux proportionnelle à la valeur qu'ils ont ajoutée à l'opération.

6

LE PASSAGE de la production de masse à la production personnalisée n'est pas non plus sans rapport avec le problème de l'appropriation et du contrôle étrangers et de l'inquiétude qu'ils doivent ou non inspirer. Comme nous l'avons vu, le pouvoir qui résulte de la propriété et du contrôle dans l'entreprise de production de masse a substantiellement diminué dans l'entreprise de production personnalisée. Dans la mesure où celle-ci est basée sur les capacités, les revenus les plus élevés et la plus forte influence appartiennent aux individus compétents du réseau (y compris les franchisés, partenaires et sous-traitants les plus importants) plutôt qu'aux actionnaires ou aux cadres occupant des positions formelles d'autorité. Les dirigeants peuvent bien sûr jouer un rôle important en organisant le réseau mondial, mais la plupart des décisions déterminantes se prennent à des niveaux inférieurs, dans des nœuds plus décentralisés. Aussi longtemps que les résolveurs et identificateurs de problèmes, et les courtiers stratèges principaux sont des Américains résidant aux États-Unis, il n'est guère important de connaître la nationalité de ceux qui possèdent formellement et président l'entreprise. De la même façon, si ces personnages-clés ne sont pas américains, il n'est guère utile pour la nation que les propriétaires et les dirigeants formels le soient. Ceux qui dans le réseau possèdent les compétences et la perspicacité les plus précieuses recevront les rémunérations les plus fortes, que ce soit sous forme de salaires, de bonus, de redevances ou de part dans les profits.

Pour illustrer ce point, considérons les achats par Sony, en 1988 et 1989, de CBS Records et de Columbia Pictures. Ces achats ont été perçus, comme une offensive à répétition contre la culture populaire américaine. Mais qu'est-ce que Sony a acquis exactement ? Pas grand chose, en dehors du droit de revendre les vieux enregistrements et les vieux films, et de la propriété de quelques bâtiments et de quelques installations. Les gains futurs de CBS Records et de Columbia Pictures, et donc leurs valeurs potentielles dans l'économie mondiale, dépendent beaucoup plus des talents des chanteurs, ingénieurs du son, metteurs en scène, producteurs, acteurs, cameramen, concepteurs, auteurs de chansons et de scénarios, publicitaires et hommes de marketing, et de centaines d'autres créateurs américains.

Les Américains talentueux qui travaillaient auparavant pour CBS Records et Columbia Pictures n'ont pas perdu brusquement leurs compétences et leur perspicacité quand Sony a acheté les deux firmes ; leurs talents n'ont pas diminué de valeur du fait de la transaction. La vente n'a pas mis Bruce Springsteen, un des chanteurs vedettes de CBS, qui hurlait autrefois « Né aux États-Unis », sous la propriété et le contrôle des Japonais. Après la transaction, Springsteen est aussi autonome qu'avant, et sa valeur n'a pas diminué. Le seul changement dans sa vie est que le capital et le courtage stratégique qui le relient au marché mondial viennent maintenant pour une plus grande part du Japon. Springsteen a, en fait, échangé Laurence Tisch (le financier qui avait acheté CBS plusieurs années auparavant) contre Akio Morita (le président de Sony). Si Morita et les autres courtiers-stratèges japonais accomplissent un meilleur travail que Tisch et compagnie pour relier Springsteen au marché mondial, le chanteur bénéficiera d'une audience mondiale élargie et d'une popularité accrue, et ses gains augmenteront en conséquence. En fait, en 1990, CBS Records allait de l'avant, dans la mesure où ses courtiers-stratèges japonais dépensaient nettement plus pour la promotion que leurs prédécesseurs près de leurs sous. Il faut donc se poser la question : est-ce Sony qui acheté Springsteen, ou Springsteen qui a acheté Sony ?

Quand, l'année suivante, Sony paye 3,4 milliards de dollars aux actionnaires de Columbia pour avoir le privilège de sauver du marasme économique cette firme en piteux état, elle obtient bien sûr le droit de revendre *Le magicien d'Oz* et bien d'autres vieux succès d'Hollywood. Mais les actifs essentiels de Columbia étaient ses relations avec un grand nombre de personnes talentueuses, parmi lesquelles Peter Guber et Jon Peters qui, ayant produit *Batman* et *Rainman,* étaient considérés comme l'équipe la plus fougueuse de Hollywood. Mais l'intégration de Guber et Peters ne se fait pas sans mal, et sans coûts. Leurs relations avec Columbia se détériorent, ils quittent le bateau et signent avec Warner Bros., une firme concurrente. Aussi, pour récupérer ce dynamique duo, Sony doit d'abord payer Warner Bros. pour qu'elle accepte de rompre leur contrat, puis parvient à un accord explosif avec Guber et Peters : Sony achète leur société de production pour 55 millions de dollars, leur donne à eux et à leurs partenaires 2,75 millions de dollars supplémentaires par an pendant cinq ans, plus une part dans les profits de la firme, plus des parts dans un bonus de 50 millions de dollars, plus une part dans toute augmentation de la valeur comptable de Columbia Pictures. En observant Sony et ses coûteux talents américains, la même question se pose : qui exactement a acheté l'autre ? Le « capital humain » de Columbia Pictures, qui est son actif le plus précieux, continue à être fermement sous contrôle américain.

7

LES ÉTRANGERS sont-ils en train d'acheter la technologie américaine ? Devons-nous nous en inquiéter ? La même logique s'applique encore. Quand l'argent et le courtage stratégique étrangers s'ajoutent au talent des résolveurs et des identificateurs de problèmes américains, le résultat est positif pour les Américains. Examinons le cas de trois petites entreprises américaines de haute technologie achetées par des étrangers en 1989. Après douze ans, et un effort de 200 millions de dollars pour devenir le leader mondial en matière de technologie photovoltaïque, Arco Solar, une filiale d'Atlantic Richfield, une grande firme pétrolière américaine, est vendue à l'allemand Siemens ; Atlantic Richfield ne voulait pas continuer à investir dans Arco Solar sans l'assurance que des profits importants étaient imminents. International Fuell Cells Corporation de South Windsor, dans le Conneticut, le leader mondial dans la technologie des piles à combustible, est vendue aux japonais Toshiba et Tokyo Electric après que sa maison-mère, United Technologies, a refusé de mettre tout argent supplémentaire dans cette société. Enfin Materials Research d'Orangeburg, New York, une firme spécialisée dans les semi-conducteurs, est vendue à Sony, alors que la meilleure offre de Wall Street était très inférieure à la valeur comptable de la société. Clairement, il n'y aucune raison de blâmer les Allemands ou les Japonais d'avoir acheté ces firmes, puisque les Américains étaient très désireux de les vendre. Mais ces transactions doivent-elles nous inquiéter ? Sans nul doute, elles illustrent la courte vue de la finance et du courtage stratégique américains ; mais nous devons être clair sur qui perd et qui gagne dans ces transactions.

Superficiellement, il semble que des étrangers ont acheté des technologies américaines de pointe, laissant la nation le bec dans l'eau. Mais c'est faux. Les États-Unis ne perdent pas ces technologies. Regardez de près Arco Solar, International Fuell Cells et Materials Research, et que découvrez-vous ? Des groupes de résolveurs et d'identificateurs de problèmes américains (scientifiques, inventeurs, techniciens, commerciaux), qui ont accumulé des compétences potentiellement précieuses sur la façon de produire de l'énergie solaire, des piles à combustible et des semi-conducteurs. En les « achetant », les firmes appartenant à des étrangers ne détruisent pas ses connaissances accumulées. Cela annihilerait la valeur de leurs investissements. Les firmes étrangères ne vont pas non plus mettre en esclavage les Américains et les ramener en Allemagne ou au Japon, ou confisquer leurs notes. Ces résolveurs et identificateurs de problèmes n'ont aucune intention de quitter les États-Unis, et la valeur potentielle de leurs connaissances réside dans leurs têtes, et non dans leurs notes. En fait, ils restent aux États-Unis, et continuent à y améliorer leurs inventions.

Une seule chose a changé : l'origine de l'argent nécessaire pour acheter leurs laboratoires et leurs équipements, fabriquer et tester leurs inventions, et payer leurs salaires. Cet argent ne vient plus désormais des États-Unis, mais principalement d'Allemagne et du

Japon. Et, il faut le souligner, il vient avec des exigences moindres en matière de profits à court terme. Ainsi, après l'achat de Materials Research par Sony, le président américain de la société s'est senti finalement plus libre de poursuivre des recherches de long terme. « Je ne m'inquiète plus des profits trimestriels », affirme-t-il avec soulagement. « Je peux songer à des projets qui ont un horizon de deux ans. C'est une façon merveilleuse de vivre[26]. »

Bien sûr, ce sont les investisseurs allemands et japonais qui partageront les profits que ces produits ramèneront éventuellement de partout dans le monde, et non plus les actionnaires d'Atlantic Richfield, United Technologies, et divers fonds de capital-risque. De plus, ce sont des courtiers-stratèges allemands ou japonais, au centre des réseaux, et non des Américains dans les sièges sociaux d'Atlantic Richfield ou de United Technologies, qui aideront à trouver quelque part sur la planète ceux qui fabriqueront, commercialiseront et distribueront les inventions.

Mais regarder ces transactions comme des pertes de technologie américaine est, une fois encore, céder à une pensée périmée. La valeur première contenue dans ces technologies réside dans les compétences et la perspicacité nécessaires pour les créer et les améliorer. Ces compétences et cette perspicacité restent américaines ; des Américains continuent à développer les technologies, et sont bien rémunérés pour cela. Qu'une partie des profits aille désormais à des investisseurs et des courtiers-stratèges en dehors des États-Unis ne doit pas provoquer une grande inquiétude chez les Américains. De l'autre côté de la rue, les investisseurs et les courtiers-stratèges américains ne restent pas inactifs. Ils passent au peigne fin le reste du monde pour découvrir de bonnes perspectives d'investissement et des occasions de passer des contrats pour résoudre et identifier de nouveaux problèmes, et aussi pour réaliser des productions de masse standardisées.

Que signifie donc « perdre » la technologie américaine ? Ce n'est pas ce que beaucoup de gens croient. De nouvelles inventions sont constamment diffusées à travers le monde à partir des laboratoires américains, sous la forme de schémas, codes, spécifications, instructions. Ils parviennent, aussi vite qu'à Saint-Louis, chez des concepteurs à Rome, des fabricants à Kuala Lumpur, des monteurs à Hong Kong, des commerciaux à Londres. Ceci est vrai, que ceux qui « possèdent » la firme soient Allemands, Japonais ou Américains : les courtiers-stratèges travaillant avec Arco Solar, International

Fuel Cells et Materials Research enverront les inventions à quiconque dans le monde peut les produire et les commercialiser dans les meilleures conditions et au meilleur prix. L'information nouvelle devient rapidement une part des réseaux mondiaux.

Ce qui reste, ce sont les compétences et la perspicacité nécessaires pour continuer à inventer. Ce sont les actifs technologiques clés de la nation. Ils ne sont perdus que s'ils sont insuffisamment entretenus. Dans nos trois exemples, si des étrangers n'étaient pas intervenus pour apporter financement et courtage, les connaissances accumulées auraient très bien pu être dilapidées.

8

AFFIRMER que la nationalité des firmes a perdu son importance ne revient absolument pas à prétendre que, dans l'économie mondiale vers laquelle nous nous dirigeons à grands pas, les intérêts économiques nationaux ont cessé d'exister ou ont perdu toute importance. La distinction est importante. Les Japonais, Sud-Coréens, Taiwanais, Allemands, Hollandais, pour ne citer qu'eux, sont tout à fait conscients de leurs intérêts économiques nationaux, bien qu'ils continuent à investir au-delà de leurs frontières. En agissant ainsi, chaque nation s'efforce d'augmenter le bien-être et la sécurité de ses citoyens. En conséquence, chacune cherche à accroître la valeur potentielle de la contribution de ses citoyens aux réseaux mondiaux d'entreprise.

Une telle ambition ne doit pas être considérée comme une menace contre le bien-être et la sécurité des Américains. À l'inverse, ces efforts ajoutent à la richesse du monde. Le même but mérite d'être poursuivi par les Américains. Simplement, les firmes ne sont plus le bon moyen pour l'atteindre. Les nations ne peuvent plus accroître substantiellement la richesse de leurs citoyens en subventionnant, en protégeant ou en accroissant de toute autre manière la profitabilité de « leurs » firmes ; le lien entre la profitabilité des firmes et le niveau de vie des citoyens d'une nation est de plus en plus ténu. Le chapitre qui suit aidera à mieux cerner la différence.

11
Les dangers d'une vision périmée

Vous découvrirez que, quand je veux maintenir mes dividendes, je réponds à une exigence nationale.

Andrew Undershaft, dans *Major Barbara*,
de G.B. SHAW (1905)

DEUX considérations doivent être répétées. D'une part, le niveau de vie des citoyens d'une nation dépend de leur contribution à l'économie mondiale – de ce que valent leurs compétences et leur perspicacité ; il dépend de moins en moins de ce qu'ils possèdent, c'est-à-dire des profits que parviennent à réaliser les sociétés qui leur appartiennent. D'autre part, ceux qui savent identifier les problèmes, ceux qui savent les résoudre, et les courtiers-stratèges qui les mettent en rapport accroissent leurs compétences par la pratique. Mises ensemble, ces deux idées suggèrent une vérité élémentaire. Quand une firme étrangère (ou, plus précisément, un groupe d'investisseurs et de courtiers-stratèges étrangers), conclut des contrats avec des Américains pour identifier et résoudre des problèmes complexes, elle est bien plus utile pour les Américains qu'une firme américaine qui conclut des contrats avec des étrangers pour faire les mêmes choses.

Cette vérité a beau être élémentaire, elle n'a pas encore été perçue par les décideurs politiques et le public américains. L'influence d'une vision périmée n'a jamais été aussi évidente que lorsque des fonctionnaires de Washington ont décidé de restreindre la possession par des étrangers d'actifs américains, et de n'accorder les largesses de l'État qu'aux firmes sur lesquelles flotte le drapeau américain. Un exemple illustre bien cette attitude : en 1986, Fujitsu, la grande société japonaise d'électronique, annonce qu'elle veut acheter Fairchild Semiconductor Corporation — une des firmes les plus en avance parmi les firmes de haute technologie de Silicon Valley. Fairchild ayant besoin d'argent frais pour rester compétitive, ses dirigeants ont pris des contacts avec Fujitsu. Mais le projet de vente est accueilli avec consternation à Washington. Les concepteurs et les ingénieurs de Fairchild élaborent des circuits électroniques ultrarapides qui guident les opérations de nombreux systèmes d'armement. Entre un tiers et la moitié de la production de Fairchild est vendue à des fournisseurs du ministère américain de la Défense. Aussi, les fonctionnaires de ce ministère s'inquiètent-ils : la vente envisagée risquerait de mettre une technologie cruciale entre des mains japonaises. Les responsables du ministère du Commerce craignent eux que l'opération donne à Fujitsu un contrôle sur les technologies concernant les circuits intégrés qui sont utilisés dans de très nombreux produits américains, depuis les automobiles jusqu'aux équipements pour les télécommunications, ceci à un moment où la compétitivité américaine paraît menacée. Les fonctionnaires de l'administration Reagan sont si inquiets que, oubliant Adam Smith et la rhétorique du libre-échange, ils suggèrent à Fujitsu qu'il pourrait être sage de reconsidérer l'achat. Et Fujitsu pousse la courtoisie jusqu'à retirer son offre.

Amabilités mises à part, l'Administration a commis une erreur. Fujitsu aurait pu être une source appréciable d'argent frais pour Fairchild. De plus, ses ingénieurs japonais étaient en avance sur ceux de Fairchild. Ils savaient mieux comment fabriquer des mémoires électroniques complexes. Les ingénieurs américains de Fairchild avaient besoin de se perfectionner dans ce domaine. L'achat n'aurait en rien détruit les compétences qu'ils avaient déjà acquises ; il leur aurait permis de les compléter. La nationalité de l'entreprise n'aurait eu à cet égard aucune importance. Comble de l'ironie, Fairchild n'était même pas une société « américaine » au moment des faits. Elle avait été achetée en 1979 par Schlumberger, une société française spécialisée dans l'exploitation des champs pétrolifères.

2

Le comportement de l'Administration s'explique par la crainte d'une dépendance américaine à l'égard des firmes japonaises fabriquant les dispositifs électroniques implantés dans le cœur même des systèmes d'armement aussi bien que des voitures, des téléviseurs et de presque tous les autres gadgets complexes imaginables. Tout au long des années quatre-vingt, des centaines de commissions et de groupes de travail ont accumulé les mises en garde solennelles au sujet du raz-de-marée japonais dans la micro-électronique. Exemple typique : un rapport du Conseil national de sécurité d'avril 1987 avertissait que les forces armées américaines dépendaient de plus en plus de firmes japonaises ; le même rapport se montrait très pessimiste sur l'avenir de l'économie américaine. « À la fin du siècle, la micro-électronique aura certainement une influence décisive sur les performances de secteurs qui représenteront de l'ordre d'un quart du produit national brut, et qui auront des effets considérables sur les capacités militaires, la productivité de l'économie dans son ensemble et le niveau de vie. Ces secteurs comprennent l'automobile, l'automatisation industrielle, les ordinateurs, les produits pour la défense et pour l'espace, les télécommunications et de nombreux biens de consommation... Si les États-Unis perdaient leur avantage compétitif dans ces secteurs, leur productivité, leur niveau de vie et leur croissance en souffriraient gravement. » Le danger immédiat, selon ce rapport, serait que les firmes japonaises de haute technologie refusent leurs circuits intégrés les plus récents, et les technologies liées, aux firmes américaines qui en seraient devenues dépendantes, et puissent ainsi « faire obstacle à la compétitivité des États-Unis dans presque toutes les branches industrielles[1] ».

Notez le glissement logique. Quand le Conseil national de sécurité met en garde contre la force croissance « du Japon » et la perte de l'avantage compétitif des « États-Unis », il se réfère, on peut le présumer, aux firmes japonaises et américaines. Mais rappelez-vous que les firmes américaines mènent leurs recherches, conçoivent et fabriquent certains de leurs produits technologiquement les plus en pointe au Japon, tandis que les firmes japonaises effectuent une part croissante de leurs activités les plus complexes aux États-Unis. En conséquence, la différence entre les firmes américaines et japonaises est en train de s'estomper en ce qui concerne les lieux où leurs forces de travail sont localisées dans le monde, et le type de travail qu'elles accomplissent. Les États-Unis sont certainement plus « en sécurité », au sens de l'accès aux technologies cruciales dans l'éventualité d'une guerre, si des Américains apprennent à faire des choses complexes sur le sol américain (même s'ils travaillent pour une firme japonaise) que si des étrangers apprennent à faire les mêmes choses complexes sur un sol étranger (même s'ils travaillent pour une firme américaine). Si, pour les besoins de la sécurité nationale, les États-Unis veulent être sûrs de posséder une technologie cruciale sur le sol américain, la démarche logique consiste à encourager les réseaux globaux d'entreprises à effectuer leurs travaux de conception et de développement aux États-Unis — et non pas d'interdire aux firmes et aux investisseurs étrangers l'entrée aux États-Unis.

Les États-Unis doivent-ils craindre néanmoins qu'une firme étrangère implantée chez eux retire une technologie cruciale si son gouvernement le lui demande ? Les gouvernements européens ont pris tragiquement conscience de cette possibilité en 1982. En réponse à l'imposition de la loi martiale en Pologne, l'administration Reagan avait alors interdit aux filiales européennes des firmes américaines d'exécuter les contrats qu'elles avaient conclus pour la construction d'un gazoduc reliant l'Europe à l'Union soviétique. Le risque que ce type d'intervention se produise est réel, mais il est considérablement réduit par le fait que les multinationales veulent préserver leur réputation de sérieux. Les filiales américaines qui obéirent aux ordres de Washington en 1982 virent leurs affaires décliner très rapidement sur le vieux continent, les Européens se tournant vers d'autres fournisseurs sur lesquels ils pouvaient compter en cas de besoin. Même la réputation des filiales américaines qui n'étaient pas directement impliquées fut atteinte ; aux yeux de leurs clients européens, la possibilité que Washington leur impose sa volonté les rendait elles aussi moins dignes de confiance. Résultat : les firmes américaines subirent des pertes considérables, dont l'administration Reagan était en grande partie responsable. De tels contrecoups ont de quoi décourager les gouvernements, qui pourraient autrement être tentés d'imposer leur contrôle sur les opérations internationales des entreprises basées sur leurs territoires. De plus, les multinationales se transforment en réseaux toujours plus décentralisés, que les gouvernements ont encore moins la capacité de contrôler. Une filiale — qui lance sur le marché ou qui distribue ce que sa société-mère produit — dépend, c'est bien évident, des dirigeants de cette société, et est ainsi susceptible d'être contrôlée ; il n'en va pas de même d'une firme plus indépendante, travaillant au sein d'un réseau et passant des contrats avec les courtiers-stratèges du centre du réseau[2].

Malgré tout, le rapport du Conseil national de sécurité, et plusieurs autres qui le suivirent, poussèrent le Congrès, en 1988, à rendre officiel ce qui n'était qu'une résistance informelle aux acquisitions de firmes par les étrangers. Un Omnibus Trade Act, entré en vigueur cette année 1988, permet au gouvernement américain d'empêcher des investisseurs étrangers d'acquérir une participation majoritaire dans une société américaine. Un Comité sur l'investissement étranger aux États-Unis, présidé par le secrétaire au Trésor, et dont font partie les chefs de huit agences fédérales, peut désormais décider qu'un achat envisagé menace de « porter atteinte à la sécurité nationale ».

À première vue, cette stipulation semble tout à fait raisonnable. Pourquoi des fonctionnaires de haut niveau ne devraient-ils pas examiner les achats d'entreprise qui menacent la sécurité nationale ? Le problème apparaît quand on regarde les choses de plus près. Que signifie exactement l'expression « sécurité nationale » ? Le Congrès ne le dit pas. En principe, une nation sacrifie un peu de sa sécurité chaque fois qu'elle devient dépendante d'étrangers en quoi que ce soit. L'Albanie, qui refuse le commerce avec l'Occident, et rejette l'argent, la technologie et tout ce que le reste du monde pourrait lui offrir, est tout à fait en sécurité, mais d'une bien curieuse façon. Les Albanais transportent leurs marchandises sur des charrettes et vivent dans des taudis. La sécurité complète équivaut à l'autarcie. Mais l'autarcie prive les citoyens d'une nation de tous les avantages de l'interdépendance économique dans un monde élargi. On ne peut vouloir une chose et son contraire.

Sur quoi le Comité fondera-t-il donc ses décisions ? Sur la quantité d'argent que les étrangers sont prêts à risquer dans une aventure américaine dont, sans doute, les apporteurs de fonds américains se sont détournés ? Ou, peut-être, sur ce que rapportera aux étrangers cette aventure si elle est couronnée de succès ? Si les étrangers ne sont pas dissuadés de se lancer dans des investissements aux États-Unis par l'incertitude et la complexité d'une telle procédure, ils risquent de perdre courage en voyant les honoraires qu'ils auront à verser aux avocats de Washington qui les aideront à franchir l'obstacle[3].

D'autres nations ont, bien entendu, érigé leurs propres barrières contre l'investissement étranger ; elles étaient inspirées par les mêmes notions erronées sur la sécurité nationale et sur le sens de la notion de « propriété » d'une firme dans une économie mondiale. Beaucoup de ces barrières sont pourtant en train de s'effondrer. Au début des années 1990, des pays aussi différents que le Mexique et la Chine, qui ont pendant longtemps limité l'investissement direct étranger, se sont mis à le courtiser activement. Même la traditionnelle défiance du Japon à l'égard des investisseurs étrangers commence à disparaître, lentement. De toute manière, que d'autres nations se créent un handicap en décourageant l'investissement étranger n'oblige pas à suivre leur exemple.

3

La même erreur ruine les efforts du gouvernement pour pousser les États-Unis sur la voie des « technologies de l'avenir », telles que les semi-conducteurs les plus avancés et la télévision haute-définition. Rappelons-nous que durant toute la période d'après-guerre, le Pentagone s'est discrètement chargé d'aider les firmes américaines à se lancer dans des technologies comme les réacteurs, les fuselages, les transistors, les circuits imprimés, les nouveaux matériaux, les lasers, les fibres optiques. Cette politique industrielle tacite a été renforcée par l'administration Reagan, avec l'accroissement rapide de l'effort militaire. Et même avec la fin de la guerre froide, le Pentagone est demeuré l'une des plus importantes sources de financement pour la haute technologie. Le Pentagone et les 600 laboratoires nationaux qui travaillent avec lui et avec le ministère de l'Énergie sont aux États-Unis ce qui ressemble le plus au ministère du Commerce international et de l'Industrie japonais, le célèbre MITI[4].

Ce système a fonctionné correctement tant que les firmes américaines s'identifiaient avec l'économie américaine. Dans les années cinquante, soixante et même soixante-dix, il était justifié d'assimiler les avancées technologiques des firmes américaines à des prouesses économiques américaines. Mais, dans les années quatre-vingt, cette identité a cessé d'être vérifiée ; en conséquence, les subventions accordées aujourd'hui aux firmes américaines pour développer de nouvelles technologies ont de moins en moins de rapport avec ce que les Américains apprennent à réaliser.

À la fin des années quatre-vingt, les Japonais fabriquaient la majorité des circuits intégrés de plus en plus miniaturisés servant de mémoires, ce qui inquiétait énormément les fonctionnaires américains[5]. Voulant renforcer les capacités de leur pays dans ce domaine, ils décidèrent d'accorder 100 millions de dollars par an à Sematech, un consortium de sociétés américaines spécialisées dans les semi-conducteurs, qui devaient réunir leurs propres ressources pour concevoir un équipement non périmé destiné à fabriquer la génération à venir de circuits intégrés. Sematech regroupait Texas Instruments, Motorola, IBM, AT&T et huit autres membres. Aucune entreprise étrangère n'était autorisée à se joindre au groupe. Comme l'affirmait un haut fonctionnaire : « Nous devons rétablir notre primauté technologique. » Selon le président de l'une des sociétés associées dans Sematech, « C'est notre dernière chance. Si nous ne parvenons pas à réaliser cet équipement, nous pouvons plier bagage[6]. »

Toutefois, qui veut porter un jugement sur cette politique doit immédiatement poser la question : « Qu'entendez-vous par *nous* ? » Quand les responsables de l'Administration et des firmes utilisent le pronom « nous », ils se réfèrent habituellement aux firmes américaines. Pourtant, comme nous l'avons vu, les firmes américaines n'incarnent que marginalement « nous » les Américains.

Alors même que Sematech se mettait en route, ses membres tissaient des réseaux internationaux. Texas Instruments, ou plus précisément les courtiers-stratèges de son état-major mondial, décidaient de consacrer 250 millions de dollars à la construction d'une usine de semi-conducteurs à Taiwan. Cette usine produit depuis 1991 des mémoires à quatre mégabits et d'autres circuits intégrés. (L'usine de Kywhyu faisait déjà de Texas Instruments l'un des plus importants fabricants de semi-conducteurs au Japon.) Texas Instruments s'est aussi associé à Hitachi pour concevoir et produire des « supercircuits » capables d'emmagasiner 16 millions de bits. Pendant ce temps, les courtiers-stratèges de l'état-major mondial de Motorola décidaient de demander l'aide des chercheurs et des ingénieurs de Toshiba pour produire une nouvelle génération de circuits intégrés. D'autres fabricants américains de circuits intégrés forgeaient des liens de même nature : AT&T avec les japonais NEC et Mitsubishi Electric, Intel avec les japonais NMB Semiconductor Company et Matsushita Group, IBM avec l'allemand Siemens.

En d'autres termes, malgré les nobles intentions nationalistes de Sematech, le consortium n'était en fait pas grand chose de plus qu'un accord de partenariat entre plusieurs réseaux multinationaux en train de se former, dont l'avenir ne serait reliée que marginalement aux futures compétences des Américains. Même si Sematech était un succès retentissant, un faible nombre d'Américains fabriqueraient des circuits intégrés de pointe aux États-Unis.

Considérons un autre exemple, celui de la télévision haute-définition. Depuis 1970, des centaines de concepteurs japonais recherchent les moyens de diffuser et de recevoir des images de télévision meilleures que celles obtenues avec la technologie actuelle ; pendant très longtemps, les Américains les ont regardés faire. Mais, au début de 1988, plusieurs membres du Congrès et des hauts fonctionnaires décidèrent que les États-Unis devaient se lancer tête baissée dans la télévision haute-définition. Le Pentagone a donc commencé à diriger quelque 30 millions de dollars chaque année vers les firmes américaines qui voulaient développer cette technologie. Le japonais Sony, le néerlandais Philips, le français Thompson demandaient à être associés à cet effort, mais l'administration Bush s'abstint de leur envoyer une invitation. Robert Mosbacher, secrétaire au Commerce, indiqua que les subventions étaient strictement réservées aux sociétés américaines. « Il est d'une importance vitale pour *nous* d'être en première ligne pour cette technologie naissante », expliqua-t-il[7].

Mais, là encore, la question se pose : que veut dire Mosbacher par « nous » ? Même si une version américaine de télévision haute-définition est lancée, il n'y a pas de raison de supposer qu'une majorité des nouveaux téléviseurs seront conçus et fabriqués aux États-Unis. En 1989, il ne restait plus qu'un fabricant américain de téléviseurs, Zenith Electronic Corporation. Il employait environ 2 500 Américains, mais la majorité de ses téléviseurs étaient assemblés au Mexique.

Les salariés américains de Zenith n'étaient pourtant pas les seuls Américains impliqués dans la conception et la fabrication de téléviseurs. En fait, plus de 15 000 Américains étaient dans cette situation. Seule différence entre eux et les salariés de Zénith, ils travaillaient pour les japonais Sony et Matsushita, pour le néerlandais Philips et pour le français Thompson. Qui plus est, certains de ces Américains étaient impliqués dans la recherche-développement en matière de télévision haute-définition. Philips par exemple a dépensé 100 millions de dollars pour construire aux États-Unis une usine de composants pour la TVHD, et s'est associé à l'Américain

NBC et au français Thompson pour développer un système de TVHD. Matsushita a également créé un institut de recherches aux États-Unis pour la TVHD ; Sony développe un prototype de TVHD à San Jose, en Californie. Dans le même temps, plusieurs milliers d'autres Américains s'activent pour concevoir des circuits intégrés de pointe pour les TVHD japonaise et européenne ; eux aussi vendent directement leurs compétences et leur perspicacité aux Japonais et aux Européens.

Il faut souligner que de nombreux Américains sont en train d'acquérir une expérience précieuse en matière de technologies TVHD — expérience qui sera sans doute la base de toute industrie de la TVHD que les États-Unis pourraient posséder dans les années à venir. En effet, les compétences et la perspicacité qu'ils sont en train d'acquérir sont l'industrie de la TVHD américaine. Paradoxalement, pourtant, parce qu'ils ne travaillent pas pour des firmes américaines, aucun de ces Américains n'est susceptible de participer au programme du gouvernement américain.

4

LES DÉCIDEURS politiques considèrent apparemment les technologies comme des choses — que les citoyens de la nation possèdent au même titre que les mines d'or, les machines et les autres biens réels. Aussi, soutenir « nos » technologies leur semble équivaloir à augmenter les actifs des firmes américaines ; peu leur importe l'endroit de la planète où ces firmes conçoivent, fabriquent, vendent leurs produits récemment inventés ; peu leur importe aussi avec qui elles passent des contrats pour la fourniture de ces services. Les décideurs politiques n'ont pas réussi à comprendre que les vrais actifs technologiques de la nation sont les capacités de leurs concitoyens à résoudre des problèmes complexes dans l'avenir, et que ses capacités dépendent à leur tour de l'expérience qu'ils auront acquise en résolvant les problèmes d'aujourd'hui et d'hier. Aussi, la décision de NEC d'installer à Rosevale les mémoires à quatre mégabits est plus utile à long terme pour la nation que n'importe quelle opération que Texas Instruments, Motorola ou AT&T lance dans un autre pays. L'investissement de NEC apportera davantage d'expérience technologique aux ingénieurs, techniciens et ouvriers américains qu'une usine d'AT&T installée en Espagne le fera pour les Américains indirectement impliqués dans ce projet. Il en est de même pour les usines de composants pour la TVHD de Philips aux États-Unis, ou de l'institut de recherches en TVHD de Matsushita.

L'argent, les installations, l'information et les équipements sont faciles à déplacer, en même temps que les logos des firmes. Les cerveaux traversent beaucoup moins facilement les frontières. Les décideurs politiques devraient trouver plus d'intérêt à aider des Américains à acquérir une grande compétence technique qu'à aider les sociétés américaines à réaliser des profits substantiels grâce aux nouvelles technologies. Il serait tout à fait justifié d'encourager Sony, Philips, Thompson, NEC ou n'importe quelle multinationale à apprendre aux Américains à concevoir et à fabriquer des semi-conducteurs de pointe, des téléviseurs haute-définition, des pièces pour les avions, et toute autre nouveauté originale de l'avenir. Invitons-les à venir ; nous avons besoin de nous exercer. De plus, il faut que les subventions gouvernementales pour le développement technologique puissent être attribuées à n'importe quelle firme, quelle que soit la nationalité de ceux qui la possèdent, pourvu qu'elle accepte de mener recherche, développement et fabrication aux États-Unis, en employant des scientifiques, des ingénieurs et des techniciens américains. Pour rendre le lien encore plus explicite, le montant de l'aide gouvernementale pourrait être lié au nombre d'Américains impliqués dans la recherche-développement et la fabrication.

5

DEMANDER sans cesse aux étrangers d'ouvrir leurs marchés à des firmes américaines repose sur la même confusion. Périodiquement, le représentant pour le Commerce menace de représailles une nation qui refuse l'entrée d'un produit américain. À première vue, une telle menace semble justifiée. Pourquoi les laisser nous exclure ? Mais, là encore, il est nécessaire de regarder avec soin qui est ce « nous ». Les fonctionnaires américains du commerce extérieur considèrent que leur travail est de défendre les intérêts des sociétés qui, il se trouve, portent le drapeau américain, sans s'occuper de l'endroit où elles effectuent leurs opérations de production. Et pourtant, il vaut mieux ouvrir des marchés pour les firmes qui emploient des Américains, même s'il se trouve que ces firmes appartiennent à des étrangers.

Prenons un exemple. Carla Hills, la représentante pour le Commerce dans l'administration Bush, accuse le Japon d'exclure Motorola du marché lucratif de Tokyo pour les téléphones cellulaires et les pagers (récepteurs de poche). Le Japon desserre effectivement ses restrictions. Chose curieuse, les premiers bénéficiaires des tractations énergiques menées par Madame Hills sont les ingénieurs et les ouvriers de Kuala Lumpur, en Malaisie, où Motorola conçoit et fabrique une grande partie de ses pagers et plusieurs des composants des cellules destinées à ses téléphones. Les autres bénéficiaires sont les actionnaires de Motorola, à la fois aux États-Unis et ailleurs. Tous ces gens ne sont pas indignes de l'attention de Madame Hills. Mais celle-ci aurait mieux fait de dépenser son capital politique limité à pousser les Japonais à réduire les barrières dressées contre les biens et services effectivement fabriqués aux États-Unis, et qui permettent aux Américains d'accumuler de l'expérience. En fait, des milliers d'Américains fabriquent des équipements de téléphones cellulaires aux États-Unis pour l'exportation. Certains des composants conçus ou fabriqués se retrouvent dans des téléphones vendus à Tokyo. Ces Américains travaillent pour des firmes qui ont un nom japonais et qui reçoivent du Japon la majorité de leur financement et une partie de leurs services de courtage stratégique. C'est pourquoi elles n'intéressent pas Madame Hills ; pourtant, par leur intermédiaire, du travail américain est exporté au Japon, plus que par l'intermédiaire de Motorola, même après la suppression de toutes les barrières protectionnistes[8].

Le plus important n'est pas de réduire les barrières étrangères qui s'opposent aux exportations des firmes américaines. Ce qu'il faut, c'est décourager les autres gouvernements d'invoquer des règles prévoyant une part minimum de travail local pour s'opposer au travail des Américains. De telles règles poussent les firmes mondiales, qu'elles appartiennent à des Américains ou à des étrangers, à accroître la quantité de travail qu'elles effectuent dans ces pays plutôt que, par exemple, aux États-Unis. Les règles relatives à la part du travail local ne gênent pas beaucoup les firmes américaines opérant déjà à l'étranger, mais elles privent certains Américains de la possibilité d'entrer en concurrence pour des emplois dans leur propre pays, des emplois qui produiraient des compétences, des connaissances et de l'expérience dignes d'intérêt. Une exigence européenne limitant la part des productions non européennes dans les programmes télévisés n'affecterait guère les firmes de l'audiovisuel appartenant à des Américains ; la plupart sont déjà bien installées dans la Communauté européenne, et emploient des Européens pour exercer une grande variété de fonctions de création.

Mais une telle exigence aurait certainement pour effet de réduire la quantité de travail américain incluse dans les productions télévisées vendues en Europe par les firmes appartenant à des Américains (ou à des Japonais, ou à des Européens) ; elle entraverait ainsi la capacité des Américains à ajouter de la valeur au marché mondial du divertissement.

Le manque d'accès des firmes appartenant à des Américains aux marchés étrangers est, bien sûr, un problème. Mais le problème ne devient crucial pour les Américains que dans la mesure où des firmes sont obligées de fabriquer sur place des produits qu'elles auraient pu fabriquer aux États-Unis, que ces firmes appartiennent à des Américains ou à des étrangers. Quand les négociateurs américains sur les questions de commerce international établissent des priorités sur la meilleure façon d'user de leur influence politique limitée pour réduire les barrières étrangères, ils feraient bien d'accorder moins d'attention à la nationalité des firmes et plus d'attention au travail réellement effectué par des Américains. Selon cette logique, une barrière contre les photocopieurs Ricoh fabriqués aux États-Unis est plus néfaste aux intérêts américains qu'une interdiction des photocopieurs Kodak fabriqués en Corée ou au Japon[9].

6

DANS la dernière décennie du XXe siècle, le lien supposé entre la capacité des firmes appartenant à des Américains de faire des profits et la compétitivité des Américains conduit les membres de l'Administration des États-Unis à admettre quelques principes étonnants. L'un d'entre eux est que les États-Unis deviendraient plus compétitifs si toutes les firmes appartenant à des Américains, opérant au niveau mondial dans le même secteur industriel, se mettaient d'accord pour produire en commun. C'est pourquoi, en 1990, le Congrès et l'Administration décident de desserrer les lois antitrust pour permettre des accords de production conjointe. Selon l'Economic Policy Council, ce changement « est une façon pour l'Administration de proclamer son soutien à l'efficacité et à la compétitivité des Américains[10] ». Pourtant, la connexion logique présumée entre les combinaisons géantes de firmes américaines et l'efficacité et la compétitivité de la nation n'est pas explicitée. Même les dirigeants volubiles des deux plus grands empires médiatiques de la nation ne sont pas en mesure de préciser cette connexion quand ils veulent rassurer le Congrès à propos de la fusion de Time Inc. avec Warner Communications. « Notre union rendra les États-Unis plus aptes à relever le défi des empires médiatiques étrangers », affirme le président de Time Inc. devant les membres du Congrès, qui hochent la tête en signe d'assentiment[11]. En quoi cette fusion va-t-elle aider les États-Unis en particulier, par rapport à ce que leur apportent la News Corporation de Rupert Murdoch (qui englobe la 20th Century-Fox, Fox Broadcasting, *TV Guide* et Harper & Row), ou l'empire médiatique allemand de Bertelsmann (qui comprend RCA Records and Bantam, Doubleday et Dell), ou le français Hachette (*Woman's Day* et Grolier's Encyclopedia), ou Sony (CBS Records et Columbia Pictures) ? Cela reste un mystère. Des écrivains, monteurs, réalisateurs, musiciens et cameramen américains participent aux activités de toutes ces firmes, tout autant que leurs homologues étrangers.

Dans le même temps, d'autres personnes sensées crient au scandale parce que des firmes appartenant à des étrangers ont l'audace d'embaucher des Américains, parmi lesquels d'anciens fonctionnaires, pour faire pour leur compte du lobbying à Washington. Les efforts des firmes appartenant à des Japonais sont jugés particulièrement pernicieux. « Les Américains doivent être les premiers à décider de ce qui est leur intérêt national. Mais l'effet de la campagne d'influence japonaise est de rendre [ce] débat impossible », se plaint un éditorialiste de *The New Republic*[12]. Ce qui se cache derrière cette indignation, c'est l'idée que les firmes appartenant à des Américains sont seules dignes de participer aux débats politiques à Washington, sans doute parce que leurs myriades de lobbyistes et d'anciens fonctionnaires représentent les intérêts de « nous » les Américains.

Bien entendu, les firmes américaines pratiquent exactement le même lobbying à l'étranger. Le vice-président pour la zone Asie-Pacifique de TRW (une firme basée à Cleveland), note fièrement que sa firme « développe [au Japon] un réseau étendu comprenant des hommes politiques, des analystes politiques, des journalistes et d'autres relations personnelles avec le Gouvernement, [réseau grâce auquel la firme peut] contribuer au développement de politiques et d'initiatives législatives allant dans le sens des intérêts de TRW »[13]. Traduite en langage ordinaire, cette phrase signifie que TRW influence l'administration japonaise. D'autres firmes appartenant à des Américains s'insinuent encore plus profondément à l'intérieur de cette administration. En 1990, le président d'IBM Japon fait partie du Conseil pour les structures industrielles japonais, qui inspire la politique industrielle du ministère du Commerce international et de l'industrie (le MITI).

Ironiquement, c'est précisément parce que les débats politiques à Washington sont si souvent dominés par les firmes appartenant à des Américains que les fonctionnaires se lancent dans des pratiques d'une efficacité douteuse : il leur arrive ainsi de freiner les achats étrangers, de restreindre les subventions pour la recherche-développement aux firmes appartenant à des Américains, de pousser les nations étrangères à ouvrir leurs frontières aux produits de ces firmes (plutôt qu'aux produits des Américains), et de permettre à ces mêmes firmes de fusionner dans d'énormes cartels. Un remède contre ces bouffonneries serait justement de faire exactement le contraire de ce qui est recommandé : au lieu d'étouffer la voie des firmes étrangères, ouvrir davantage le débat public à leurs vues. Une autre solution, encore plus efficace, serait d'interdire aux anciens fonctionnaires de faire du lobbying auprès de leurs administrations d'origine pour quelque client que ce soit, indépendamment de sa nationalité officielle.

7

LES DÉFENSEURS de l'orthodoxie du laissez-faire insistent pour que le Gouvernement ne se mêle pas directement d'améliorer les perspectives économiques des citoyens. Les critiques précédentes n'ont pas pour but de leur prêter main forte. L'idée est plutôt de montrer que, pour parvenir à cette fin, le bon moyen n'est pas d'essayer d'améliorer la capacité des firmes appartenant à des Américains à faire des profits. Habitués à une économie plus ancienne, dans laquelle la nationalité des firmes avaient de l'importance, les dirigeants politiques s'inquiètent de savoir qui possède plutôt que de savoir qui apprend à faire quoi. Remettre nos priorités dans le bon ordre requiert un changement fondamental dans nos modes de pensée. Le problème n'est pas que les firmes américaines ne dégagent pas suffisamment de profits ; il est que de nombreux Américains n'ajoutent pas suffisamment de valeur à l'économie mondiale pour pouvoir améliorer ou même maintenir leur niveau de vie. C'est vers cette question cruciale que je vais maintenant me tourner.

Troisième partie

La montée du manipulateur de symboles

12
Les trois catégories d'emplois de l'avenir

LES DISCUSSIONS habituelles à propos de l'avenir de l'économie américaine se concentrent sur des thèmes comme la compétitivité de General Motors, ou du secteur de la construction automobile ou, plus largement, de l'industrie manufacturière ou, plus largement encore, de l'ensemble de l'économie. Mais, comme nous l'avons déjà observé, ces catégories ne sont plus adaptées. Elles supposent qu'existe toujours une économie américaine dans laquelle les emplois associés à une firme ou à un secteur particulier sont d'une manière ou d'une autre attachés à l'intérieur des frontières du pays, de sorte que les travailleurs américains partagent un destin commun ; et aussi un ennemi commun, auquel nos firmes et nos travailleurs se mesurent sans ambiguïté sur les champs de bataille du commerce international.

Cette époque est révolue. Dans l'économie internationale qui est en train d'émerger, rares sont les firmes et les secteurs industriels américains qui sont en compétition avec des firmes et des secteurs industriels étrangers, si le mot « américain » renvoie à l'endroit où le travail est accompli et la valeur créée. Beaucoup plus caractéristique est maintenant le réseau mondial ; il peut être dirigé à partir des États-Unis et en recevoir une grande partie de son capital financier ; mais la recherche, le développement, les lieux de production sont répartis entre le Japon, l'Europe et l'Amérique du Nord, les centres de commercialisation et de distribution se situent sur chaque continent, et les prêteurs et les investisseurs se trouvent à Taiwan, au Japon et en Allemagne aussi bien qu'aux États-Unis. Cette firme œcuménique rivalise avec d'autres firmes tout aussi œcuméniques dirigées à partir d'autres nations. Les lignes du front ne correspondent plus aux frontières nationales.

Ainsi, quand une firme « américaine » comme General Motors obtient des profits conséquents, c'est une bonne nouvelle pour ses courtiers-stratèges de Detroit et ses investisseurs américains. C'est aussi une bonne nouvelle pour les autres dirigeants de General Motors, et pour ses salariés, ses sous-traitants et ses investisseurs, quel que soit l'endroit où ils travaillent dans le monde. Mais ce n'est pas forcément une bonne nouvelle pour ses travailleurs à la chaîne à Detroit, parce qu'il est peu probable que beaucoup d'entre eux conservent leur emploi à Detroit ou ailleurs aux États-Unis. Ce n'est pas non plus forcément une bonne nouvelle pour les quelques Américains qui travaillent encore sur des chaînes de montage aux États-Unis et qui, de manière croissante, reçoivent leurs chèques de fin de mois de firmes basées à Tokyo ou à Bonn.

Le point important est que les Américains sont devenus une partie d'un marché international du travail, englobant l'Asie, l'Afrique, l'Amérique latine, l'Europe de l'Ouest et, de plus en plus, l'Europe de l'Est et la CEI. La compétitivité des Américains sur ce marché international dépend non du sort d'une firme ou d'un secteur industriel américains, mais des fonctions qu'ils occupent — et donc de la valeur qu'ils créent — dans l'économie mondiale. Les autres nations subissent exactement la même transformation, certaines plus lentement que les États-Unis, mais toutes en participant à la même tendance à la suppression des frontières. Les barrières qui s'opposent au passage du savoir, de l'argent et des biens matériels d'un pays à l'autre sont en train de s'effondrer ; dans chaque nation, des groupes d'individus rejoignent les réseaux mondiaux. Dans quelques années à peine, il n'y aura virtuellement plus aucun moyen de distinguer une économie nationale d'une autre, à l'exception du taux de change de leurs monnaies ; mais même cette distinction est en train de perdre de l'importance.

Les Américains affrontent donc la compétition internationale toujours plus directement, sans l'intermédiation d'institutions nationales. Si nous abandonnons les notions périmées de compétitivité des firmes américaines, de l'industrie américaine, de l'économie américaine, et si nous les reformulons en termes de compétitivité de la main-d'œuvre américaine, il devient clair que les succès et les échecs ne seront pas partagés équitablement entre nos concitoyens.

Certains Américains réussiront, parce que leurs contributions à l'économie mondiale sont valorisées sur les marchés internationaux ; d'autres échoueront, parce que leurs contributions sont jugées de bien moindre valeur. Les cadres américains de General Motors pourront devenir plus compétitifs alors que les ouvriers américains de General Motors le deviendront moins, parce que les fonctions exercées par les cadres sont davantage valorisées sur le marché mondial que celles qui sont exercées par les ouvriers. Aussi, quand nous parlons de la « compétitivité » des Américains en général, évoquons-nous uniquement ce que le monde est préparé à payer, en moyenne, pour les fonctions exercées par les Américains. Certains Américains pourront exiger des rémunérations beaucoup plus élevées, d'autres devront se contenter de rétributions beaucoup plus faibles. Les Américains ne progresseront ni ne régresseront plus tous ensemble, comme s'ils étaient dans le même bateau. Nous sommes, de plus en plus, dans des bateaux différents, plus petits.

2

LE BUREAU of the Census américain a commencé à rassembler des données sur les emplois américains en 1820, et a développé une manière systématique de les classer en catégories en 1870. Depuis 1943, il mit au point une répartition de ces catégories en différents niveaux de « statut économique et social » qui dépendent, entre autres choses, du prestige et des revenus associés à chaque emploi. Pour déterminer les regroupements appropriés, le Bureau of the Census a d'abord partagé tous les emplois en « Classe d'affaires » et « Classe ouvrière », les deux catégories que les Lynns avaient imaginées pour leur étude de Villemoyenne ; il a ensuite divisé chacune de ces deux catégories en sous-catégories[1]. En 1950, le Bureau of the Census ajouta la catégorie des « Employés » et appela la nomenclature résultante les « Grands groupes d'emplois » américains ; cette nomenclature n'a pas évolué depuis cette date. Toutes les enquêtes statistiques ultérieures se sont appuyées sur elles. Ainsi, même en 1990, un Américain est, aux yeux du Bureau of the Census, dans un « emploi de direction ou une profession libérale », dans un rôle de « soutien technique, commercial ou administratif », dans un « emploi de service », dans un emploi d'« ouvrier ou d'opérateur », ou dans les « transports et la manutention ».

Cette classification avait un sens dans l'économie de production de masse standardisée, dans laquelle presque tous les emplois s'ajustaient directement ou indirectement aux grandes firmes, et où le statut et le revenu de chacun dépendaient de sa position dans la bureaucratie-type de ces firmes. Mais ces catégories ont peu de rapport avec la situation des Américains en termes de compétitivité, à l'heure où les grandes firmes américaines se transforment en réseaux mondiaux finement tissés. Quelqu'un dont l'emploi tombe officiellement dans la sous-catégorie « technique » ou « commerciale » peut, en fait, faire partie des personnes les mieux payées et les plus influentes dans un de ces réseaux. Pour comprendre les positions compétitives réelles des Américains dans l'économie mondiale, il est nécessaire de mettre au point une nouvelle classification[2].

Pour s'en tenir à l'essentiel, trois grandes catégories d'emplois émergent, qui correspondent aux trois positions compétitives différentes qu'occupent les Américains. Les mêmes catégories prennent forme dans les autres pays. Ce sont les *services de production courante*, les *services personnels*, et les *services des manipulateurs de symboles*.

Les *services de production courante* se rapportent aux tâches répétitives effectuées par les vieux fantassins du capitalisme américain dans l'entreprise de production de masse. Elles sont exécutées inlassablement, et sont des étapes dans une séquence destinée à élaborer des produits finis vendus dans le monde entier. Ces emplois, bien que considérés le plus souvent comme des emplois de cols bleus, incluent aussi la supervision courante. Celle-ci est confiée aux contremaîtres et aux cadres moyens, et se définit comme le contrôle répétitif du travail des subordonnés et du respect des procédures opératoires standards.

Dans les économies modernes, les services de production courante ont leur place dans de nombreux secteurs autres que les industries lourdes traditionnelles. On les rencontre même dans le chatoiement de la haute technologie. Peu de tâches sont plus fastidieuses et répétitives que, par exemple, nourrir les ordinateurs ou mettre au point des codages standard pour les logiciels.

Les prophètes de l'« âge de l'information » étaient optimistes. Ils prédisaient une abondance d'emplois bien payés, même pour les salariés les moins qualifiés. En fait, la sobre vérité est que de nombreux emplois de traitement de l'information se rangent dans cette catégorie des services de production courante. Les fantassins de l'économie de l'information sont assis devant des terminaux liées aux banques de données mondiales. Ils entrent ou extraient de manière routinière des données : enregistrements d'achats et de paiements effectués avec une carte de crédit, compensation de chèques, comptes bancaires, correspondance, fiches de paye, notes d'hôpital, etc. La « révolution de l'information » a rendu certains d'entre nous plus productifs, mais elle a aussi donné naissance à d'énormes piles de données brutes. Ces données doivent être traitées d'une manière monotone qui rappelle la façon dont les travailleurs à la chaîne et, avant eux, les ouvriers du textile traitaient des piles de matières premières d'une autre sorte.

Les services de production courante sont fournis par des travailleurs routiniers. Ceux-ci travaillent typiquement en compagnie de nombreuses autres personnes qui font la même chose qu'eux, habituellement à l'intérieur de grands espaces fermés. Ils sont guidés dans leur travail par des procédures standards et des règles codifiées ; leurs contremaîtres sont à leur tour surveillés par des gens qui contrôlent, souvent avec l'aide d'ordinateurs, la quantité et la qualité de ce qu'ils font. Leurs salaires sont déterminés en fonction de leur temps de travail, ou de la quantité de travail qu'ils ont effectuée.

Les travailleurs routiniers doivent habituellement être capables de lire et d'exécuter des calculs simples. Mais leurs vertus cardinales sont la fiabilité, la loyauté, et la capacité à suivre des instructions. Pour cela, l'enseignement américain standard, fondé sur les prémisses traditionnelles de l'éducation américaine, est normalement suffisant.

En 1990, la production courante des travailleurs routiniers représente environ un quart des emplois américains, et cette proportion est en train de décliner. Ceux qui s'occupent de métaux sont en majorité des hommes et des Blancs ; ceux qui s'occupent de tissu, de clavier ou d'information sont en majorité des femmes, souvent noires ou hispaniques ; leurs contremaîtres sont des hommes blancs[3].

Les *services personnels*, la deuxième sorte de travail effectué par les Américains, impliquent aussi des tâches répétitives et simples. Sont classés dans cette catégorie les employés de commerce, d'hôtel, d'agences immobilières, les serveurs et serveuses de restaurants, les caissiers, les infirmières, les baby-sitters, les femmes de ménage, les chauffeurs de taxi, les secrétaires, les coiffeurs et coiffeuses, les mécaniciens, les hôtesses de l'air et les stewards, les kinésithérapeutes, et les gardiens et agents de sécurité de toutes sortes (une catégorie en croissance rapide).

Les services personnels sont fournis par des aides personnels qui travaillent seuls ou en petites équipes. Comme pour les travailleurs routiniers, leur salaire est fonction du nombre d'heures de travail effectuées ou de la quantité de travail accomplie ; ils sont étroitement contrôlés, tout comme ceux qui les contrôlent ; et ils n'ont pas eu besoin d'acquérir une forte qualification : au mieux, l'équivalent du baccalauréat, plus une légère formation spécifique.

La grande différence entre les services de production courante et les services personnels est que les seconds sont fournis de personne à personne et donc ne peuvent être vendus dans le monde entier. Les aides personnels sont en contact direct avec les bénéficiaires ultimes de leur travail ; leurs objets de travail immédiats sont des clients spécifiques plutôt que des flux de métaux, de tissus ou de données. (Ils peuvent bien sûr travailler pour des firmes multinationales. Deux exemples : en 1988, la firme britannique Blue Arrow PLC achète Manpower Inc., qui fournit des services de gardiennage dans tous les États-Unis ; la firme danoise ISS-AS employait à cette époque plus de 16 000 Américains pour nettoyer les bureaux dans la plupart des grandes villes américaines.)

Dans les services personnels, les employés doivent être aussi ponctuels, fiables et dociles que les travailleurs routiniers. Mais on demande à beaucoup d'entre eux une qualité supplémentaire : ils doivent adopter un comportement agréable. Ils doivent sourire, respirer la confiance et la gaieté, même quand ils se sentent tristes. Ils doivent être courtois et serviables, même avec le plus odieux des clients. Par-dessus tout, ils doivent faire en sorte que les autres se sentent heureux et à leur aise. Il n'est donc pas surprenant que, traditionnellement, dans les services personnels, les femmes soient majoritaires. Les stéréotypes culturels qui leur sont associés leur ont ouvert des emplois innombrables[4].

En 1990, les services personnels représentent environ 30 % des emplois occupés par des Américains, et cette proportion augmente rapidement. Ainsi, Beverly Enterprises, une chaîne d'infirmières à domicile opérant dans tous les États-Unis, emploie à peu de choses près autant d'Américains que Chrysler (115 714 contre 116 250) ; ce qui n'empêche pas les Américains de connaître beaucoup mieux la seconde, et en particulier les opinions de son PDG. Aux États-Unis, dans les années quatre-vingt, près de trois millions de nouveaux emplois de services personnels ont été créés dans la restauration rapide, les cafés et les restaurants. C'est plus que le nombre total d'emplois de production courante existant encore aux États-Unis, à la fin de la décennie, dans la construction automobile, la sidérurgie et l'industrie textile réunies[5].

Les *services de manipulation de symboles,* la troisième catégorie d'emplois, incluent toutes les activités de résolution de problèmes, d'identification de problèmes et de courtage stratégique que nous avons examinées dans les chapitres précédents. Comme les services de production courante, mais à l'inverse des services personnels, les services de manipulation de symboles peuvent être échangés partout dans le monde ; les manipulateurs de symboles sont donc en concurrence avec des étrangers, même sur le marché américain. Mais ils ne participent pas au commerce international en tant qu'objets standardisés. Ce qui est échangé, ce sont les manipulations de symboles : données, mots, représentations orales et visuelles.

Dans cette catégorie se classent ceux qui se qualifient eux-mêmes de chercheurs, d'ingénieurs, d'informaticiens, d'avocats, et même quelques comptables créatifs. Il faut y inclure aussi les consultants en management, les conseillers financiers ou fiscaux, les spécialistes en organisation, ainsi que les publicitaires, les réalisateurs, les éditeurs, les journalistes, et même les professeurs d'université.

Les manipulateurs de symboles simplifient la réalité en la réduisant à des images abstraites qui peuvent être réarrangées, avec lesquelles ils peuvent jongler, qu'ils peuvent tester, communiquer à d'autres spécialistes, et finalement transformer à nouveau en réalité. Ces manipulations sont effectuées à l'aide d'outils analytiques affûtés par l'expérience. Ces outils peuvent être des algorithmes mathématiques, des arguments légaux, des astuces financières, des principes scientifiques, des connaissances psychologiques sur la façon de persuader ou de distraire, des systèmes d'induction ou de déduction, et tous les autres ensembles de techniques permettant de venir à bout de difficultés conceptuelles.

Certaines de ces manipulations montrent comment mieux déployer des ressources ou transférer des actifs financiers, ou alors économisent du temps et de l'énergie. D'autres manipulations produisent des inventions : des merveilles technologiques, des arguments légaux nouveaux, de nouveaux stratagèmes publicitaires pour convaincre les consommateurs que certaines distractions sont devenues des nécessités vitales. D'autres manipulations encore portent sur les sons, les images, les mots ; elles servent à divertir ceux qui en reçoivent le produit, ou à les faire réfléchir plus profondément à leurs vies ou à la condition humaine. D'autres soutirent de l'argent à des gens trop lents ou trop naïfs pour se protéger par des contre-manipulations.

Comme les travailleurs routiniers, les manipulateurs de symboles entrent rarement en contact direct avec les bénéficiaires ultimes de leur travail. Mais par d'autres aspects, leur vie au travail est très différente. Les manipulateurs de symboles ont souvent des partenaires ou des associés plutôt que des patrons ou des contremaîtres. Leurs revenus peuvent varier, mais ils ne sont pas directement reliés au temps qu'ils ont passé ou à la quantité de travail qu'ils ont fournie. Ils dépendent plutôt de la qualité, de l'originalité, de l'intelligence et, à l'occasion, de la vitesse avec lesquelles ils ont résolu, identifié de nouveaux problèmes, ou joué leur rôle de courtiers-stratèges. Leurs carrières ne sont pas linéaires, et ne se résument pas à la montée d'échelons hiérarchiques ; ils suivent rarement des chemins bien définis pour atteindre progressivement des niveaux de responsabilité et de revenus élevés. En fait, les manipulateurs de symboles peuvent, très jeunes, assumer de larges responsabilités et obtenir une richesse sans limites. Mais ils peuvent aussi perdre leur autorité et leurs revenus s'ils ne sont plus capables d'innover en s'appuyant sur l'expérience qu'ils ont accumulée, même s'ils sont plus âgés.

Les manipulateurs de symboles travaillent souvent seuls ou dans de petites équipes, qui peuvent être liées à des organisations plus vastes, y compris des réseaux mondiaux. Le travail en équipe est souvent crucial. Comme ni les problèmes ni les solutions ne peuvent être définis à l'avance, des conversations informelles et fréquentes aident à s'assurer que les intuitions et les découvertes sont utilisées au mieux et soumises sans retard à une évaluation critique.

Quand ils ne sont pas en train de parler avec les autres membres de leur équipe, les manipulateurs de symboles sont assis derrière des terminaux d'ordinateurs ; ils examinent des mots et des nombres, les déplacent, les modifient, essayent d'en sortir de nouveaux mots et de nouveaux nombres, formulent et testent des hypothèses, conçoivent, jouent leur rôle de stratèges. Ils passent aussi de longues heures dans des réunions et au téléphone, et des heures encore plus longues dans des avions et des hôtels, conseillant, présentant, faisant des exposés, concluant des accords. Périodiquement, ils écrivent des rapports, des mémorandums, des scripts, ils dessinent des plans, qui provoquent de nouvelles réunions pour clarifier ce qui a été proposé et parvenir à un accord sur la façon dont leurs propositions devront être réalisées, par qui, et à quel prix. La production finale est souvent la partie la plus facile. La majeure partie du temps et du coût (et donc de la valeur) vient de la conceptualisation du problème, de la mise au point d'une solution, et de la planification de son exécution.

La plupart des manipulateurs de symboles ont fait quatre années d'études supérieures ; beaucoup sont allés encore plus loin. La grande majorité d'entre eux sont des hommes blancs, mais la proportion des femmes blanches augmente, et on compte parmi eux un nombre faible, mais croissant de Noirs et d'Hispaniques. Tout compris, les manipulateurs de symboles ne représentent pas plus de 20 % des emplois américains. Cette proportion s'est accrue substantiellement depuis les années 1950 ; selon mes calculs, pas plus de 8 % de la population active américaine ne pouvaient être considérés comme des manipulateurs de symboles au milieu du siècle ; mais la croissance s'est considérablement ralentie dans les années 1980, même si certains emplois de manipulateurs de symboles, dans les banques d'investissement et les professions juridiques notamment, ont bourgeonné. (Je reviendrai sur ce point un peu plus tard[6].)

3

CES TROIS catégories fonctionnelles recouvrent plus de trois emplois américains sur quatre. Elles ne comprennent pas les agriculteurs, les mineurs et les autres extracteurs de ressources naturelles. Elles ne comprennent pas non plus les employés de l'État (y compris les professeurs de l'enseignement public), les salariés des industries contrôlées par les pouvoirs publics (comme la production d'électricité), les salariés financés par l'État (les ingénieurs travaillant dans les industries d'armement, et les médecins travaillant pour Medicaid et Medicar) ; tous ou presque sont protégés contre la compétition mondiale.

Certaines catégories d'emploi traditionnelles — emplois de direction, secrétariat, emplois commerciaux — se répartissent dans deux, voire trois, de nos catégories fonctionnelles. Les catégories traditionnelles, il faut le souligner, datent d'une époque où la plupart des emplois étaient aussi standardisés que les produits qu'ils contribuaient à créer. De telles catégories ne sont plus très utiles pour déterminer ce qu'une personne fait réellement dans son travail et ce qu'il lui rapporte approximativement. Ainsi, seules quelques-unes des « secrétaires » effectuent un travail de production courante, comme entrer des données dans un ordinateur, ou les récupérer. D'autres « secrétaires » fournissent des services personnels comme prendre des rendez-vous ou apporter le café. Un troisième groupe de « secrétaires » exerce une fonction de manipulation de symboles fortement liée à celle de leurs patrons. Les classer toutes comme « secrétaires » néglige le fait qu'elles jouent des rôles très différents dans l'économie. La variété est tout aussi grande, pour les « analystes-programmeurs » (une des additions les plus récentes à la liste standard des emplois) : ils peuvent faire du codage courant, régler sur demande les problèmes particuliers des clients, ou traduire des spécifications fonctionnelles complexes en logiciels.

Qu'une catégorie d'emploi soit classée dans les professions libérales ou dans les emplois de direction a peu de rapport avec la fonction que son titulaire exerce effectivement dans l'économie mondiale. Ainsi, les membres des professions libérales ne sont pas tous des manipulateurs de symboles. Certains notaires passent leur vie à des tâches que le commun des mortels trouverait insupportablement monotones : rédiger les mêmes testaments, les mêmes contrats, inlassablement, en changeant simplement les noms. Certains comptables réalisent des audits de routine sans aucune implication active de leurs cellules grises. Certains cadres ont pour seule responsabilité de noter ceux qui arrivent le matin, de s'assurer qu'ils ne bougent pas, et de fermer les locaux la nuit. (J'ai même entendu parler de professeurs d'université dispensant les mêmes cours pendant trente ans, longtemps après que leurs cerveaux se sont atrophiés ; mais ces histoires me semblent invraisemblables.) Aucun de ces individus n'est un manipulateur de symboles[7].

De même, tous les manipulateurs de symboles ne sont pas des « professionnels ». Dans l'ancienne économie de production standardisée, un « professionnel » était quelqu'un qui avait dominé un certain domaine de la connaissance. Cette connaissance existait déjà, prête à être maîtrisée. Elle était rassemblée dans des volumes poussiéreux, ou codifiée par des règles ou des formules précises. Une fois que le novice avait consciencieusement absorbé cette connaissance et avait réussi un examen attestant cette absorption, le statut de « professionnel » lui était automatiquement conféré, habituellement au cours d'une cérémonie empreinte de l'apparat médiéval approprié. Le « professionnel » était alors autorisé à ajouter quelques lettres supplémentaires à son nom, à afficher son diplôme sur le mur de son bureau, à rejoindre l'association de ses pairs et à participer à la réunion annuelle de cette association à Palm Springs (dont les frais étaient déductibles de ses impôts), et à rechercher des clients avec un minimum d'avidité apparente.

Mais la nouvelle économie est pleine de problèmes non identifiés, de solutions inconnues, de moyens encore jamais essayés de résoudre les premiers à l'aide des secondes ; la maîtrise des anciens domaines de connaissance n'est plus suffisante pour garantir un revenu convenable. Ni, ce qui est plus important encore, n'est même nécessaire. Les manipulateurs de symboles peuvent souvent accéder à l'ensemble des connaissances établies en donnant un petit coup sur une touche d'ordinateur. Les faits, les codes, les formules, sont faciles à atteindre. Ce qui a beaucoup plus de valeur, c'est la capacité à utiliser effectivement et de manière créative ces connaissances. La possession d'un diplôme ne garantit pas une telle capacité innovatrice. En fait, son apparition dans la vie active peut être compromise par un enseignement qui s'est appesanti sur l'acquisition machinale de connaissances plutôt que sur l'originalité de la pensée.

4

COMMENT donc les manipulateurs de symboles décrivent-ils ce qu'ils font ? Avec difficulté. Parce que le statut, l'influence et le revenu d'un manipulateur de symboles n'ont pas grand rapport avec un rang ou un titre formel, son activité peut sembler mystérieuse à quelqu'un qui travaille en dehors d'une entreprise-réseau, et qui est peu familier avec la fonction réelle du manipulateur de symboles dans cette entreprise. Et parce que la manipulation de symboles implique des processus de pensée et de communication, plutôt qu'une production tangible, le contenu de l'emploi est souvent difficile à expliquer. Pour répondre à la question : « Qu'est-ce que tu as fait aujourd'hui, maman (ou papa) ? », il n'est pas toujours instructif, ni particulièrement édifiant, de dire que l'on a passé trois heures au téléphone, quatre heures dans des réunions, et le reste du temps à regarder un écran d'ordinateur en essayant de résoudre un problème complexe.

Certains manipulateurs de symboles ont trouvé refuge dans des intitulés d'emploi qui n'indiquent pas ce qu'ils font, mais donnent au moins l'impression d'une certaine autorité. Les vieilles hiérarchies se sont effondrées, mais de nouveaux usages linguistiques sont apparus, pour perpétuer la coutume, consacrée par le temps, du titre comme statut.

En voici un échantillon. Prenez n'importe quel terme de la première colonne, n'importe quel terme de la seconde, et n'importe quel terme de la troisième ; placez entre eux les mots de liaison qui conviennent, et vous obtiendrez un emploi qui est probablement (mais pas forcément) occupé par un manipulateur de symboles :

Ingénieur	Management	Communications
Directeur	Planification	Systèmes
Concepteur	Processus	Financier
Coordinateur	Développement	Création
Consultant	Stratégie	Projet
Manager	Politique	Affaires
Conseiller	Applications	Ressources
Planificateur	Recherche	Produit

L'organisation « plate » des entreprises de production personnalisée n'empêche pas l'existence de distinctions subtiles entre les positions des manipulateurs de symboles. Le statut effectif est inversement proportionnel à la longueur du titre. Deux termes seulement sont la marque d'un certain degré d'autorité. L'appellation de la deuxième ou de la troisième colonne tombe, laissant une combinaison plus simple et plus élégante, comme « Ingénieur de projet » ou « Directeur de la création ». Aux plus valorisés des manipulateurs de symboles, qui ont dépassé la simple compétence technique pour exercer une influence réelle sur leurs pairs à l'intérieur du réseau, est conféré l'honneur le plus élevé, un titre comprenant un mot de la première colonne suivi d'un qualificatif brillant comme « en chef », ou « principal ». Quelqu'un devient ainsi « Coordinateur en chef » ou « Conseiller principal », non pas pour avoir loyalement servi pendant un certain temps, ou pour avoir parfaitement suivi des instructions de routine, mais grâce à son adresse particulière dans la résolution ou l'identification de nouveaux problèmes, ou dans le courtage stratégique.

Naguère, les jeunes favorisés et ambitieux prévoyaient aisément comment ils grimperaient les échelons de leur carrière. S'ils entraient dans une grande firme, ils commençaient, disons, comme deuxième assistant du vice-président chargé du marketing. Après environ cinq ans, ils montaient d'un échelon et devenaient premier assistant du vice-président. Et ainsi de suite. S'ils rejoignaient un cabinet de consultants, ou une banque d'investissement, ils débutaient comme associé ; après cinq ou huit ans, ils devenaient « junior partner », puis « senior partner », « managing partner », avant d'atteindre le paradis.

Aucune de ces étapes balisées ne nécessitait une pensée originale. En fait, une imagination particulièrement créative ou critique était même dangereuse pour le déroulement de la carrière, particulièrement si elle amenait à soulever des questions subversives comme « Ne sommes-nous pas en train de travailler sur le mauvais problème ? » ou « Pourquoi faisons-nous ceci ? » ou, la plus risquée de toutes : « Pourquoi cette organisation existe-t-elle ? » Le sentier le plus sûr était aussi le plus efficace, et ce sentier avait été si bien tracé par les voyageurs précédents qu'il ne pouvait pas être manqué.

Bien sûr, il existe encore des organisations orthodoxes dans lesquelles l'avancement de la carrière est séquentiel et prévisible. Mais peu de jeunes favorisés et ambitieux s'y précipitent, ou même entrent dans des carrières marquées par des trajets bien balisés. Ils n'osent pas. Dans l'économie mondiale qui est en train de naître, même la position la plus impressionnante dans l'organisation la plus prestigieuse est vulnérable à la concurrence internationale si elle implique des fonctions de routine faciles à copier. Le seul véritable avantage compétitif réside dans les compétences en matière de résolution et d'identification de nouveaux problèmes, et de courtage stratégique.

13
Les excès des manipulateurs de symboles

UN DERNIER élément concernant les manipulateurs de symboles mérite d'être mentionné, bien que le lecteur pressé de voir l'intrigue avancer puisse sans risque passer au chapitre suivant. Je m'arrête ici pour examiner quels sont les bénéfices collectifs de la manipulation de symboles, et comment les compétences et la perspicacité considérables des manipulateurs de symboles peuvent être mises au service de la collectivité.

La résolution et l'identification de problèmes, ainsi que le courtage, peuvent créer une valeur substantielle pour les consommateurs individuels, mais n'améliorent pas nécessairement la situation de la collectivité. Parfois, bien sûr, il y a convergence entre ce que les consommateurs veulent et ce dont la société a besoin : des maladies redoutables sont diagnostiquées et de nouveaux remèdes découverts ; des partitions musicales sont composées, exécutées et vendues à des millions d'auditeurs enthousiastes ; les voitures deviennent moins chères, plus rapides, plus sûres et plus pratiques. D'autres fois, pourtant, les manipulateurs de symboles augmentent simplement la richesse de certaines personnes tout en diminuant dans les mêmes proportions celle d'autres personnes ; ou bien l'effet net de leur activité est de réduire le bien-être de presque tout le monde. Ainsi, un manipulateur de symboles sera largement rétribué pour la découverte d'un plastique non biodégradable ou d'un nouvel usage aberrant pour les combustibles fossiles ; pourtant, il peut en même temps priver les générations futures de l'environnement propre dont ont bénéficié celles qui les ont précédées.

Bien sûr, même dans l'ancienne économie de production de masse, les innovations avaient souvent des effets sur des individus qui n'étaient pas directement concernés. Certains de ces effets étaient bénéfiques : les locomotives transportaient le grain sur des milliers de kilomètres, vers des consommateurs qui autrement n'auraient pas disposé de cette source d'approvisionnement bon marché. D'autres effets indirects étaient moins favorables : les locomotives provoquaient aussi des incendies dans les prairies. À mesure que la production personnalisée supplante la production standardisée, les possibilités d'innovations qui améliorent la situation de l'humanité augmentent encore ; mais il existe un potentiel équivalent pour des innovations qui réduisent la qualité globale de la vie. Comme le monde rétrécit et que le changement économique s'accélère, de tels effets indirects, bénéfiques ou défavorables, prennent de l'ampleur. Un nouveau vaccin protégera des millions d'enfants ; un accident dans une centrale nucléaire empoisonnera l'air que respire un nombre aussi important d'enfants.

Comment s'assurer que les manipulateurs de symboles utilisent leurs énergies créatrices dans la bonne direction ? Le conflit mythique entre le marché libre et l'intervention de l'État nous force soit à ignorer les effets indirects menaçants de leurs activités, soit à compter sur des directives gouvernementales innombrables pour promouvoir celles qui sont bénéfiques et éviter celles qui sont défavorables. Chacune de ces deux possibilités — s'appuyer exclusivement soit sur le marché soit sur des directives gouvernementales — encourage les abus et l'inefficacité. La bonne réponse est d'organiser le marché, de sorte que les manipulateurs de symboles soient motivés pour découvrir les moyens d'aider l'humanité tout lui en infligeant un minimum de maux*.

2

L'IDÉE d'un « marché libre » indépendant des lois et des décisions politiques qui l'ont créé est de toute façon parfaitement fantaisiste. Le marché n'a pas été créé par Dieu au cours de l'un des six premiers

* La situation a évolué depuis que ce chapitre a été écrit. Certaines idées avancées par l'auteur sont de plus en plus partagées, et sont même parfois entrées en application. (NdT)

jours (au moins directement), et n'a pas non plus été conservé par volonté divine. C'est une création humaine, la somme changeante d'un ensemble de jugements à propos des droits et des responsabilités de chacun. Qu'est-ce qui est à moi ? Qu'est-ce qui est à vous ? Qu'est-ce qui est à nous ? Et comment devons-nous définir et traiter les actes qui menacent ces frontières (vol, usage de la force, fraude, extorsion, négligence) ? Sur quoi peuvent porter les transactions, de quoi sont-elles exclues (drogues ? sexe ? votes ? bébés ?) Comment devons-nous faire respecter ces décisions, et quelles sanctions devons-nous prévoir pour les transgressions ? En formulant ces questions et en accumulant les réponses, un pays crée sa version du marché.

La logique ou l'analyse ne suffisent pas pour traiter les questions de ce type. Les différents pays, à différentes époques, y ont répondu de manière différente. Tout dépend des valeurs qu'une société professe, du poids qu'elle donne à la solidarité, à la prospérité, à la tradition, à la piété. Dans les nations modernes, les pouvoirs publics sont le principal lieu où la société délibère sur les normes d'organisation du marché, les définit, et les fait respecter. Les juges et les législateurs, aussi bien que les fonctionnaires, modifient et adaptent sans fin les règles du jeu, d'ordinaire de façon tacite, souvent sans en avoir l'intention ; ils agissent toujours sous l'œil vigilant, et quelquefois sous la direction, d'intérêts qui sont directement concernés par les résultats de décisions particulières. Dans la mesure où la rhétorique décrit le problème comme celui d'un choix suprême entre intervention gouvernementale et marché, elle trouble notre jugement sur une série de choix plus limités portant sur un ensemble de solutions innombrables propres à fixer les règles de la propriété et de l'échange.

« Déréglementation » : ce mot a eu son heure de gloire à la fin des années soixante-dix et dans les années quatre-vingt ; il était compris comme un balancement décisif vers le marché libre, de plus en plus loin de l'interventionnisme gouvernemental. En fait, la déréglementation se traduit uniquement par une modification dans la nature de l'action gouvernementale ; celle-ci ne consiste plus à exiger des résultats spécifiques, mais à créer et à assurer le bon fonctionnement de nouveaux marchés. En 1980, par exemple, le transport aérien a été déréglementé aux États-Unis au sens où le Bureau pour l'aéronautique civile ne décide plus des tarifs et des liaisons. Les compagnies peuvent maintenant se concurrencer sur les prix, les services, pour le plus grand bien des passagers, et aussi pour celui des manipulateurs de symboles qu'elles chargent de créer de nouveaux produits en tirant parti des opportunités nouvelles.

Cette réforme ne supprime pas les responsabilités du gouvernement en matière de transport aérien ; elle les modifie. Le Gouvernement est désormais chargé d'organiser un nouveau marché, dont le développement nécessite toutes sortes de décisions : dans quels cas les fusions et les acquisitions doivent-elles être interdites, parce qu'elles peuvent étouffer la concurrence ? Comment les créneaux horaires d'atterrissage doivent-ils être répartis entre les compagnies aériennes concurrentes ? Dans quelles conditions les compagnies doivent-elles avoir accès au système de réservation électronique de leurs concurrentes ? Comment organiser au mieux un espace aérien de plus en plus encombré ?

Mais il s'est produit une fixation idéologique sur la déréglementation du transport aérien — sur le choix mythique entre le contrôle gouvernemental et la liberté du marché ; de ce fait, les fonctionnaires ont ignoré leurs responsabilités dans la création et le bon fonctionnement du nouveau marché. Résultat : le secteur s'est retrouvé concentré dans un petit nombre de grandes compagnies et la concurrence a diminué. Les tarifs ont augmenté. De plus, avec la forte progression du nombre des vols et des passagers, le risque d'accident s'est accru. Le Gouvernement doit maintenant investir dans de nouveaux systèmes de contrôle de l'espace, accroître les inspections de sécurité, et modifier les incitations destinées à garantir un degré de vigilance adéquat. Tout ceci a conduit certains à parler de la nécessité de « reréglementer » le transport aérien. Mais cette option n'est pas adaptée au problème en question. Dans le nouveau secteur déréglementé, les manipulateurs de symboles ont tiré parti de toutes les occasions d'accroître les profits qu'ils ont découvertes. Pourtant, leurs efforts n'augmenteront le bien-être général que si le marché est convenablement organisé.

Le contrôle de la pollution atmosphérique fournit un autre exemple. Après l'adoption du Clean Air Act, en 1970, le Gouvernement américain a émis des montagnes de règlements — spécifiant les concentrations maximales autorisées de pollution de l'air dans tout le pays, et les quantités de produits toxiques gazeux pouvant être relâchées dans l'atmosphère par chacune de dizaines de milliers d'usines. Des masses énormes de données ont été accumulées et analysées, et même ainsi le Gouvernement n'a pu fixer que des règles uniformes et intangibles pour des secteurs industriels et des régions dans leur ensemble. Ces règles uniformes étaient peut-être appropriées pour la production de masse standardisée, mais elles ne tenaient aucun compte des besoins spécifiques de la production personnalisée, des modifications qui lui étaient indispensables. En outre, elles n'incitaient en aucune manière les manipulateurs de symboles à découvrir de nouveaux moyens de réduire la pollution à moindre coût.

Les tenants du marché libre (parmi lesquels un nombre respectable d'associations patronales et de grandes entreprises) répétaient que le respect du Clean Air Act était trop coûteux par rapport aux avantages que cette réglementation apportait, et donc qu'elle devait être allégée. Les écologistes (et, si l'on en croît les sondages, une majorité d'Américains) n'étaient pas d'accord. Le débat était centré sur la valeur de l'air pur par rapport aux coûts et à l'inefficacité des réglementations mises en œuvre pour l'obtenir. Pourtant, ainsi posée, la question excluait un mode de réflexion beaucoup plus utile : le Gouvernement pouvait-il mieux organiser le marché, pour encourager la production personnalisée et ses manipulateurs de symboles à découvrir des moyens d'obtenir l'air le plus pur au moindre coût social ? Cette façon de formuler la question aurait conduit à prendre en considération un système de permis de polluer transférables. De tels permis, émis en nombre égal au maximum de pollution autorisé dans une région donnée, pourraient être achetés et vendus par les pollueurs ; chacun d'entre eux étant ainsi autorisé à décider ce qui était pour lui le moins cher, compte tenu de sa situation particulière : réduire la pollution ou acheter des permis. Un tel système préserve la pureté de l'air, mais impute la majeure partie du coût sur les firmes qui peuvent contrôler leur pollution à moindres frais. De plus, il motivera les manipulateurs de symboles à développer de nouvelles méthodes pour réduire la pollution[1].

Si un gouvernement renonce à sa responsabilité de créer un marché, les conséquences risquent d'êtres très coûteuses. Au début des années quatre-vingt, les tenants du marché libre pensèrent que la meilleure façon d'aider les caisses d'épargne à concurrencer les autres institutions financières étaient de les autoriser à placer les dépôts de leurs clients comme elles le souhaitaient. Mais dans la frénésie de déréglementation, les responsables ne virent qu'un aspect du marché. Le Gouvernement assurant aussi les déposants contre les pertes, les manipulateurs de symboles qui dirigeaient les caisses d'épargne avaient tout à gagner et rien à perdre à spéculer sauvagement. Le résultat prévisible fut un coût pour le contribuable américain qui se chiffrera en centaines de milliards de dollars.

Ici encore, le vrai choix n'était pas entre la liberté du marché et le contrôle centralisé. Les responsables devaient en fait décider comment protéger les déposants tout en permettant aux caisses d'épargne de faire des profits. En voyant les choses sous cet angle, plusieurs choix raisonnables étaient possibles. L'un d'entre eux aurait été de donner aux caisses d'épargne une plus grande latitude dans le placement des dépôts, mais en réduisant l'assurance du gouvernement sur ces dépôts et en exigeant des caisses d'épargne qu'elles informent les déposants du risque auquel leur argent serait désormais exposé.

3

NULLE part la force mythique du marché libre n'est ressentie plus fortement, et défendue avec plus de conviction, qu'à Wall Street et dans la myriade d'institutions financières et légales qui gravitent tout autour. C'est là que les manipulateurs de symboles ont subi le moins de contraintes. Les honoraires de courtage ont été déréglementés au milieu des années soixante-dix ; de nombreuses grandes firmes américaines ont pu dissimuler un déclin inquiétant derrière certaines manipulations financières. En outre, les mouvements rapides et non contrariés de l'argent ont multiplié les nouvelles opportunités d'innovations légales et financières. La commission de contrôle de la bourse et les autres organismes de régulation ont suivi avec peine le rythme de ces innovations.

Les avocats, les banques d'investissement, les opérateurs sur les marchés à terme, jouent, il faut le noter, un rôle potentiellement utile dans une économie développée ; ils assurent que les actifs sont employés à leur usage le plus productif. Ils sont, en ce sens, les contrôleurs aériens du capitalisme moderne, aidant l'argent à se diriger lorsqu'il vole au-dessus du monde, et l'aidant à atterrir en sécurité et en douceur là où il est le plus nécessaire. Mais si l'énergie considérable de ces manipulateurs de symboles n'est pas dirigée de manière appropriée vers cette fonction utile, elle peut causer beaucoup de dégâts. En l'absence de contraintes, il existe des occasions infinies de jeux spéculatifs de court terme, du type que les mathématiciens qualifient de jeux « à somme nulle », parce que le gain de l'une des parties est égal à la perte de l'autre. Comme les concepteurs de systèmes d'armement complexes qui gagnent des sommes princières en s'efforçant d'être plus rusés que les concepteurs d'autres systèmes d'armement complexes, les manipulateurs de symboles qui vendent des services financiers et légaux peuvent accumuler de grandes fortunes en s'efforçant de manœuvrer plus rapidement que les autres.

Les options ne manquent pas pour mettre de l'ordre dans ce chaos. Il existe de nombreuses façons d'organiser les marchés financiers pour limiter les profits qui peuvent être tirés de tels jeux tout en préservant les avantages de l'intermédiation financière. On peut par exemple accroître substantiellement les impôts sur les gains en capital quand les titres sont revendus rapidement, et les réduire quand les titres sont conservés plus longtemps, de manière à récompenser les investisseurs patients. De plus, une taxe légère pourrait être instaurée sur la vente de chaque action, rendant les manœuvres spéculatives nettement moins rémunératrices. Troisième possibilité : supprimer les déductions d'intérêt sur les emprunts destinés à l'achat d'actions ; les transactions engendrant des gains réels resteraient suffisamment attractives pour survivre sans cadeau fiscal supplémentaire. De même, pour détourner les avocats des excès spéculatifs, des limites pourraient être prévues sur les honoraires qu'ils touchent pour les affaires concernant les transactions financières de ce type. Mais aucun de ces moyens, ni aucun autre, n'a été mis en œuvre. Le résultat était prévisible : on constate des gains personnels importants accompagnés d'une dégénérescence des institutions légales et financières.

Ces attaques et ces parades lucratives sont faciles à observer. Chaque argument légal ingénieux est contré par un argument encore plus ingénieux de l'autre partie, chaque innovation financière par une idée encore plus nouvelle, chaque étape vers une meilleure diffusion de l'information est contrebalancée par des moyens encore plus rapides de l'acquérir. L'escalade est sans limites : les dossiers juridiques deviennent de plus en plus lourds ; les fichiers, les dépositions, les interrogatoires encore plus nombreux. Les combines financières deviennent plus complexes ; les ordinateurs et les logiciels, dans les salles de marchés, plus puissants et plus chers. Les clients, pendant ce temps, se sentent obligés de dépenser toujours plus pour obtenir un petit avantage, ou au moins éviter des défaites coûteuses. Du point de vue de la société dans son ensemble, de telles dépenses représentent des gaspillages. Nous serions dans une meilleure situation si ces luttes était supprimées, et si une trêve était déclarée ; les talents considérables des manipulateurs de symboles seraient ainsi libérés pour accroître la richesse de la société, au lieu de servir à la déplacer d'une poche à une autre.

Ceux qui facilitent ces transactions mettent en échec la loi de l'offre et de la demande : plus grande est l'offre de leurs services, plus grande est la demande. Comme pour les missiles balistiques porteurs de bombes H, le simple fait qu'ils soient disponibles incite à faire appel à eux, obligeant tous les autres à en faire autant. On connaît l'histoire de cet avocat solitaire et sans ressources installé dans une petite ville du Kentucky, dont la stratégie fut d'attirer un autre avocat dans cette ville, ce qui leur permit de devenir très riches l'un et l'autre ; cette histoire n'est qu'à peine exagérée.

L'offre de services de ces manipulateurs de symboles crée sa propre demande pour une autre raison. Les avocats, les conseillers financiers, font partie du petit groupe de pourvoyeurs de services (dont font aussi partie les garagistes et les médecins) qui à la fois disent à leurs clients ce dont ils ont besoin et ensuite, une fois la décision prise, satisfont le besoin. Cet amalgame crée évidemment des occasions de fournir des services en excès par rapport à ce qu'un client sans méfiance aurait autrement trouvé nécessaire. Et parce que les avocats sont payés en fonction de la quantité de travail qu'ils accomplissent, et les conseillers financiers selon le montant des transactions, il existe une incitation non négligeable à pousser aux excès. Les règles déontologiques de ces professions protègent bien sûr contre les formes les plus flagrantes de tromperie. Mais dans la chaleur d'une bataille à venir, il n'est pas rare que des conseillers juridiques ou financiers mettent en garde fermement leurs clients contre une timidité injustifiée.

À mesure que l'économie américaine se lie davantage avec le reste de l'économie mondiale, les opportunités de manipulations légales et financières s'accroissent. À chaque montée ou descente des taux d'intérêt ou du cours des devises, d'énormes quantités d'argent traversent les frontières à la recherche de meilleurs rendements, faisant grimper ou chuter à une vitesse vertigineuse le cours des actions et des obligations. Cette instabilité est le rêve du spéculateur. Des milliers de manipulateurs de symboles, les yeux rivés sur les terminaux de leurs ordinateurs, cherchent à se montrer plus malins les uns que les autres ; ils veulent prendre un avantage en découvrant avec un peu d'avance la destination de l'argent mondial, puis en y envoyant le leur (ou celui de leurs clients) les premiers. Des armées d'avocats se tiennent prêts à aider à refinancer, restructurer et réorganiser des entités financières qui ont progressé trop lentement, à contester les exigences de quelqu'un d'autre qui a progressé trop rapidement, ou à entrer en procès sur la répartition de gains providentiels ou de pertes à couper le souffle[2].

4

LA MANIPULATION de symboles dans les domaines juridique et financier est ainsi devenue une source majeure de revenus pour un nombre croissant d'Américains, ainsi qu'un passe-temps national pour beaucoup d'autres. En 1971, environ 343 000 Américains offraient des services juridiques ; en 1989, leur nombre atteignait pratiquement un million — une multiplication par trois. Pendant la même période, la population américaine n'a crû que de 20 %. Avec tant d'avocats en exercice, il était normal que le nombre de procès ait crû lui aussi plus vite que la population, que le nombre de menaces de procès se soit envolé vers le ciel, les accords conclus en dehors des tribunaux devenant presque aussi communs que les divorces. En 1990, les firmes juridiques américaines gagnaient 73 milliards de dollars, et leurs revenus croissaient de plus de 10 % par an[3], plaçant le droit parmi les activités les plus soutenues et les plus lucratives dans le pays. Une même vague a déferlé pour le nombre de banques d'investissement, de conseillers financiers, et d'opérateurs sur les marchés, bien que les reculs de la bourse en 1987 et 1989 aient inversé la tendance. Entre 1979 et 1987, l'emploi a doublé à Wall Street, passant de 182 000 à 364 000 personnes. Depuis, la dégringolade du marché a fait fuir des milliers de petits investisseurs et a forcé les firmes de courtage à réduire leurs effectifs ; Wall Street continue pourtant à employer plus d'Américains que la production d'acier.

Le mouvement des actifs financiers a, bien sûr, suivi le même rythme que le nombre des avocats et des banquiers qui y sont impliqués. Au cours de l'ensemble de l'année 1960, 776 millions d'actions ont été échangés au total à la bourse de New York, environ

12 % des actions en circulation, et chacune de ces actions avait été détenue en moyenne huit ans. En 1987, au sommet du boom, 900 millions d'actions changeaient de propriétaire chaque semaine, avec pour résultat que 97 % des actions en circulation étaient échangées durant l'année. Cette statistique ne tient pas compte des nouveaux instruments spéculatifs comme les options et les contrats à terme, qui changent de mains cinq fois plus vite que les actions, et qui sont détenus en moyenne pour quelques jours, voire pour quelques heures. Seule une faible portion de ces transactions portent sur du capital nouveau. Les actions et les nouveaux instruments se contentent presque tous de circuler, de plus en plus rapidement.

Les rémunérations, ce n'est pas étonnant, ont été emportées dans le même mouvement. En 1990, les principales firmes juridiques de New York, Atlanta, Chicago et San Francisco ont rapporté à chaque associé entre 300 000 et un million de dollars. Des firmes moins importantes, dans des villes plus petites, offraient des sommes plus modestes — qui comportaient tout de même six chiffres. Dans le même temps, dans les grandes firmes boursières, les associés devaient se contenter de bonus de fin d'année scandaleusement faibles, si l'on comparaît avec les jours grisants d'avant 1987 ; ils se situaient néanmoins, plaisamment, dans les environs du demi-million de dollars. En 1987, les commissions et les autres frais de transaction atteignaient 25 milliards de dollars, plus du sixième de l'ensemble des profits des sociétés pour cette année[4]. À l'intérieur des murs clos de l'université, les professeurs ne daignent pas discuter des salaires des uns et des autres ; pourtant, leurs sourcils se sont levés quand ils ont appris que les collègues qui enseignaient les matières financières recevaient des salaires quatre fois supérieurs à ceux qui étaient habituellement versés aux spécialistes de la Renaissance.

Même si le marché financier subissait un effondrement plus sérieux, il n'y aurait guère de raison de se faire du souci pour ceux qui en vivent. Dans les années quatre-vingt-dix, les avocats, les financiers et les spéculateurs se tiennent prêts à gagner des sommes toujours plus importantes, pour réparer les dommages qu'ils ont causés durant les années quatre-vingt. Peu d'activités sont plus rémunératrices qu'aider les autres quand ils sont en difficulté, particulièrement si les profits attendent le moment où le marché repartira à la hausse. Quand ils ne s'occupent pas de « restructurations financières » et autres opérations au nom euphémistique signifiant qu'il s'agit d'aider les firmes à esquiver la banqueroute, les habitants de Wall Street amassent avec solennité des fonds pour défaire des LBO ; le but est de défaire ce qui a été fait durant les années de boom, en réduisant cette fois les dettes et en accroissant le nombre des actions. Il était prévu que les obligations émises par les nouvelles firmes en faillite pourraient être achetées pour une petite fraction de leur valeur faciale, et que de nouvelles actions seraient émises pour les créditeurs restants. Les nouvelles firmes restructurées pourraient alors être vendues avec un profit non négligeable. En 1990, RJR Nabisco budgéta 250 millions de dollars pour les honoraires à verser aux banques d'investissement, aux conseillers financiers et aux avocats qui devaient l'aider à refinancer sa gigantesque dette. Pendant ce temps, le domaine en croissance rapide de l'assistance juridique aux sociétés était en banqueroute. Un membre de la firme qui conseillait Drexel Burnham Lambert lors de sa procédure de faillite en 1990 exprima la chose en termes directs : « Du point de vue des banques d'investissement et des [avocats] qui mirent au point ces accords... ce type de travail n'existe plus. Aussi, ils sont passés maintenant de l'autre côté, et ils s'occupent de la restructuration de la dette qui ne peut être payée. C'est un moyen d'utiliser le personnel[5]. »

Le coût social de tels excès est bien supérieur aux honoraires versés. Tout d'abord à cause du gaspillage de talents : les compétences en matière de manipulation de symboles des avocats et des financiers sont détournées d'autres usages, vraisemblablement plus productifs, auxquels ils auraient pu être consacrés. S'ajoutent la perte de confiance que ces manipulations entraînent chez des gens dont la coopération est essentielle pour la production personnalisée. Cette perte de confiance ne peut bien sûr être mesurée, mais de nombreux indices révèlent son ampleur. Ainsi, à l'automne 1988, le tristement célèbre LBO de 25 millions de dollars de RJR Nabisco a été financé par des « obligations de pacotille » à haut rendement et à haut risque ; en rendant la firme plus vulnérable à une banqueroute, elles ont réduit la valeur des obligations détenues par les créditeurs ordinaires de RJR. Ceux-ci n'ayant rien eu en échange de ce risque supplémentaire, ils ont perdu en définitive approximativement un milliard de dollars. Cette perte n'embarrassait pas particulièrement les manipulateurs de symboles qui avaient monté l'affaire ; ce qu'ils avaient accompli étaient tout à fait profitable dans le court terme, et entièrement légal (il n'y avait pas de loi pour empêcher une opération de ce type, parce que personne n'avait imaginé auparavant qu'elle puisse être menée). Mais, et c'est le point important, tous les créditeurs futurs des firmes américaines feront désormais beaucoup plus attention. De ce fait, les obligations incluront automatiquement une police d'assurances protégeant l'acheteur d'une telle manœuvre. Le coût futur de cette assurance, des avocats et des financiers qui la concevront, des dirigeants et des employés qui la géreront, sera bien supérieur à ce que RJR Nabisco avait gagné en manipulant ses détenteurs d'obligations ordinaires la première fois[6].

Qui peut croire que l'économie américaine, ou la société américaine en général, ont néanmoins globalement tiré parti du nombre croissant d'avocats et de financiers qui maintenant nous submergent ? Un avocat ou un financier. Les autres ont des raisons d'en douter. Des milliers d'avocats supplémentaires ne nous ont pas apporté davantage de justice ; des légions de financiers ne nous ont pas donné une économie plus productive. Les Européens de l'Ouest et les Asiatiques, dont la productivité a crû notablement plus vite que celle des Américains dans les décennies récentes, ont évité les procès et les manipulations financières sans diminution apparente de leur qualité de vie.

Au début des années quatre-vingt-dix, les Américains qui analysent et manipulent des symboles légaux et financiers développent activement leurs services à l'étranger. Les Japonais, les Allemands et les Anglais (qui ont longtemps offert au monde leurs propres conseils financiers) ont été particulièrement avides d'accepter ces services et d'apprendre les brillantes techniques de manipulation de symboles sur lesquelles elles étaient basées. Peut-être n'ont-ils pas eu connaissance des résultats du développement de ces services aux États-Unis. Ou peut-être sont-ils tombés dans un piège préparé par les politiciens de Washington pour rendre les États-Unis plus compétitifs ? Peut-être ces politiciens ont-ils provoqué dans les veines du commerce européen et asiatique la même artériosclérose légale et financière qui a accablé les États-Unis ? Plus probablement, les autres grands pays développés sont victimes de la même séduction qu'ont exercée les marchands d'armes autour du monde : si d'autres sont prêts à payer pour ces munitions coûteuses, c'est qu'elles valent leur prix. Et dans un monde aussi armé, se défendre exige de suivre le mouvement.

14 Les revenus des Américains

RÉSUMONS-NOUS. J'ai montré que la prospérité économique des Américains ne dépend plus de la capacité des entreprises qui leur appartiennent à faire des profits, ou des prouesses de leurs secteurs industriels, mais de la valeur qu'ils ajoutent à l'économie mondiale par leurs compétences et leur perspicacité ; il en est de même de tous les autres groupes d'individus partageant une même nationalité. De plus en plus, le niveau de vie des Américains est déterminé par les emplois qu'ils occupent, plus que par le succès d'entités abstraites comme les firmes, les branches industrielles et les économies nationales.

J'ai suggéré en outre que, pour évaluer ce que les emplois occupés par les Américains ajoutaient à l'économie mondiale, il fallait les regrouper en trois grandes catégories. Ces trois catégories sont les services de production courante, les services personnels, et les services des manipulateurs de symboles. Les individus placés dans chacune de ces catégories ont une position compétitive différente dans l'économie mondiale. Enfin, j'ai noté que les destins économiques des Américains ont commencé à diverger. Certains Américains tirent à merveille leur épingle du jeu dans l'économie mondiale, d'autres le font beaucoup moins bien. Je vais maintenant examiner de plus près cette différence.

2

LES STATISTIQUES relatives aux revenus des Américains ne sont pas à l'abri des controverses. Comme toutes les statistiques, elles peuvent recevoir des interprétations légèrement différentes ; tout dépend du poids accordé à une multitude d'autres changements qui se sont produits pendant la période étudiée, et aussi des années qui sont choisies comme référence et de la façon dont les mesures sont effectuées. Mais pratiquement tout le monde est d'accord sur le fait que la tendance est à un accroissement des inégalités, au moins depuis le milieu des années soixante-dix[1].

En éliminant les effets du changement dans la taille des familles, et dans leur répartition géographique, ainsi que d'autres modifications, la meilleure estimation, que j'ai déjà citée, est qu'entre 1977 et 1990, le revenu moyen des 20 % d'Américains les plus pauvres a diminué d'environ 5 %, alors que les 20 % d'Américains les plus riches sont devenus 9 % plus riches. Durant ces mêmes années, le revenu moyen des 20 % de familles américaines les plus pauvres a baissé d'environ 7 %, alors que le revenu moyen des 20 % de familles les plus riches a augmenté d'environ 15 %. Cela laisse en 1990, aux 20 % d'Américains les plus pauvres, 3,7 % du revenu national, contre 5,5 % vingt ans plus tôt ; c'est la plus faible proportion depuis 1954. Et cela laisse aux 20 % d'Américains les plus riches un peu plus de la moitié du revenu du pays, la plus forte part jamais comptabilisée pour les 20 % les plus riches. Les 5 % les plus riches recueillaient, eux, 26 % du revenu national, un autre record[2].

Imaginez une vague dont la crête est en son milieu, et qui descend des deux côtés jusqu'à se confondre avec l'horizon. Tout au long des années 1950 et 1960, la distribution des revenus aux États-Unis a exactement cette forme. De nombreux Américains se regroupent au milieu de la vague, bénéficiant de revenus proches de la moyenne. Des Américains moins nombreux se situent du côté des très pauvres ou des très riches. Seule une très faible minorité d'extrêmement pauvres ou d'extrêmement riches se placent aux extrémités. Mais, à partir du milieu des années soixante-dix, la crête de la vague se déplace du côté des pauvres. Ce mouvement s'accélère nettement dans les années quatre-vingt. La partie centrale commence à s'affaisser, avec la réduction du nombre d'Américains titulaires de revenus dans la moyenne. Et l'extrémité représentant les Américains les plus riches commencent à s'allonger, au fur et à mesure que les riches deviennent de plus en plus riches.

Cette tendance ne doit pas être exagérée. Certains chercheurs ont trouvé une différence moins prononcée, en choisissant d'autres années et en utilisant d'autres mesures du revenu. Mais, globalement, la tendance ne fait pas de doute. Il y a de bonnes raisons de supposer qu'il ne s'agit pas d'une aberration temporaire, mais que le fossé va se creuser.

3

De nombreuses raisons ont été avancées pour expliquer cette tendance à l'accroissement des inégalités de revenus. Certains accusent les prélèvements fiscaux et sociaux. Dans les années quatre-vingt, les prélèvements sociaux, les impôts, les droits d'usage comme les péages d'autoroutes ont tous augmenté. Ce genre de prélèvements pèsent proportionnellement plus sur les pauvres que sur les riches[3]. Les prélèvements sociaux, il faut le rappeler, agissent exactement comme les impôts, mais en sens inverse. Au lieu d'exempter les bas revenus, ils exemptent les hauts revenus. Ils doivent être payés dès le premier dollar gagné, mais seulement jusqu'à un certain plafond. Michael Milken, le financier connu à la fois pour avoir inventé les « obligations de pacotille » et pour avoir gagné 550 millions de dollars en 1987, avait rempli ses devoirs en la matière à 12 heures 42, le 1er janvier. Les prélèvements sociaux excluent aussi les revenus de la propriété, tels les intérêts ou les gains en capital. Entre 1978 et 1990, ils s'accroissent de 30 %. La part des ressources fédérales tirée de ces prélèvements augmente régulièrement, passant de 21 % à 27 % entre le début et la fin de la décennie[4].

Pendant ce temps, les riches Américains découvrent des moyens toujours plus appropriés de protéger leurs revenus, avec l'aide des conseillers fiscaux les plus habiles dont ils achètent les services. L'exploitation des échappatoires fiscales, et ces échappatoires elles-mêmes, se développent constamment au cours des années soixante-dix. En 1981, Ronald Reagan apporte sa contribution en réduisant les taux d'imposition sur le revenu ainsi que sur les gains en capital. Une législation complémentaire, en 1986, réduit le taux maximal sur l'impôt sur le revenu de 50 % à 33 %, en échange de la suppression de certaines échappatoires et de l'accroissement du taux sur les gains en capital ; elle marque un léger retour vers la progressivité, insuffisant toutefois pour effacer 1981 ; le compromis budgétaire de 1990 marque une autre petite étape.

Le résultat : en 1980, le cinquième inférieur des foyers imposables versent en moyenne 8,4 % de leurs revenus en impôts fédéraux ; en 1990, ce taux est de 9,7 %, soit un accroissement d'un sixième. Le poids des impôts sur le cinquième supérieur des foyers imposables passe de 27,3 % à 25,8 %, soit une réduction d'un vingtième[5]. La baisse a été encore plus précipitée pour les très riches : à la fin des années quatre-vingt, les 1 % d'Américains bénéficiant des revenus les plus élevés payent 26,8 % de ces revenus pour l'ensemble des impôts fédéraux et locaux, contre 29 % en 1975 et 39,6 % en 1966[6].

La moindre progressivité des impôts ne fait sûrement rien pour réduire le fossé entre les riches et les pauvres. Mais, il faut le souligner, elle n'est pas non plus la cause de la divergence. Les chiffres cités au début de ce chapitre concernaient la divergence des revenus avant tout paiement d'impôts.

La politique sociale parcimonieuse des années Reagan est également souvent évoquée. Durant cette période de laissez-faire, la valeur des bons d'alimentation a baissé de 13 % (en tenant compte de l'inflation), et de nombreux États n'ont pas suffisamment augmenté les indemnités versées aux pauvres et aux chômeurs pour compenser la hausse des prix. Mais même la mesquinerie de l'Administration n'explique pas la croissance des inégalités, qui a commencé avant les années Reagan. Elle n'est pas responsable non plus de la dégringolade des salariés américains pauvres, dont aucun pratiquement ne reçoit d'assistance. De même que les changements dans le code des impôts, la politique sociale avaricieuse de Ronald Reagan et de son successeur n'est pas parvenue à compenser les forces puissantes déjà en action, mais elles ne les a pas fait naître.

Une autre explication est la croissance du nombre des familles monoparentales à faibles revenus, qui a été sans conteste significative. En 1960, aux États-Unis, 91 % des enfants blancs et 67 % des enfants noirs vivaient avec deux parents. En 1988, c'est le cas de seulement 79 % des enfants blancs et 39 % des enfants noirs. Et le lien entre la présence d'un seul parent et la pauvreté est indéniable, en particulier pour les enfants. Pourtant, alors que le nombre de ces familles dont le chef est très souvent une femme a augmenté de manière dramatique, leur part dans les familles pauvres ne s'est accrue que modérément. De 1979 à 1987, la moitié de l'accroissement total de la pauvreté aux États-Unis s'est produite parmi les familles ayant deux parents[7]. Le taux de pauvreté pour les familles biparentales dont le mari a moins de 25 ans a sauté de 10,5 % en 1979 à 21,5 % en 1986[8]. En fait, l'accroissement du nombre des familles monoparentales s'est ralenti à la fin des années soixante-dix, juste au moment où le fossé entre les riches et les pauvres a commencé à se creuser à grande vitesse[9].

Une dernière théorie attribue le fossé à toutes les femmes et à tous les jeunes du baby-boom, peu qualifiés et inexpérimentés, qui ont envahi le marché du travail dans les années soixante-dix et quatre-vingt ; ils étaient, tout à fait naturellement, moins payés que leurs aînés plus qualifiés et plus expérimentés (même en l'absence de discrimination salariale à l'égard des femmes). Mais cette explication n'apporte pas non plus beaucoup de lumière. Le fossé salarial s'est élargi davantage dans les années quatre-vingt, après la fin de l'arrivée massive des baby-boomers et des femmes. En outre, l'élargissement du fossé concerne tous les groupes d'âge. Même parmi les jeunes, les riches sont devenus beaucoup plus riches, et les pauvres beaucoup plus pauvres. Finalement, puisque les salaires relatifs des travailleurs plus qualifiés, plus âgés et ceux des femmes se sont accrus dans les années quatre-vingt, selon cette théorie, la main-d'œuvre aurait dû devenir globalement moins qualifiée, plus jeune et plus masculine. En fait, c'est le contraire qui est vrai : la main-d'œuvre est devenue globalement légèrement plus qualifiée, plus âgée et plus féminine[10].

Même prises en compte toutes ensemble, les explications conventionnelles du fossé croissant entre riches et pauvres n'apportent qu'une partie de la réponse. Il faut noter aussi que plusieurs autres économies avancées ont connu le même changement de tendance qui les a menées vers une plus grande inégalité, malgré une politique fiscale et sociale différente de celle des États-Unis, et des évolutions démographiques elles aussi différentes. Que le fossé se soit considérablement creusé dans la Grande-Bretagne de Margaret Thatcher n'a rien de surprenant ; mais même la bienveillante social-démocratie hollandaise n'a pas été épargnée par cette évolution[11]. Dans beaucoup de pays sous-développés, la grande divergence entre les revenus d'une petite minorité au sommet et le reste de la population a longtemps semblé une réalité immuable de la vie ; mais cette tendance a pris une nouvelle forme : les élites du tiers monde descendent désormais moins souvent de générations de riches propriétaires terriens ; elles ont fréquemment acquis leur richesse grâce à leur travail. Ainsi, après la réforme agraire des années cinquante, Taiwan est devenu une des sociétés les plus égalitaires du monde. Mais, bien que les revenus soient encore distribués plus équitablement que dans la majorité des pays sous-développés, le fossé entre les riches et les pauvres s'est considérablement creusé dans les années quatre-vingt. Les rues de Taipei sont encombrées aussi bien de Mercedes, de Volvo et de Jaguar que de bicyclettes branlantes[12].

4

UN INDICE important : la croissance des inégalités aux États-Unis et dans beaucoup d'autres pays a été spectaculaire même parmi les titulaires d'un emploi. Durant la plus grande partie de l'après-guerre, au moins jusqu'au milieu des années soixante-dix, les salaires des Américains à différents niveaux de revenus s'élevaient à peu près au même rythme, environ 2,5 % à 3 % par an. Pendant ce temps, l'écart entre les salariés au sommet et au bas de l'échelle se réduisait régulièrement, en partie en raison de l'influence favorable des grandes firmes et des syndicats, qui poussaient les bas salaires et freinaient la hausse au sommet.

À cette époque, la pauvreté était la conséquence du chômage. Le défi majeur de l'économie d'après-guerre était de créer assez d'emplois pour tous les Américains capables de travailler. Le plein emploi était le cri de guerre de tous les Américains de gauche, déployés en ordre de bataille contre les conservateurs qui s'inquiétaient des tendances inflationnistes d'une économie de plein emploi.

Le chômage est maintenant un problème moins grave. Dans les années soixante-dix et quatre-vingt, plus de 25 millions d'emplois ont été créés aux États-Unis, dont 18,2 millions au cours des seules années quatre-vingt. Il y a bien entendu souvent un mauvaise adéquation entre la localisation des emplois et celle de leurs titulaires éventuels. De nombreux emplois dans la restauration rapide en banlieue restent inoccupés parce que les jeunes du centre-ville ne peuvent pas s'y rendre facilement chaque jour. Et la Réserve fédérale refroidit périodiquement l'économie dans un effort de lutte contre l'inflation, enrôlant dans son combat des milliers d'Américains qui sont les moins capables de le supporter. Mais, malgré ces obstacles, la vérité est que, dans la dernière décennie du XXe siècle, presque tous les Américains qui voudront travailler trouveront un emploi. Et parce que la croissance de la population s'est ralentie (je reviendrai sur ce point un peu plus loin), la demande adressée aux salariés pour qu'ils occupent des emplois va sans doute augmenter dans les années à venir. Les gouverneurs et les maires continuent à s'inquiéter chaque fois qu'une usine ferme et à se congratuler chaque fois qu'ils attirent de nouveaux emplois dans leurs États ou leurs villes. Pourtant, le problème le plus important sur le long terme est la qualité des emplois, non leur nombre.

Dans les années quatre-vingt-dix, de nombreux emplois ne procurent pas à leurs titulaires un salaire suffisant pour vivre. Plus de la moitié des 32,5 millions d'Américains dont les revenus sont au-dessous du seuil de pauvreté, et près de deux tiers des enfants pauvres, vivent dans un foyer où une personne au moins travaille. Ce taux de pauvres ayant un emploi est beaucoup plus élevé que dans n'importe quelle autre période de l'après-guerre. Le nombre d'Américains pauvres ayant un emploi a grimpé de près de deux millions, soit 23 %, entre 1978 et 1987, qui sont des années situées au même point du cycle des affaires[13]. Parmi les salariés à temps plein employés toute l'année, le nombre des pauvres s'est accru encore plus fortement, de 43 %. En fait, les familles avec deux parents comprenant un salarié à temps plein ont été les plus nombreuses à passer au-dessous du seuil de pauvreté, plus qu'aucun autre type de famille, y compris les familles monoparentales vivant de l'aide publique[14].

Le fossé salarial s'est élargi même au sein des grandes firmes américaines (ou, plus précisément, dans cette portion des réseaux mondiaux qui est formellement possédée et dirigée par des Américains[15]). En 1990, le gain horaire moyen des ouvriers américains à l'intérieur des firmes appartenant à des Américains est plus bas que dans n'importe quelle année depuis 1965 (en tenant compte de l'inflation). Les cadres moyens s'en sont un peu mieux sortis, bien que leur gain médian soit à peine supérieur à ce qu'il était dans les années soixante-dix (toujours en tenant compte de l'inflation).

Mais, entre 1977 et 1990, les dirigeants des firmes appartenant à des Américains tombèrent sur un filon. Leur rémunération moyenne s'est accrue de 220 %, soit 12 % par an. (Et nous ne parlons pas des nombreux avantages en nature dont ils bénéficient[16].)

Pour mettre ceci en perspective, il faut se rappeler que, comme je l'ai souligné un peu plus haut, un dirigeant d'une grande firme américaine gagnait environ 190 000 dollars en 1960. Cette somme était environ 40 fois le salaire de l'ouvrier moyen de la société. Bien sûr, en 1960, quand le taux maximum de l'impôt sur le revenu était de 90 %, le revenu net du dirigeant était très inférieur, le rendant seulement 12 fois plus riche que l'ouvrier (c'était presque toujours « un » ouvrier). Mais, en 1988, un dirigeant de l'une des cent plus grandes firmes américaines recevaient, en moyenne, 2 025 000 dollars. C'était 93 fois le salaire payé à l'ouvrier moyen par ces firmes. Et, le taux maximum de l'impôt sur le revenu n'étant que de 28 %, son revenu net était 70 fois supérieur à celui d'un ouvrier[17].

Les dirigeants placés juste au-dessous du sommet gagnaient des sommes moins princières, mais tout de même tout à fait confortables. Alors que le PDG d'American Express, James Robinson, récoltait 2,7 millions de dollars en 1988, son second, Louis Gerstner, recevait une somme un peu plus modeste, 2,4 millions de dollars. Selon Graef Crystal, un expert en matière de rémunération, « il existe un effet de succion, comme dans un aspirateur »[18].

5

UN DEUXIÈME indice important : l'élargissement du fossé entre les revenus est largement lié au niveau d'études. Supposons que vous soyez un homme ayant un diplôme de fin d'études secondaires, mais n'ayant pas fait d'études supérieures. Vous avez aussi un emploi stable. En 1987, il vous rapporte, en moyenne, 27 733 dollars. Quatorze ans plus tôt, en 1973, quelqu'un ayant le même niveau d'études recevait 31 677 dollars (de 1987). En d'autres termes, avec seulement un diplôme d'études secondaires, vos revenus réels (c'est-à-dire ajustés pour tenir compte de l'inflation), ont baissé de 12 %. (Si vous étiez Noir et n'aviez pas fait d'études supérieures, votre revenu moyen aurait baissé de 44 % durant la même période.) Supposons maintenant que vous ayez quitté le lycée en cours de route. Votre emploi stable vous rapporte en moyenne en 1987 seulement 16 094 dollars. Quatorze ans plus tôt, quelqu'un ayant le même niveau d'études que vous aurait gagné 19 562 dollars. Ce qui signifie que vos gains, ajustés pour tenir compte de l'inflation, aurait chuté encore davantage, de 18 %[19].

À l'inverse, si vous êtes un homme ayant un diplôme d'études supérieures, vous avez amélioré votre situation, quoique légèrement seulement. Vos gains pour 1987 seraient de 50 115 dollars, alors qu'en 1973 ils auraient été de 49 531 dollars. Le fossé salarial apparaît ainsi directement lié au niveau d'études. Tandis qu'un diplôme de fin d'études supérieures ne vous garantit pas un revenu beaucoup plus élevé qu'il y a plusieurs années, sans ce diplôme vous n'êtes même pas dans la course. En 1980, notre homme diplômé de l'enseignement supérieur gagne 80 % de plus que son équivalent diplômé de l'enseignement secondaire ; en 1990, le fossé est presque deux fois plus large[20].

D'autres pays connaissent aussi une divergence similaire entre les diplômés du supérieur et du secondaire. Même en Suède, les écarts de salaire ont cessé de se réduire[21]. Le Japon, par contre, fait exception à cette règle. Dans ce pays, les diplômés du secondaire n'ont pas été distancés par ceux du supérieur. Entre 1977 et 1987, alors que les gains des diplômés du secondaire dégringolaient aux États-Unis, ils augmentaient de 13 % au Japon. En revanche, les diplômés du supérieur ne faisaient pas mieux au Japon qu'aux États-Unis. Apparemment, au Japon, les normes sociales ont pour effet d'augmenter les salaires de ceux qui sont situés sur la moitié inférieure de l'échelle des diplômes[22].

Un dernier indice : durant les années 1980, l'écart de salaires entre les hommes et les femmes s'est réduit d'environ d'un tiers. Même entre les hommes et les femmes relativement qualifiés, les salaires se rapprochent[23].

En résumé, l'élargissement du fossé entre les riches et les pauvres semble relié à une divergence croissante entre les rémunérations que les individus reçoivent pour leur travail. Et cette divergence semble à son tour avoir quelque chose à voir avec le niveau d'études. Si vous êtes diplômé du supérieur, vos gains s'améliorent ; dans le cas contraire, surtout si vous êtes un homme, vous devenez plus pauvre. En outre, cette tendance n'est pas limitée aux États-Unis ; elle se retrouve dans de nombreux autres pays. Pour comprendre sa cause fondamentale, il est nécessaire de revenir à l'économie mondiale, et aux différentes fonctions que les individus exercent dans cette économie.

15

Pourquoi les riches deviennent plus riches et les pauvres plus pauvres

La division du travail est limitée par l'extension du marché.

ADAM SMITH, *Une enquête sur la nature et les causes de la richesse des nations* (1776)

INDÉPENDAMMENT du classement officiel de votre emploi (industrie ou services, direction ou secrétariat, etc.) et du secteur dans lequel vous travaillez (construction automobile, sidérurgie, informatique, publicité, finance, industrie agricole), votre position compétitive réelle dans l'économie mondiale dépend de la fonction que vous exercez. C'est pour cette raison fondamentale que les revenus divergent. Le sort des travailleurs routiniers se dégrade. Les aides personnels deviennent plus pauvres, bien que leur destin soit moins tranché. Mais les manipulateurs de symboles, qui résolvent et identifient les nouveaux problèmes, et pratiquent le courtage stratégique, sont, dans l'ensemble, en train de réussir au sein de l'économie mondiale.

Naguère, tous les Américains étaient dans le même bateau économique. La plupart d'entre eux voyaient leur situation s'améliorer ou se dégrader en même temps, selon que la firme qui les employait, le secteur d'activité de cette firme ou l'économie nationale dans son ensemble devenaient plus productifs ou végétaient. Mais les frontières nationales ne délimitent plus nos frontières économiques. Nous sommes maintenant dans des bateaux différents, dont le premier coule rapidement, le deuxième coule plus lentement, et le troisième s'élève régulièrement.

2

Le bateau contenant les travailleurs routiniers coule rapidement. Rappelez-vous qu'au milieu du siècle, ils étaient relativement bien payés aux États-Unis. Au cœur de chaque grand secteur, les organisations pyramidales géantes coordonnaient leurs prix et leurs investissements, évitant les vents violents de la concurrence et réalisant ainsi des bénéfices substantiels. Une partie de ces bénéfices étaient réinvestis dans de nouvelles usines et de nouveaux équipements, ce qui permettait de bénéficier d'économies d'échelle sans cesse croissantes ; une autre partie allait aux dirigeants et aux actionnaires. Mais une partie importante et croissante allait aux cadres moyens et aux ouvriers. Les arrêts de travail étaient une menace pour la production de masse standardisée, assez forte pour que les syndicats soient en mesure d'exiger une prime toujours plus élevée pour la participation de leurs mandants. Et la répartition des salaires dans les grandes firmes influençait la répartition des salaires dans toute l'économie. D'où le développement d'une classe moyenne relativement aisée, capable d'acheter tous les merveilleux objets produits en masse par les grandes firmes.

Mais, comme je l'ai souligné, ces grandes firmes sont en train d'éclater rapidement en réseaux mondiaux, qui tirent principalement leurs profits de la résolution et de l'identification de problèmes, et du courtage stratégique. À mesure que baissent les coûts du transport des produits standards et de l'information qui les concernent, les marges de profit sur la production de masse se rétrécissent, en raison de l'absence de barrières à l'entrée. Les usines modernes et les machines les plus récentes peuvent être installées presque partout dans le monde. Les travailleurs routiniers aux États-Unis sont de ce fait en concurrence directe avec des millions d'autres travailleurs routiniers dans le monde. Chaque heure, la population mondiale s'accroît de plusieurs dizaines de milliers d'habitants, dont la plupart seront plus tard heureux de travailler pour une petite fraction des salaires que les travailleurs routiniers reçoivent aux États-Unis[1].

Les conséquences sont très claires pour les industries lourdes traditionnelles : la production de masse standardisée se dirige inéluctablement là où le travail est le moins cher et le plus accessible. Prenons l'exemple des *maquiladoras* mexicaines, installées le long de la frontière américaine dans des bidonvilles en pleine extension :

Tijuana, Mexicali, Agua Prieta et Ciudad Juárez. Dans ces usines, appartenant en majorité à des Américains, mais de plus en plus à des Japonais, plus d'un demi-million de travailleurs routiniers assemblent des pièces détachées pour fabriquer des produits qui seront expédiés aux États-Unis.

C'est la même chose dans le monde entier. Jusqu'à la fin des années soixante-dix, AT&T faisait assembler ses standards téléphoniques à Shreveport, en Louisiane. Cette firme découvre alors qu'à Singapour, des travailleurs routiniers peuvent accomplir la même tâche pour un coût très inférieur. Confrontés à la concurrence intense d'autres réseaux mondiaux, ses courtiers-stratèges se sentent obligés de transférer ces activités de montage. Au début des années quatre-vingt, ils cessent donc d'engager des travailleurs routiniers à Shreveport et commencent à en recruter à Singapour. Mais, du fait de cette pression pour des coûts toujours plus faibles, l'avenir de Singapour risque de ressembler à celui de la Louisiane. À la fin des années quatre-vingt, les courtiers-stratèges d'AT&T découvrent que les travailleurs routiniers de Thaïlande sont tout à fait prêts à assembler des téléphones pour des salaires très inférieurs à ceux qu'ils versent aux travailleurs routiniers de Singapour. Aussi, en 1989, AT&T cesse d'engager des Singapouriens pour fabriquer des téléphones et commence à recruter des travailleurs routiniers encore moins coûteux en Thaïlande.

La recherche de coûts salariaux toujours plus bas ne se limite pas à l'industrie lourde. Le traitement courant de données peut, lui aussi, être effectué n'importe où. Des opérateurs de saisie travaillant partout dans le monde peuvent entrer des données dans des ordinateurs reliés par satellite, ou par des câbles optiques sous-marins, et les récupérer ensuite. Or les prix demandés par les réseaux de satellite diminuent, et les satellites et les câbles optiques sont disponibles en nombre croissant, ce qui réduit encore les coûts de communication ; de ce fait, ceux qui aux États-Unis sont chargés du traitement courant de l'information subissent la concurrence toujours plus directe de leurs équivalents à l'étranger, qui sont tout à fait désireux de travailler pour une rémunération beaucoup plus faible.

En 1990, les opérateurs de saisie gagnent, aux États-Unis, 6,50 dollars l'heure au maximum. Mais, dans le reste du monde, les opérateurs de saisie sont prêts à se contenter d'une petite fraction de cette somme. Ainsi, de nombreux emplois potentiels de traitement des données disparaissent aux États-Unis, et les salaires et les avantages sociaux diminuent pour ceux qui restent. L'exemple de Saztec International est caractéristique. Cette firme, dont le siège est à Kansas City, traite de l'information pour 20 millions de dollars par an. Ses courtiers-stratèges ont passé des contrats d'une part avec des opérateurs de saisie à Manille, et d'autre part avec des firmes appartenant à des Américains qui avaient besoin de leurs services. Les opérateurs de saisie qui travaillent pour Saztec aux Philippines gagnent 2 650 dollars par an, une somme princière par rapport au revenu moyen dans le pays, 1 700 dollars. Les autres salariés de Saztec sont des résolveurs et des identificateurs de problèmes américains qui s'efforcent d'améliorer son système mondial et lui cherchent de nouveaux usages[2].

En 1990, American Airlines envoie chaque jour aux Barbades et en République dominicaine, à partir de tous les aéroports américains, les billets utilisés par ses clients. Là, plus de 1 000 opérateurs saisissent les noms et les numéros de vols figurant sur ces billets et les transfèrent dans une gigantesque banque de données localisée à Dallas. L'éditeur de Chicago R. R. Donnelley expédie des manuscrits entiers aux Barbades pour les faire saisir en vue de leur impression future. New York Life Insurance Company envoie des déclarations de sinistres à Castleisland, en Irlande ; des travailleurs routiniers, guidés par des indications simples, les saisissent, calculent les indemnités, et renvoient immédiatement les résultats aux États-Unis. (Quand cette firme a fait passer une annonce en Irlande pour 25 emplois de traitement de l'information, elle a reçu 600 réponses.) Pour ses magazines, McGraw-Hill fait traiter tout près de Galway le renouvellement des abonnements et l'information sur la commercialisation. De fait, des millions de travailleurs routiniers autour du monde reçoivent de l'information, la mettent sous une forme lisible par un ordinateur, et la renvoient à son point d'origine, à la vitesse des impulsions électroniques.

Le codage simple pour les programmes informatiques fait lui aussi désormais partie du commerce mondial. L'Inde s'avère particulièrement attractive pour les réseaux mondiaux à la recherche de ce service, grâce à sa vaste population de techniciens parlant anglais et heureux d'accomplir à bas prix de la programmation de routine. En 1990, Texas Instruments entretient une cellule de développement de logiciel à Bangalore, liant par satellite 50 programmeurs indiens à son quartier général de Dallas. Aiguillonné par cet exemple et d'autres analogues, le Gouvernement indien construit un téléport à Poona, pour permettre à un grand nombre d'autres firmes d'envoyer plus facilement et à moindre coût leurs spécifications pour le codage routinier de logiciels[3].

3

CES TRANSFERTS d'emplois de production courante des pays développés vers les pays en voie de développement sont une véritable aubaine pour de nombreux travailleurs de ces pays. Sans eux, ils seraient chômeurs ou auraient des salaires bien inférieurs. Ces travailleurs, à leur tour, ont davantage d'argent pour acheter des services de manipulation de symboles aux pays avancés (services souvent inclus dans toutes sortes de produits complexes). Cette tendance bénéficie aussi à tous ceux qui, dans le monde entier, payent les produits standardisés beaucoup moins cher qu'auparavant.

Mais la médaille a son revers. Le fardeau est porté en particulier par ceux qui, aux États-Unis et dans les autres économies avancées, ne trouvent plus d'emplois satisfaisants de production courante. Beaucoup de ces travailleurs appartenaient à des syndicats, ou au moins bénéficiaient de salaires établis dans des négociations collectives. Mais l'éclatement des vieilles bureaucraties industrielles en réseaux mondiaux leur a fait perdre leur pouvoir de négociation. En fait, le compromis national tacite a été rompu.

En dépit de la croissance des nouveaux emplois aux États-Unis, la syndicalisation a régressé. En 1960, 35 % des salariés non agricoles appartenaient à un syndicat. En 1980, cette proportion est tombée à 25 %, et en 1989 elle n'est plus que de 17 %. Si l'on exclut les agents de l'État, l'appartenance à un syndicat descend à 13,4 %[4]. C'est une proportion plus faible qu'au début des années trente, avant que le National Labor Relations Act ait créé un droit légalement protégé à la représentation syndicale. La chute de la syndicalisation s'est accompagnée d'un nombre croissant d'accords collectifs de gel des salaires, de réduction des salaires pour les nouveaux arrivants, et même de réduction de salaires pour tous. C'est en grande partie pour cette raison que la longue reprise économique qui a commencé en 1982 a provoqué une augmentation du coût du travail plus faible que les huit précédentes reprises de l'après-guerre, malgré le faible taux de chômage durant cette période.

Les emplois dans la production courante ont disparu plus vite dans les secteurs industriels traditionnels plus syndicalisés, comme la construction automobile, la sidérurgie ou le caoutchouc, où les salaires moyens ont suivi l'inflation. En effet, dans ces secteurs, les emplois des anciens salariés sont protégés par l'antériorité : les salariés les plus jeunes sont licenciés les premiers. Devant choisir entre la réduction des salaires ou du nombre d'emplois, une majorité de syndiqués ont voté pour la seconde solution, assurés qu'ils étaient que de nombreux salariés plus jeunes seraient licenciés avant eux.

Le déclin de la syndicalisation a été le plus frappant parmi les jeunes hommes entrant dans la vie active sans diplôme de l'enseignement supérieur. Au début des années cinquante, plus de 40 % des membres de ce groupe adhéraient à un syndicat ; à la fin des années quatre-vingt, moins de 20 % (et même moins de 10 % si l'on exclut les emplois publics)[5]. Dans la sidérurgie par exemple, bien que beaucoup d'anciens salariés aient gardé leur emploi, près de la moitié des emplois de production courante ont disparu entre 1974 et 1988 (ils sont passés de 480 000 à 260 000). Même chose dans la construction automobile : dans les années quatre-vingt, le syndicat a perdu 500 000 membres, un tiers du total du début de la décennie. À elle seule, General Motors a réduit de 150 000 ses emplois américains de production (alors même qu'elle les a accrus à l'étranger). Une autre conséquence du même phénomène : le fossé entre le salaire moyen des non-syndiqués et celui des syndiqués s'est creusé de manière spectaculaire, de 14,6 % en 1973 à 20,4 % à la fin des années quatre-vingt[6]. La leçon est claire : si vous quittez le lycée sans diplôme, ou si vous n'avez rien de mieux qu'un diplôme de fin d'études secondaires, ne comptez pas sur un bon emploi de production courante.

Les emplois de maîtrise et d'encadrement impliquant un travail de routine sont aussi en train de disparaître. Entre 1981 et 1986, plus de 780 000 contremaîtres et cadres moyens ont perdu leur emploi à la suite d'une fermeture d'usine ou d'un licenciement[7]. De nombreux chefs de division adjoints ou directeurs adjoints se sont aussi retrouvés sans travail. General Motors s'est défait de 40 000 « cols blancs » et prévoient d'en éliminer 25 000 de plus avant le milieu des années quatre-vingt-dix[8]. À mesure que les firmes pyramidales américaines se transformaient en réseaux mondiaux, de nombreux travailleurs routiniers de niveau moyen se sont retrouvés aussi dépassés que les travailleurs routiniers de base.

Je l'ai déjà noté, des réseaux appartenant à des étrangers embauchent des Américains pour effectuer de la production courante aux États-Unis. Des usines Philips, Sony et Toyota surgissent un peu partout, sous les applaudissements d'auto-congratulation des gouverneurs et des maires, qui les attirent avec des promesses d'abattements fiscaux et de nouveaux équipements publics. Mais ces politiciens exubérants vont bientôt découvrir que ces usines appartenant à des étrangers sont largement automatisées, et qu'elles le deviendront de plus en plus dans les années à venir. Les emplois de production courante représentent une faible part du coût de production pour la majeure partie des produits fabriqués aux États-Unis et dans les autres pays avancés ; et cette part va continuer à décliner rapidement, au fur et à mesure que des robots pilotés par des ordinateurs prendront la relève des êtres humains. En 1977, il fallait 35 heures de travail de production courante pour monter une automobile aux États-Unis ; on estime qu'au milieu des années quatre-vingt-dix, les usines appartenant à des Japonais installées aux États-Unis n'utiliseront que 8 heures de travail de production courante par voiture[9].

La productivité et donc les salaires des ouvriers américains qui surveilleront ces robots seront relativement élevés ; mais ces emplois ne seront pas nombreux. Un exemple : à la fin des années quatre-vingt, Nippon Steel s'associe à Inland Steel, une firme américaine en mauvaise santé, pour construire un nouveau laminoir à froid de 400 millions de dollars à 80 kilomètres à l'Ouest de Gary, dans l'Arizona. Le laminoir est célébré pour sa technologie ultra-moderne, qui réduit le temps nécessaire pour produire un rouleau d'acier de douze jours à une heure. En fait, pour faire fonctionner l'usine, une petite équipe de techniciens suffit, ce qui devient clair quand Inland ferme deux de ses vieux laminoirs à froid, licenciant des centaines de travailleurs routiniers. Messieurs les gouverneurs et les maires, prenez note : vos usines étrangères, auxquelles vous faites tant de publicité, emploieront un nombre désespérément faible de vos électeurs.

Globalement, le déclin des emplois de production courante a davantage touché les hommes que les femmes. La raison en est que les emplois de production courante tenus par les hommes dans les industries manufacturières travaillant les métaux étaient mieux payés que ceux occupés par les femmes dans le textile et le traitement de données. À mesure que les deux ensembles d'emplois se réduisaient, les femmes américaines ont partiellement rattrapé les hommes dans la production courante, à un niveau bas bien entendu. C'est pour cette raison principale que l'écart de salaires entre hommes et femmes a commencé à se réduire dans les années quatre-vingt.

4

LE SECOND des trois bateaux, celui qui transporte les aides personnels, est lui aussi en train de sombrer, mais plus lentement et de façon inégale. La majorité des aides personnels sont payés au salaire minimum, ou juste au-dessus, et beaucoup d'entre eux ne travaillent qu'à temps partiel. Le résultat est qu'ils ramènent chez eux une paie modeste, pour employer une litote. Ils ne bénéficient pas non plus, en général, des avantages sociaux (assurance maladie, vie, incapacité, etc.) qui échoient aux travailleurs routiniers dans les grandes firmes industrielles ou aux manipulateurs de symboles associés aux fils plus prospères des réseaux mondiaux[10]. Comme tout le monde, les aides personnels profitent de l'accès aux produits à faibles coûts de production venant de partout. Ils sont protégés des effets directs de la concurrence mondiale. Mais ils ne sont pas à l'abri de ses effets indirects.

Tout d'abord, les aides personnels sont de plus en plus en concurrence avec les anciens travailleurs routiniers qui ne trouvent plus d'emplois de production courante bien payés, et qui ont pour seule solution de chercher des emplois de services personnels. Selon le Bureau of Labor Statistics, parmi les 2,8 millions de salariés de l'industrie qui ont perdu leur emploi au début des années quatre-vingt, un tiers a été réembauché dans des emplois de service avec une perte de revenu d'au moins 20 %[11]. Les aides personnels sont aussi en concurrence avec les diplômés du secondaire et ceux qui ont abandonné le lycée ; eux aussi ne disposent plus des emplois de production courante qu'ils trouvaient autrefois sans aucun mal. Et si les prévisions démographiques concernant la population active américaine au cours des deux premières décennies du XXIe siècle sont exactes (et elles le sont probablement, puisque la grande majorité des hommes et des femmes qui formeront cette population active sont d'ores et déjà identifiables), la majorité des nouveaux arrivants sur le marché du travail seront des Noirs et des Hispaniques, des groupes qui dans le passé ont possédé des compétences techniques relativement faibles. Le résultat sera qu'un nombre toujours croissant d'hommes et de femmes se presseront dans les services personnels. Enfin, les aides personnels seront en concurrence avec un nombre croissant d'immigrants, légaux et illégaux, pour lesquels les services personnels représenteront les emplois les plus accessibles. (On estime qu'entre le milieu des années quatre-vingt et la fin du siècle, un quart environ de l'accroissement de la population active proviendra des immigrants[12].)

La concurrence la plus impitoyable qu'affrontent les aides personnels est celle des machines qui économisent le travail (qui sont bien sûr en majorité inventées, mises au point et assemblées dans d'autres pays) : distributeurs de billets, caissiers électroniques, machines à laver les voitures, distributeurs automatiques, pompes à essence en libre-service et toutes les nouveautés de ce genre qui se substituent aux êtres humains que les consommateurs avaient l'habitude de rencontrer. Même les standardistes disparaissent rapidement, les récepteurs électroniques et les synthétiseurs vocaux étant désormais capables de tenir une conversation raisonnablement intelligente, et toujours polie. Les vendeuses et les vendeurs, qui constituent l'un des groupes les plus nombreux d'aides personnels, sont menacés de la même façon. Par l'intermédiaire d'ordinateurs personnels liés à des écrans de télévision, les consommateurs de demain pourront, sans quitter leurs salles de séjour, acheter des meubles, des appareils ménagers et toutes sortes de jeux électroniques. Après avoir examiné les produits sous tous les angles, sélectionné la couleur, la taille, les options proposées, et les prix qui semblent les plus attractifs, ils transmettront les commandes sans délai aux entrepôts, d'où ils seront livrés directement à domicile. Il en sera de même pour les transactions financières, les réservations d'hôtels et de billets d'avion, les locations de voiture, et les opérations du même type, qui seront effectuées entre les consommateurs chez eux et des banques de données quelque part dans le monde[13].

Les économies avancées comme les États-Unis continueront bien sûr à générer un nombre respectable de nouveaux emplois de services personnels, malgré l'automatisation des anciens emplois de ce type. Pour chaque caissier de banque qui perd sa place à l'arrivée d'un distributeur automatique, c'est trois nouveaux emplois de professeurs d'aérobic qui sont créés. Les êtres humains ont, semble-t-il, un désir presque insatiable qu'on leur prête attention.

Mais, par le jeu d'une concurrence intense, les salaires des aides personnels ne s'envoleront pas. Les aides personnels travaillent pour leur propre compte, ou sont dispersés entre un grand nombre de petits établissements ; ils ne peuvent s'organiser facilement en syndicats, ou créer des groupes de pression puissants, pour limiter l'impact de cette concurrence.

À deux points de vue, les évolutions démographiques joueront en faveur des aides personnels, et aideront dans une certaine mesure leur bateau collectif. D'abord, comme je l'ai noté, la croissance de la population active américaine ralentit. En particulier, le nombre des jeunes actifs est en train de se réduire. Entre 1985 et 1995, le nombre des jeunes ayant de 18 à 24 ans aura décliné de 17,5 %. Ainsi, les employeurs seront davantage motivés pour embaucher et former les aides personnels qu'ils auraient écartés auparavant. Mais cet affaiblissement des pressions de la concurrence dû à des raisons démographiques sera seulement temporaire. Les énergies procréatrices cumulatives des baby-boomers de l'après-guerre (nés entre 1946 et 1964) se traduiront par l'arrivée d'une nouvelle vague d'actifs aux environs de l'année 2010[14]. Et l'immigration, légale et illégale, montre tous les signes d'un accroissement dans les années à venir.

Ensuite, dans la seconde décennie du XXIe siècle, le nombre d'Américains âgés de plus de 65 ans augmentera rapidement, avec l'arrivée à l'âge de la retraite des baby-boomers et l'allongement de la durée de vie. Leur espérance de vie augmentera parce qu'ils auront été moins nombreux à paver de cigarettes leur route vers le tombeau, parce qu'ils se seront mieux alimentés que leurs parents, mais aussi parce qu'ils recevront toutes sortes de médicaments et de soins coûteux mis au point pour les maintenir en vie. En 2035, il y aura deux fois plus d'Américains âgés qu'en 1988, et le nombre d'octogénaires aura sans doute triplé. Pour ingérer ces médicaments et recevoir ces soins, les baby-boomers sur le déclin auront besoin de beaucoup d'attention. Des millions de corps en mauvais état exigeront des infirmières, des aides soignantes, des ambulanciers, des pourvoyeurs de soins à domicile, et des techniciens pour faire fonctionner et assurer la maintenance de toutes les coûteuses machines qui contrôleront et conjureront temporairement la dégradation finale. Il existera même, peut-être, un marché en forte expansion pour les spécialistes de l'euthanasie. Les aides personnels qui s'occuperont des vieux et des malades seront très demandés[15].

Un petit problème : les baby-boomers sur le déclin n'auront pas de quoi payer ces services. Ils auront épuisé depuis longtemps l'épargne qu'ils avaient accumulée. Les cotisations sociales auront, bien sûr, été utilisées pour verser les pensions de retraite de la génération précédente et pour financer une grande partie du déficit budgétaire des années quatre-vingt. Qui plus est, avec relativement moins de jeunes dans la population américaine, l'offre de logements excédera sans doute la demande ; l'investissement majeur des baby-boomers, leurs maisons, leur rapportera beaucoup moins quand ils prendront leur retraite que ce qu'ils en attendaient (en tenant compte de l'inflation). En conséquence, le coût énorme des soins pour les baby-boomers grisonnants retombera sur les personnes mêmes qui seront payées pour s'en occuper. Ce sera comme une grande pompe : les aides personnels du XXIe siècle bénéficieront d'emplois de santé en abondance, mais une grande part de leurs rémunérations passera en cotisations sociales et en impôts, qui à leur tour serviront à payer leurs salaires. Résultat final : aucune amélioration réelle dans leur niveau de vie.

Le niveau de vie des aides personnels dépend aussi, indirectement, de celui des Américains qu'ils servent et qui sont engagés dans le commerce mondial. Dans la mesure où ces Américains seront bien rémunérés par le reste du monde pour leur contribution, ils auront davantage d'argent à consacrer aux services personnels. Nous trouvons ici la seule forme d'économie « descendante » qui ait une base dans la réalité. Une serveuse dans une ville dont la principale usine vient de fermer n'a guère de chance de bénéficier d'un bon salaire ou de la sécurité de l'emploi ; dans une station à la mode où se pressent producteurs et magnats de la banque, elle pourra s'en sortir honorablement. De même pour les nations. Les aides personnels au Bengladesh pourront passer leurs journées à accomplir à peu près les mêmes tâches que les aides personnels aux États-Unis, mais ils auront un niveau de vie beaucoup plus faible en récompense de leurs efforts. La différence vient de la valeur qu'ajoutent à l'économie mondiale ceux qui consomment leurs services. Je reviendrai sur ce problème dans un chapitre ultérieur.

5

À L'INVERSE des bateaux des travailleurs routiniers et des aides personnels, le vaisseau contenant les manipulateurs de symboles américains est loin de sombrer. La demande mondiale pour leurs idées nouvelles s'accroît à mesure que celles-ci circulent plus vite et plus facilement. Bien entendu, tous les manipulateurs de symboles ne progressent pas aussi rapidement et aussi spectaculairement ; ceux du bas de l'échelle tiennent à peine leur rang dans l'économie mondiale. Mais, au sommet, les manipulateurs de symboles sont tellement demandés dans le monde qu'ils ont du mal à garder trace de tous leurs revenus. Jamais encore, dans l'histoire, des individus n'ont acquis une telle richesse par eux-mêmes, et dans la légalité.

Au milieu de l'échelle des manipulateurs de symboles, se situent les scientifiques et les chercheurs américains qui vendent activement leurs découvertes aux réseaux d'entreprises mondiaux. Ils ne se limitent pas à des clients américains. Une équipe d'ingénieurs liés à l'université Carnegie-Mellon à Pittsburgh imagine de nouvelles méthodes pour fabriquer des moteurs en céramique ultra-résistante ; si les courtiers-stratèges de l'état-major de General Motors refusent de les leur payer au prix fort, ceux de Honda ou de Mercedes seront probablement tout à fait d'accord pour le faire.

C'est la même chose pour les observations des omniprésents consultants américains en management, vendues pour des sommes très importantes à des entrepreneurs européens et latino-américains avides de les acheter. De même pour les idées des consultants américains en matière d'énergie, vendues au prix fort à des cheiks arabes. Les concepteurs américains fournissent des idées pénétrantes à Olivetti, Mazda, Siemens, et à d'autres réseaux mondiaux ; des spécialistes américains en marketing proposent des techniques pour découvrir ce que les consommateurs du monde entier achèteront ; des publicitaires américains inventent des stratagèmes pour s'assurer qu'ils le feront effectivement. Les architectes américains tracent les plans pour des opéras, des galeries d'art, des musées, des hôtels de luxe et des ensembles résidentiels dans les plus grandes villes du monde ; des promoteurs américains commercialisent des immeubles de bureaux auprès d'investisseurs et d'acheteurs venus du monde entier.

Les Américains qui se spécialisent dans l'art subtil des relations publiques sont demandés par les firmes, les gouvernements et les hommes politiques du monde entier. De même pour les consultants américains en matière politique ; certains ont conseillé le Parti socialiste hongrois, le descendant du Parti communiste qui dirigeait le pays, sur la manière de sauver quelques sièges lors des premières élections libres du pays depuis plus de quarante ans. À la même époque, une équipe de consultants agricoles américains conseillait les dirigeants d'une ferme collective employant 1 700 Russes à 130 kilomètres de Moscou. Comme je l'ai noté, des banquiers et des avocats américains spécialisés dans les manipulations financières vendent leurs idées à des Asiatiques et à des Européens avides de découvrir comment gagner de fortes sommes d'argent en jouant avec des sommes d'argent encore plus importantes.

Pendant ce temps, des pays en voie de développement louent les services d'ingénieurs américains pour les aider à construire des routes et des barrages. La fin de la Guerre froide n'a fait qu'accroître ces opportunités. Des ingénieurs américains de Bechtel commencent à aider les Russes à concevoir et à installer une nouvelle génération de réacteurs nucléaires. (Bechtel est cette firme connue pour avoir employé Caspar Weinberger et George Shultz, pour des rémunérations beaucoup plus élevées que celles que leur versait l'administration Reagan). De nombreux pays s'adressent à des banquiers et à des avocats américains pour qu'ils les aident à renégocier avec les banques internationales les conditions des emprunts qu'ils ont contractés ; ils recrutent des lobbyistes à Washington pour les assister dans leurs rapports avec le Congrès, le Trésor, la Banque mondiale, le Fonds monétaire international et d'autres institutions politiquement sensibles. Dans un mouvement de désespoir évident, plusieurs pays sortant du communisme font appel à des économistes américains pour qu'ils leur apprennent le capitalisme.

Pratiquement tout le monde achète la compétence des Américains qui manipulent des symboles visuels et auditifs : musiciens, ingénieurs du son, producteurs, maquilleuses, metteurs en scène, cameramen, acteurs et actrices, scénaristes, compositeurs de chansons et décorateurs. Parmi les manipulateurs de symboles les plus florissants, il faut citer Steven Spielberg, Bill Cosby, Charles Schulz, Eddie Murphy, Sylvester Stallone, Madonna, ainsi que d'autres metteurs en scène et d'autres stars, presque aussi connus dans les rues de Dresde ou de Tokyo que dans la Back Bay de Boston. Moins bien rémunérés, mais tout aussi renommés sont les présentateurs onctueux des Cable News de Turner Broadcasting ; ils apparaissent chaque jour, du Vietnam au Nigeria, par l'intermédiaire de satellites. Vanna White est la présentatrice de jeux télévisés la plus regardée dans le monde. Derrière chacun de ces visages familiers se cache un ensemble de résolveurs, d'identificateurs de problèmes et de courtiers américains qui les entraînent, les préparent, les conseillent, font leur promotion, amplifient et dirigent leurs talents, leur ajoutent de la valeur de mille autres façons[16].

Il ne faut pas oublier les idées pénétrantes des dirigeants américains qui occupent les sièges mondiaux des firmes « américaines » et les sièges nationaux et régionaux des firmes « étrangères » mondiales. Leurs idées sont dûment exportées vers le reste du monde par l'intermédiaire des entreprises-réseaux mondiales. Ainsi, IBM exporte peu de machines fabriquées aux États-Unis : Big Blue fabrique des machines partout dans le monde et assure leur maintenance sur place. Ses principales exportations américaines sont symboliques et analytiques. Depuis le siège mondial d'IBM à Armonk, dans l'État de New York, émanent du courtage stratégique et des services de direction connectés au reste du monde. En retour, les dirigeants d'IBM sont généreusement rémunérés.

6

L'EXPANSION de ce marché mondial et la demande croissante pour les idées symboliques et analytiques des Américains sont dues principalement à l'amélioration spectaculaire des technologies de communication et de transport. Les plans, les instructions, les conseils, les symboles visuels et auditifs peuvent être envoyés de plus en plus rapidement partout dans le monde, avec une exactitude toujours plus grande et à un coût toujours plus bas. La voix de Madonna peut être transportée vers des millions de fans, parfaitement reproduite, grâce aux disques compacts. Une nouvelle invention émanant d'ingénieurs du laboratoire Battelle à Columbus, dans l'Ohio, peut être envoyée pratiquement partout, à l'aide de modems, sous une forme qui permet à ceux qui la reçoivent de l'examiner en trois dimensions, sur des graphiques d'ordinateurs. Quand des vidéoconférences ne suffisent pas et que des réunions sont nécessaires, il est relativement facile pour des concepteurs, des consultants, des artistes, des cadres, de monter dans des avions supersoniques et, après quelques heures de vol, de rencontrer directement leurs clients, leurs spectateurs, leurs employés, où qu'ils soient dans le monde.

Cette demande croissante va de pair avec des rémunérations accrues. Qu'elles prennent la forme de redevances, d'honoraires, de salaires, ou de parts dans les profits, le résultat économique est pratiquement le même. Il existe aussi des rémunérations non pécuniaires. Un des secrets les mieux gardés parmi les manipulateurs de symboles est qu'ils aiment leur travail. En fait, pour une grande part, ce n'est pas du travail, au sens traditionnel de ce mot. L'activité des travailleurs routiniers et des aides personnels est monotone ; elle fatigue ou affaiblit les muscles, et n'implique que peu d'indépendance et de liberté d'action. À l'inverse, le « travail » des manipulateurs de symboles implique souvent des énigmes à résoudre, des expériences à mener, des discussions fréquentes et une liberté d'action substantielle sur ce qu'il faudra faire après chaque étape. Rares sont les travailleurs routiniers et les aides personnels qui accepteraient de travailler s'ils n'avaient pas besoin de gagner leur vie. De nombreux manipulateurs de symboles continueraient à « travailler » même si cela ne leur rapportait rien.

7

AU MILIEU du siècle, quand les États-Unis étaient un marché national dominé par de grandes firmes organisées sous forme pyramidale, des contraintes pesaient sur les revenus des personnes placées au sommet de l'échelle. La première, et la plus évidente, était que le marché pour leurs services était pratiquement limité aux frontières du pays. De plus, la valeur conceptuelle de leur contribution, si grande qu'elle fût, était faible par rapport à la valeur provenant de la grande échelle de la production — et elle en dépendait pour sa rémunération. La majorité des problèmes à identifier et à résoudre concernaient l'accroissement de l'efficacité de la production, et la meilleure organisation du flot des matières premières et des pièces détachées, du montage et de la distribution. Les inventeurs étaient à la recherche des rares percées technologiques susceptibles de révéler un produit entièrement nouveau à produire en masse ; les consultants en management, les cadres et les ingénieurs essayaient ensuite d'accélérer et de synchroniser sa fabrication, pour augmenter les économies d'échelle ; puis les responsables de la publicité et du marketing s'efforçaient d'aiguiser l'appétit du public pour les nouveaux biens standardisés. Les cols blancs étaient fortement incités à faire croître leur firme, parce que leurs salaires augmentaient avec l'échelle de la production ; en fait, de nombreuses grandes firmes américaines se sont développées bien plus que ne l'auraient justifié les économies d'échelle.

Au contraire, dans les années quatre-vingt-dix, les revenus des manipulateurs de symboles ne sont plus limités ni par la taille du marché national, ni par le volume de la production des firmes auxquelles ils sont liés. Le marché est mondial, et la valeur conceptuelle est élevée par rapport à la valeur ajoutée tirée des économies d'échelle.

Une autre contrainte sur les hauts revenus a aussi disparu dans les années quatre-vingt-dix. Au milieu du siècle, dans les plus grandes firmes américaines, les cadres de plus haut rang et les consultants ne pouvaient recevoir une rémunération hors de proportion avec celle des ouvriers du bas de l'échelle. Les cadres supérieurs étaient engagés dans des négociations très visibles avec les syndicats ; le Gouvernement leur demandait régulièrement de modérer leurs prix ; il aurait été inconvenant de ramener chez eux des salaires et des avantages sauvagement excessifs par rapport à ceux de leurs compatriotes. Si les cadres en cols blancs ne se restreignaient pas eux-mêmes, il y avait peu de chances que les ouvriers en cols bleus restreignent leurs propres exigences de hauts salaires. Et si les deux groupes ne se restreignaient pas, il était peu probable que le Gouvernement s'abstienne d'imposer des contrôles directs et des réglementations.

En même temps, il ne fallait pas que les salaires des ouvriers diminuent trop, faute de quoi le pouvoir d'achat serait trop faible dans l'économie. Après tout, qui pouvait acheter tous les produits sortant des usines américaines, sinon les ouvriers américains ? C'était aussi l'un des aspects du compromis conclu entre les dirigeants américains et leurs salariés.

Rappelons-nous les platitudes souvent répétées à cette époque sur la responsabilité du PDG, qui devait pondérer avec soin les intérêts de tous ceux qui étaient concernés par l'activité de sa firme. Sous la direction de l'industriel-homme d'État, aucun groupe d'individus concernés, et les cadres en cols blancs moins que tous les autres, ne devait gagner une part disproportionnée des bénéfices issus de l'activité de la firme ; et aucun autre groupe, en particulier celui des salariés moyens, se voir attribuer une part désespérément faible. Si banale qu'elle soit, cette idée a contribué à asseoir la légitimité de la grande firme aux yeux de la majorité des Américains, et à assurer une croissance économique continue.

Mais, dans les années quatre-vingt-dix, ces règles informelles sont en train de disparaître, en même temps que (et en grande partie parce que) la grande firme américaine se dissout. Les liens entre les cadres dirigeants et l'ouvrier américains s'affaiblissent : un nombre toujours croissant de subordonnés et de partenaires sont étrangers, et un nombre sans cesse plus élevé de travailleurs routiniers américains sont employés par des firmes appartenant à des étrangers. Une cohorte entière de cadres moyens, qui avaient été autrefois classés parmi les cols blancs, s'est évaporée ; et, de plus en plus, des cadres américains exportent leurs idées vers les réseaux mondiaux d'entreprises.

À mesure que la firme américaine elle-même se transforme en un réseau mondial impossible à distinguer des autres réseaux mondiaux, les individus concernés par son activité deviennent un groupe vaste et diffus, réparti dans l'ensemble du monde. Ils sont moins visibles, et font beaucoup moins de bruit, que les individus concernés du pays. En outre, la firme américaine vendant de plus en plus ses produits et ses services dans l'ensemble du monde, le pouvoir d'achat des salariés américains devient beaucoup moins essentiel pour sa survie économique.

Ainsi, les inhibitions ont disparu. Les salaires et les avantages des cadres dirigeants américains, et de beaucoup des consultants et des conseillers auxquels ils font appel, ont grimpé jusqu'à des hauteurs qui auraient semblé inimaginables il n'y a pas si longtemps, alors même que ceux des autres Américains ont décliné.

16
La formation du manipulateur de symboles (I)

Je n'ai jamais vu quelqu'un améliorer l'art et la technique de l'enquête autrement qu'en s'occupant lui-même d'enquêtes.

JÉRÔME BRUNER, *On Knowing* (1962)

PLUS les nouveaux produits et les nouveaux concepts prendront de la valeur par rapport aux produits standards, plus les manipulateurs de symboles seront sollicités. Cette demande bourgeonnante leur assurera des revenus toujours plus élevés dans les années à venir.

Bien sûr, l'offre mondiale de manipulateurs de symboles augmente elle aussi. Des millions d'individus sur la planète essaient d'acquérir les compétences nécessaires, et beaucoup y parviennent. En Asie du Sud-Est et en Europe occidentale, des chercheurs et des ingénieurs rassemblent de précieuses idées en microélectronique, en microbiotique, et sur les nouveaux matériaux, puis traduisent ces idées en nouveaux produits. Des jeunes de nombreux pays en développement arrivent en masse dans les universités pour apprendre les secrets symboliques et analytiques de l'ingénierie, de la conception d'ordinateurs, du marketing, du management. En Argentine, à Singapour, en Corée du Sud, plus d'un tiers des jeunes âgés de 19 ans étaient étudiants en 1990.

Mais, malgré cette offre croissante, il est vraisemblable que les Américains continueront à exceller dans la manipulation de symboles. Pour deux raisons : aucune nation ne forme aussi bien que les

États-Unis ses enfants les plus favorisés et les plus doués, ceux qui deviendront des manipulateurs de symboles ; ensuite, aucune nation ne dispose déjà des mêmes concentrations de manipulateurs de symboles, ainsi en mesure d'apprendre constamment et de manière informelle les uns des autres. Bien que ces deux avantages puissent ne pas durer éternellement, les manipulateurs de symboles américains continueront à bénéficier d'une longueur d'avance, au moins dans un avenir prévisible.

2

LES AMÉRICAINS adorent s'enflammer à propos de l'enseignement dans leur pays. Tout le monde a des idées sur ce sujet, l'un des rares dont chacun ait sans conteste une expérience directe. Ceux qui ont les vues les plus déterminées sont souvent ceux sur qui cette expérience a eu l'effet le moins durable. L'individu réellement instruit sait combien les objectifs de l'enseignement sont variés dans une société libre, et combien ses méthodes sont complexes.

Rappelons-nous qu'au milieu du siècle, le système éducatif américain était bien adapté à la structure régnante de la production standardisée, qui allait employer ses jeunes produits. L'enseignement américain était le reflet de l'économie nationale, avec ses programmes d'études en forme de chaînes de montage standards divisées en sujets bien séparés, enseignés pendant une durée bien précise, arrangés séquentiellement par niveau, et contrôlés par des tests standards ayant pour objet le repérage des unités défaillantes et leur renvoi pour un nouveau façonnage.

Dans la dernière décennie du siècle, bien que l'économie ait changé de manière spectaculaire, la forme et la fonction du système éducatif américain sont restées sensiblement les mêmes. Mais, maintenant, une sensation palpable de crise entoure les écoles du pays. Les médias se lamentent chaque jour sur leur état déplorable. En réalité, pourtant, la situation n'a pas évolué défavorablement dans les écoles ; elle n'a tout simplement pas évolué favorablement. Au début de sa campagne présidentielle de 1988, George Bush s'est conféré par anticipation le titre de « président de l'Éducation nationale ». Bien qu'il ait continué à se faire appeler ainsi après son élection, la signification de ce titre est restée évasive, puisque M. Bush n'a pas voulu augmenter le budget fédéral de l'éducation, et qu'il pressa au contraire les écoles de s'amender elles-mêmes. Certains, qui se nommaient eux-mêmes « réformateurs », suggéraient que le programme d'études standard devait devenir encore plus uniforme à travers le pays, et que les tests standardisés devaient être encore plus capables de déterminer ce qui avait été fourré dans les jeunes têtes tandis qu'elles se déplaçaient sur les chaînes de montage scolaires. (Bien sûr, les tests standardisés restent une méthode très précise pour mesurer la capacité des enfants à répondre à des tests standardisés, et guère plus.) Les livres en vogue contiennent une liste de faits que toute personne instruite se doit de connaître. Comme il est remarquablement fréquent dans la vie américaine, quand le besoin de changement est le plus urgent, la demande devient plus insistante pour un « retour à l'essentiel ».

En vérité, si la grande majorité des enfants américains est encore soumise à un enseignement standardisé adapté à une économie standardisée, une petite fraction échappe à ce sort. Dans les années quatre-vingt-dix, l'enfant américain moyen est mal équipé pour affronter l'économie de production personnalisée ; mais à l'intérieur de cette moyenne, les variations sont importantes. Les enfants américains sont derrière les enfants canadiens, japonais, suédois et britanniques pour la compétence en mathématiques, sciences et géographie[1]. Parmi les Américains âgés de dix-sept ans, 17 % sont analphabètes[2]. Certains enfants américains ne reçoivent aucun enseignement, et beaucoup ne reçoivent qu'un enseignement très limité. Mais d'autres enfants américains, guère plus de 15 % à 20 %, sont parfaitement préparés à une vie de travail comme manipulateur de symboles.

L'enseignement officiel pour un manipulateur de symboles en herbe suit un cours général. Certains de ces jeunes fréquentent les meilleures écoles privées, puis les universités les plus sélectives ; une majorité d'entre eux passe son enfance dans les écoles publiques des banlieues chics. En compagnie d'autres rejetons de manipulateurs de symboles fortunés[3], ils suivent les meilleurs enseignements, qui les conduisent aux meilleures universités. Ils vivent les mêmes expériences. Leurs parents se sentent concernés par leur éducation, et s'en préoccupent. Leurs instituteurs et leurs professeurs sont attentifs à leurs besoins scolaires. Ils ont accès aux laboratoires les plus modernes, à des ordinateurs interactifs et à des systèmes vidéos dans leurs classes, à des laboratoires de langues, et à des bibliothèques contenant les ouvrages les plus récents. Leurs classes sont relativement peu nombreuses ; les relations avec leurs pairs sont intellectuellement stimulantes. Leurs parents les emmènent visiter les musées, leur offrent des leçons de musique, leur font assister à des événements culturels, et n'hésitent pas à les envoyer à l'étranger. Chez eux, ils ont des livres éducatifs, des jouets éducatifs, des cassettes vidéos éducatives, des microscopes, des télescopes, et des ordinateurs personnels nourris des derniers logiciels éducatifs. Si des enfants prennent du retard dans leur scolarité, ils sont confiés à des précepteurs personnels. S'ils développent des handicaps physiques qui gênent leurs études, ils reçoivent immédiatement les meilleurs soins médicaux.

Je ne veux pas dire ici que le système officiel des États-Unis pour entraîner ses futurs manipulateurs de symboles est parfait. Il y a place pour des améliorations. Les élèves européens et japonais du secondaire réalisent couramment de meilleures performances que les élèves américains en mathématiques et dans les disciplines scientifiques. Globalement, pourtant, aucune autre société ne prépare aussi bien ses jeunes les plus favorisés à une vie créative de solution et d'identification de problèmes et de courtage stratégique. Les universités américaines sont les meilleures du monde, comme le prouve le nombre d'étudiants étrangers qui s'y pressent[4] ; les programmes de préparation à l'université dans les écoles secondaires sont également exceptionnels. Au Japon, c'est le contraire : les défauts des universités ont été souvent notés, ainsi que le coût décourageant des écoles secondaires. Le plus grand succès de l'enseignement dans ce pays est qu'il assure même à ses élèves les moins brillants un niveau d'aptitude relativement élevé[5].

3

LE CONTENU fondamental du programme d'études du manipulateur de symboles américain n'est généralement pas explicité dans les réunions de parents d'élèves, ni révélé dans les documents préparés par les écoles. Pourtant, ses caractéristiques et ses objectifs sont tacitement compris par les enseignants et par les parents manipulateurs de symboles.

Les manipulateurs de symboles en herbe apprennent bien entendu à lire, à écrire et à compter ; mais ces connaissances de base sont développées d'une manière particulière. Ils accumulent souvent un grand nombre de faits pendant le processus ; pourtant ceux-ci n'occupent pas une place centrale dans l'enseignement qu'ils reçoivent ; ils vivront leur vie d'adulte dans un monde où la majorité des faits qu'ils auront appris des années auparavant auront changé ou auront été réinterprétés (y compris même certains faits historiques). De toute façon, il leur suffira d'appuyer sur quelques touches d'un clavier d'ordinateur pour avoir accès à toutes les données qui leur seraient nécessaires.

Ce qui est plus important, c'est que ces enfants favorisés par le sort apprennent comment conceptualiser les problèmes et les solutions. L'éducation d'un manipulateur de symboles en herbe implique le perfectionnement de quatre facultés fondamentales : l'aptitude à l'abstraction, à la pensée en termes de système, à l'expérimentation, et au travail en équipes[6].

Considérons d'abord la capacité d'abstraction. Le monde réel n'est rien d'autre qu'un vaste fouillis de bruits, de formes, de couleurs, d'odeurs, de textures, qui n'ont aucun sens avant que l'esprit humain ne leur impose un certain ordre. La capacité d'abstraction, qui consiste à découvrir des formes et des significations, est, bien sûr l'essence même de l'analyse symbolique ; celle-ci doit simplifier la réalité de telle sorte qu'elle puisse être comprise et manipulée dans de nouvelles directions. Le manipulateur de symboles manie les équations, les formules, les analogies, les modèles, les constructions intellectuelles, les catégories et les comparaisons pour créer des possibilités de réinterpréter, et donc de réordonner, le chaos de données qui tourbillonnent autour de nous. D'énormes quantités d'informations désorganisées peuvent ainsi être intégrées et assimilées pour révéler de nouvelles solutions, de nouveaux problèmes, de nouveaux choix. Chaque scientifique, avocat, ingénieur, concepteur, consultant en management, scénariste ou publicitaire qui veut innover recherche continuellement de nouvelles manières de représenter la réalité qui seront plus convaincantes et révélatrices que les anciennes. Leurs instruments peuvent varier, mais les processus d'abstraction qui permettent de mettre des données brutes sous une forme manipulable et souvent originale se ressemblent tous.

Pour la majorité des enfants aux États-Unis et ailleurs dans le monde, l'enseignement officiel implique un type d'apprentissage exactement opposé. Au lieu de construire eux-mêmes des significations, ils se les voient imposer. Ce qui doit être appris est préemballé dans des plans de leçons, des cours et des livres de classe. La réalité a déjà été simplifiée ; l'élève obéissant n'a qu'à apprendre par cœur. Il est admis qu'un processus d'enseignement efficace communique de la connaissance de la même façon que des pièces détachées sont montées dans une usine efficace. Quelle que soit la nature de ce qui est communiqué, la leçon fondamentale reste la même : c'est quelqu'un d'autre qui a la responsabilité d'interpréter et de donner un sens au tourbillon de données, d'événements et de sensations qui nous entourent. Cette leçon ne peut que compromettre la capacité future des étudiants à réussir dans un monde débordant de possibilités de découvertes.

Les étudiants américains les plus favorisés échappent pourtant à ce gavage. Dans les meilleures écoles primaires et secondaires du pays, dans les salles de séminaires et les laboratoires des meilleures universités américaines, le programme d'études est flexible et interactif. L'accent est mis sur le jugement et l'interprétation plutôt que sur la transmission des connaissances. On enseigne à l'étudiant à aller voir derrière les données, à demander pourquoi certains faits ont été sélectionnés, pourquoi ils ont été considérés comme importants, comment ils ont été déduits, et comment ils peuvent être contredits. L'étudiant apprend à examiner la réalité sous plusieurs angles, sous différents éclairages, et ainsi à apercevoir de nouvelles possibilités et de nouveaux choix. L'esprit du manipulateur de symboles est entraîné au scepticisme, à la curiosité, et à la créativité.

4

LA PENSÉE en termes de systèmes pousse l'abstraction encore plus loin. Voir la réalité comme un système de causes et d'effets vient naturellement à l'esprit du jeune bébé qui apprend qu'un verre de lait jeté sur le sol vole en éclats ; son contenu éclabousse tout le monde dans le voisinage, et cet événement, bien que momentanément très amusant, provoque à coup sûr une forte réaction de la part de l'adulte qui le surveille. Les formes plus élaborées de pensée en termes de systèmes viennent moins naturellement. Plus tard dans la vie, nous aurons souvent tendance à voir la réalité comme une série d'instantanés statiques, ici un marché, là une technologie, ici un danger écologique, là un mouvement politique. Les relations entre ces éléments ne sont pas recherchées. Le plus souvent, l'enseignement officiel perpétue cette erreur de comportement, offrant des faits et des chiffres sous forme de bouchées d'« histoire », de « géographie », de « mathématiques » et de « biologie », comme si chacune de ces disciplines était distincte, et non reliée aux autres. C'est peut-être une méthode efficace pour transmettre des données, mais non pour infuser du discernement. Ce que l'étudiant retient en fait, c'est que le monde est formé de composants distincts, chacun pouvant être compris pour l'essentiel indépendamment des autres.

Pourtant, pour découvrir de nouvelles opportunités, il faut être capable d'avoir une vue d'ensemble, et de comprendre les processus qui lient entre eux les fragments de la réalité. Dans le monde réel, il est rare que les problèmes émergent déjà définis et nettement séparables. Le manipulateur de symboles doit constamment essayer de discerner les causes, les effets et les relations les plus larges. Ce qui semble être un problème simple, susceptible d'une solution standard, peut s'avérer symptomatique d'un problème plus fondamental qui, à coup sûr, resurgira ailleurs sous une autre forme. En résolvant le problème de base, le manipulateur de symboles peut créer une valeur substantielle. L'invention d'un plastique rapidement biodégradable élimine bien des problèmes que pose la conception de décharges sûres. Une station de travail informatisée utilisable à domicile résout la myriade de problèmes liés aux heures de pointe.

L'enseignement donné au manipulateur de symboles insiste sur la pensée en termes de systèmes. Plutôt que d'enseigner aux étudiants comment résoudre un problème qui leur est exposé, on leur apprend à examiner pourquoi le problème apparaît et comment il est relié à d'autres problèmes. Apprendre comment voyager d'un point à un autre en suivant une route imposée est une chose ; étudier tout le terrain pour pouvoir découvrir des raccourcis quel que soit l'endroit où l'on veut aller est une tout autre chose. Plutôt que de faire l'hypothèse que les problèmes et les solutions sont créés par d'autres (comme ils l'étaient du temps de la production de masse standardisée), les étudiants apprennent que les problèmes peuvent habituellement être redéfinis selon l'endroit d'où l'on regarde dans un vaste système de forces, de variables et de résultats, et que des relations inattendues et des solutions potentielles peuvent être découvertes en prenant du recul.

5

POUR MAÎTRISER les formes les plus élaborées de l'abstraction et de la pensée en termes de systèmes, il faut apprendre l'expérimentation.

Les jeunes enfants passent la majeure partie de leurs journées à expérimenter. Leurs tests sont aléatoires et répétitifs mais, par essais et erreurs, ils accroissent leur capacité à créer de l'ordre à partir d'un ensemble déroutant de sensations, et à appréhender les causes et les effets. Des formes plus avancées d'expérimentation impliquent aussi beaucoup de faux départs, provoquant frustration, déception, et éventuellement angoisse. Explorer une ville par vous-même au lieu de suivre un itinéraire fixé risque de vous mener très loin ; vous pouvez même vous perdre, pendant un moment. Mais il n'y a pas de meilleur moyen pour découvrir le plan de la ville, et pour l'apercevoir selon différents points de vue. C'est ainsi que les manipulateurs de symboles expérimentent sans arrêt. Le cameraman essaye une nouvelle technique pour filmer ; l'ingénieur teste un nouveau matériau pour fabriquer des pièces de moteur. L'habitude d'expérimenter, et les méthodes à utiliser dans ce but, tiennent une place cruciale dans la nouvelle économie, où les technologies, les goûts et les marchés changent perpétuellement.

Mais, le plus souvent, l'enseignement officiel (aux États-Unis et ailleurs) s'occupe peu d'expérimentation. L'histoire, la géographie, les sciences sont typiquement visitées selon une route tracée à l'avance, commençant au début du livre ou de la série de cours et se terminant à la conclusion. Les étudiants n'ont pratiquement jamais la possibilité d'explorer le terrain par eux-mêmes. L'exploration autoguidée est, après tout, une manière inefficace de couvrir un terrain qui « doit » être couvert.

Et pourtant, dans les meilleures classes des meilleures écoles et universités, les choses sont différentes. Plutôt que d'être conduits sur un chemin prescrit à l'avance, les étudiants sont équipés d'un ensemble d'outils qui leur servent à trouver leur propre voie. L'accent est placé sur les techniques expérimentales : maintenir constants certains aspects de la réalité tout en en faisant varier d'autres pour mieux comprendre les causes et les effets ; explorer systématiquement un ensemble de possibilités et de résultats et noter les ressemblances et les différences pertinentes ; faire des conjectures profondes et des sauts intuitifs et ensuite les tester en les opposant à des hypothèses antérieures. Plus important encore, les étudiants apprennent à prendre eux-mêmes la responsabilité de leur propre enseignement permanent. (Les écoles japonaises, il faut le noter, sont moins performantes de ce point de vue.)

6

Enfin, il y a la capacité à coopérer. Comme je l'ai noté, les manipulateurs de symboles travaillent typiquement en équipes, partageant les problèmes et les solutions dans une version plus élaborée des jeux d'enfants en groupe. Le jeu des manipulateurs de symboles peut sembler décousu, mais c'est souvent la seule manière de découvrir des problèmes et des solutions dont ils ne savaient pas à l'avance qu'ils pourraient les discerner. Les manipulateurs de symboles passent aussi une grande partie de leur temps à se communiquer des concepts, par l'intermédiaire d'exposés oraux, de rapports, de mémorandums, de plans, de scripts, de projections, puis à rechercher un consensus pour avancer.

Pourtant, apprendre à coopérer, à communiquer des concepts abstraits et à atteindre un consensus n'est pas habituellement un sujet sur lequel insiste l'éducation formelle. À l'inverse, dans la majorité des salles de classe des États-Unis et des autres pays, l'objectif primordial est d'accomplir une performance solitaire sur des tâches spécialisées. Ne vous parlez pas ! N'échangez pas vos notes ! N'aidez pas votre voisin ! Ici encore, on pense que le plus efficace et le plus important est de pouvoir évaluer les performances individuelles. Les tâches de groupe ne sont pas aussi faciles à contrôler que le travail personnel. Il est de ce fait plus difficile de déterminer si un étudiant donné a maîtrisé un savoir spécifique.

Pourtant, dans les meilleures salles de classe américaines, les choses ont changé. L'accent n'est plus mis sur la réussite et la compétition individuelles, mais sur l'apprentissage en groupe. Les étudiants apprennent à articuler, clarifier puis reformuler les uns pour les autres comment ils identifient les problèmes et découvrent les réponses. Ils apprennent à rechercher et à accepter la critique de leurs pairs, à solliciter de l'aide, et à faire confiance aux autres. Ils apprennent aussi à négocier, à expliquer leurs propres besoins, à discerner les besoins des autres, à voir les choses dans leur perspective, et à découvrir des décisions mutuellement bénéfiques. C'est une préparation idéale pour la vie de travail en équipes des manipulateurs de symboles.

Ici encore, je ne prétends pas que les écoles et les universités américaines font leur travail de manière adéquate. Mon affirmation est plus limitée : je dis que nos meilleures écoles et universités donnent à un ensemble réduit de jeunes Américains un excellent entraînement de base pour les techniques essentielles nécessaires aux manipulateurs de symboles. Quand s'y ajoutent des parents intéressés et interventionnistes, des soins médicaux de qualité, des visites dans les musées, des concerts, des voyages à l'étranger, des ordinateurs à domicile, et tout l'attirail culturel et éducatif que les parents manipulateurs de symboles sont heureux d'offrir à leur progéniture, l'enseignement donné à cette minorité de privilégiés devient une préparation exceptionnellement bonne pour le monde qui les attend.

17
La formation du manipulateur de symboles (II)

LA FORMATION du manipulateur de symboles ne s'achève pas quand il a obtenu ses diplômes. Comme les données sur les revenus américains le révèlent, les diplômes sont habituellement nécessaires mais loin d'être suffisants pour le succès du manipulateur de symboles. L'apprentissage se poursuit par la pratique.

C'est la seconde raison qui fait que les manipulateurs de symboles américains continueront à exceller sur les marchés mondiaux : aux États-Unis plus que dans tout autre nation, les manipulateurs de symboles sont concentrés dans des secteurs géographiques spécialisés où ils vivent, travaillent, apprennent avec d'autres manipulateurs de symboles qui se consacrent à un même type de résolution et d'identification de problèmes, et de courtage. Ils sont regroupés autour de villes ou de zones renommées dans le monde entier, et connues pour leurs spécialités : Los Angeles pour la musique et les films ; la baie de San Francisco et la grande banlieue de Boston pour les sciences et l'ingénierie ; New York et Chicago pour la finance mondiale ; Washington pour les affaires internationales, les relations intergouvernementales, et les ventes internationales d'armes ; New York pour le droit, la publicité et l'édition. À l'intérieur de ces zones, et dans beaucoup d'autres, des zones encore plus spécifiques rassemblent des manipulateurs de symboles encore plus spécialisés, qui vendent directement leurs compétences aux marchés mondiaux : au nord et à l'ouest de Boston, des informaticiens qui se consacrent particulièrement aux logiciels graphiques ; entre Little Rock et Fayetteville, dans l'Arkansas, des scientifiques spécialisés dans la biologie moléculaire et les biotechnologies ; le long de Park Avenue, à New York, entre la 42e et la 59e rues, des banquiers experts du marché financier coréen ; près de Minneapolis, des chercheurs spécialisés dans les appareils médicaux ; au sud de Portland, dans l'Oregon, des spécialistes des semi-conducteurs de pointe ; à Irvine et Pasadena, en Californie, des concepteurs industriels spécialisés dans l'automobile et l'électronique grand public ; et autour de chaque grande université américaine, des équipes de professeurs et d'étudiants qui vendent de l'expertise de niveau international sur des technologies, des techniques de management et des marchés particuliers.

De telles zones sont difficiles à reproduire ailleurs. Alors que les inventions ou les idées nouvelles spécifiques qui en émanent peuvent traverser le monde en quelques secondes, la formation cumulative et partagée qui est à la source de ces idées est beaucoup moins facile à transporter. D'autres nations peuvent, avec un succès variable, tenter de créer un Hollywood, un Wall Street, ou une Silicon Valley. Mais le faire exige plus que de l'argent. Chacune de ces zones représente un ensemble complexe d'institutions et de compétences qui évolue avec le temps. Trouver l'équilibre idéal n'est pas chose facile[1].

Ces zones servent de lieux de conception, de laboratoires de développement, de centres de courtage stratégique pour les opérations mondiales. Des plans, des projets, des images, des formules, des stratégies jaillissent de ces zones et entrent dans les réseaux mondiaux, où ils sont combinés à d'autres concepts venus d'autres zones de manipulation de symboles, et à d'autres objets standard fabriqués et assemblés partout dans le monde. Quoiqu'il soit, bien sûr, possible de résoudre, d'identifier de nouveaux problèmes et de pratiquer le courtage stratégique sans vivre dans une de ces zones, la proximité est utile. L'apprenti metteur en scène peut acquérir une idée suffisante sur la façon de faire un film à succès sans mettre le pied à Hollywood. Le fait est qu'en s'y installant, il peut apprendre beaucoup, et facilement.

Souvenez-vous que l'apprentissage par la pratique a une grande importance pour les manipulateurs de symboles. Grâce à l'enseignement formel, l'étudiant favorisé découvre les techniques et prend l'habitude de l'abstraction, de la pensée en termes de systèmes, de l'expérimentation, et du travail en équipes — autant de conditions préalables pour une vie créative de résolution et d'identification de problèmes et de courtage stratégique. Ensuite, il progresse par la pratique. Le fait de se mesurer à des problèmes produit des idées et des approches nouvelles, qui s'avéreront pertinentes face à des problèmes encore plus complexes ; et ainsi, l'apprentissage se construit lui-même. L'abstraction devient plus élaborée ; la pensée en termes de système s'étend et s'approfondit ; le répertoire de techniques expérimentales s'enrichit ; la capacité à travailler en équipes se renforce.

Rappelons-nous aussi l'importance de la communication rapide et informelle. Les problèmes complexes ne pouvant habituellement être structurés à l'avance, la mise en commun continue et souvent aléatoire des énigmes et des solutions révèle de nouvelles possibilités que personne n'aurait pu découvrir seul. Au sein des zones de manipulation de symboles, les idées nouvelles et les expériences sont largement partagées. Cette mise en commun s'étend au-delà des équipes de travail pour inclure les amis, les anciens associés, les connaissances. Elle se produit spontanément, pendant les déjeuners, les dîners, les pots, et les séances de gymnastique. C'est une caractéristique des conversations quotidiennes et continuelles sur qui fait quoi, qui découvre quoi, sur l'endroit où se situe l'action. Les informaticiens spécialisés dans les logiciels graphiques, qui travaillent et vivent dans la même « technobanlieue » de Boston, se chipent des astuces les uns aux autres en échangeant des histoires de guerres commerciales. C'est la même chose, de manière informelle et à toute heure, pour les scénaristes de Hollywood, les publicitaires de Madison Avenue, les lobbyistes de Washington, les opérateurs sur les marchés à terme de Chicago, les éditeurs de New York, etc. Quand quelqu'un a pour travail de réfléchir à des idées abstraites et de les communiquer, ce « travail » a lieu partout, et chaque fois qu'une idée est communiquée. C'est là que réside l'avantage créatif de la proximité.

2

CE N'EST pas le seul avantage. Le téléphone arabe permet un fonctionnement très efficace du marché de l'emploi. Grâce à lui tout le monde sait, dans la zone, qui est apte à faire quoi et où les compétences peuvent être utilisées. De cette manière, les courtiers stratèges peuvent facilement localiser les talents et les compétences exactement nécessaires pour identifier et résoudre des problèmes spécifiques : le producteur de disques qui s'est déjà occupé d'un orchestre mal soutenu et qui, en le choyant, lui a permis d'atteindre le succès ; l'avocat qui a mis au point un type de contrat analogue à celui requis et qui a conçu une nouvelle clause d'arbitrage ; l'ingénieur en logiciel qui a imaginé une manière simple de programmer une interface complexe pour un utilisateur de graphiques. Et c'est ainsi que les résolveurs et les identificateurs de problèmes peuvent découvrir de nouvelles manières d'appliquer, et donc de perfectionner, ce qu'ils savent.

Ici, le jeune manipulateur de symboles découvre des opportunités. La rumeur révèle qui a résolu ou identifié tel problème pour tel courtier-stratège et, plus révélateur, quelles sont les étoiles montantes et descendantes. Le scénariste en herbe va à Hollywood non pas à cause de la qualité de l'air, mais pour les occasions qu'il y trouvera d'apprendre son métier et de se créer les bonnes relations. Le discours contemporain qualifie ce phénomène, largement répandu dans les zones de manipulation de symboles, de « formation de réseaux » — c'est-à-dire les méthodes perfectionnées permettant de savoir ce qui se passe et en même temps de se faire connaître.

À l'intérieur de la zone, le manipulateur de symboles va d'un projet à l'autre, augmentant son expérience et sa compétence — d'un problème de logiciel à l'autre, d'un scénario à l'autre, d'une campagne de publicité à l'autre, d'une opération de restructuration financière à l'autre. Souvent, le projet suivant est entrepris avec l'équipe qui a travaillé sur le projet précédent, sous les auspices de la même firme. Le manipulateur de symboles peut rester pendant des années dans la même organisation, travaillant avec des équipes tirées du même pool de partenaires ou de salariés. Souvent, pourtant, la période sera plus courte. À l'extrême, le manipulateur de symboles travaillera en free-lance, sautant d'une firme à l'autre, et d'une équipe à l'autre, en fonction des différents projets qui l'attirent. Mais, même avec ces arrangements plus souples, les membres de l'équipe auront probablement déjà travaillé les uns avec les autres sur différents projets, pour le compte de différentes firmes. Quand des informaticiens et des spécialistes de marketing s'unissent pour créer un nouveau logiciel graphique sous les auspices d'une firme nouvelle, il peut se trouver parmi eux une grande partie des informaticiens et des spécialistes de marketing qui se sont attaqués à un autre projet de logiciel trois ans plus tôt pour une autre firme nouvelle.

En résumé, la zone de manipulation de symboles fonctionne comme une vaste organisation informelle ; les compétences de ses membres sont combinées d'une certaine façon pour des projets précis, et ensuite recombinés d'une façon différente pour d'autres projets. L'information circule rapidement à l'intérieur de cette organisation géographique souple. Les spécialistes des logiciels graphiques restent en contact informel, même quand ils ne travaillent pas ensemble. Ils partagent leurs jugements sur les firmes et les projets qui semblent les plus prometteurs et sur ceux qui vont vraisemblablement s'effondrer. Ils sont au courant dès qu'un courtier stratège a réussi à financer un nouveau projet, et quand un ingénieur en logiciel vedette a donné son accord pour y participer. Ils évaluent rapidement leurs chances de rejoindre la nouvelle équipe, et décident s'ils doivent tenter de le faire. Dans ce système hautement efficace mais informel, les capacités et les talents se dirigent là où ils peuvent ajouter le plus de valeur.

3

LA CONCENTRATION des manipulateurs de symboles dans ces zones comporte un autre avantage. Leur grand nombre dans un espace restreint crée un marché local pour toutes les catégories d'aides personnels et d'installations qui leur sont nécessaires. Ce n'est pas par hasard que Hollywood accueille un nombre très important de professeurs de diction, d'escrime, de danse, d'agents artistiques, et de fournisseurs d'équipements pour la photographie, le son et l'éclairage. À proximité se trouvent aussi des restaurants dont l'ambiance favorise les tentatives de séduction des réalisateurs par les producteurs, des scénaristes par les réalisateurs, et de quiconque à Hollywood cherche à séduire quelqu'un. Il existe des studios d'enregistrement disposant du matériel le plus moderne, des services de livraisons habitués à déplacer des accessoires délicats et de grande taille, des agences de location de voitures spécialisées dans les voitures classiques et anciennes aussi bien que dans les limousines clinquantes. À Des Moines, il est impossible de trouver ces services : la demande n'est pas suffisante. En outre, à Hollywood, l'offre de ces services crée une demande supplémentaire. Hollywood devient encore plus attirante pour les manipulateurs de symboles spécialisés dans les activités qui requièrent de tels services.

Il ne faut pas oublier non plus les équipements publics qui se trouvent dans les zones de manipulation de symboles ou à proximité : centres de congrès, centres de recherche, universités de très haut niveau, aéroports internationaux, et moyens de transport pratiques pour se rendre à la montagne ou à la mer. Le centre de congrès permet aux manipulateurs de symboles de se rencontrer en grand nombre pour des présentations, des expositions, et d'intenses sessions de formation de réseaux. Le centre de recherche, rendu aisément accessible, donne aux manipulateurs de symboles un espace approprié et souvent bon marché pour travailler les uns à côté des autres. L'université propose un choix important d'étudiants brillants et motivés, très heureux de travailler pour des salaires de départ faibles, avec l'espoir d'acquérir une expérience qui leur vaudra plus tard des rémunérations plus substantielles. L'aéroport international procure un accès direct au reste du monde. Les montagnes et les plages offrent un bon moyen de détente.

Ces équipements publics, en particulier l'université et l'aéroport, sont si importants que leur présence suffit à stimuler un effort collectif des manipulateurs de symboles, même dans un désert torride ou une toundra glacée. Une université de très haut niveau et un aéroport international combinent les éléments fondamentaux de la manipulation de symboles mondiale : les cerveaux, et l'accès rapide au reste du monde[2].

4

LES ZONES de manipulation de symboles évoluent. L'aiguillon initial peut être la présence d'un ensemble d'équipements publics et de quelques génies inventifs. Ce cadre prometteur attire quelques manipulateurs de symboles ; leur présence en attire d'autres. À mesure que le groupe qu'ils forment acquiert de l'expérience en matière de résolution et d'identification de problèmes, ils commencent à ajouter de la valeur aux réseaux d'entreprises mondiaux. Certains d'entre eux se séparent des autres pour créer leurs propres firmes, ou recombinent différemment leurs compétences pour s'attaquer à de nouveaux projets. Des courtiers-stratèges sont attirés par cette concentration croissante de compétences spécialisées ; ils amènent des problèmes encore plus complexes qui, à leur tour, développent les capacités de ceux qui s'en chargent. À mesure que davantage de valeur est ajoutée aux réseaux d'entreprises mondiaux, la zone commence à acquérir une réputation internationale, pour les compétences et la perspicacité des manipulateurs de symboles qui y travaillent. Cette réputation attire de nouveaux talents venus de tout le pays, et même du monde entier. Pendant ce temps, des services spécialisés deviennent disponibles, rendant la zone encore plus attractive. Ce schéma, ou un schéma proche, a marqué l'évolution des centres internationaux américains de génie logiciel, de services financiers, d'édition, de musique et de cinéma, de radiotélévision, de publicité, de conseil en management, de conceptions de voitures, parmi beaucoup d'autres.

Un tel schéma d'évolution peut s'interrompre, bien sûr. De nombreuses zones de manipulation de symboles naissantes n'ont pas réussi à s'épanouir en centres mondiaux. Le problème est que, quand il réussit, le processus est graduel, complexe, et dépend d'un grand nombre d'interactions publiques et privées. D'où la difficulté de reproduire de tels nœuds à partir de rien dans d'autres lieux à travers le monde.

Même si une zone devient un centre mondial, il n'est pas du tout certain qu'elle le demeurera. Le succès peut, de fait, contribuer au déclin ultérieur. La zone peut devenir trop encombrée, trop polluée ou trop chère pour continuer à attirer les jeunes manipulateurs de symboles talentueux. C'est sur ces éléments que s'appuient les prédictions perpétuelles sur la disparition imminente de Hollywood, de Silicon Valley ou du centre de Manhattan. Et l'intensité et la vitesse mêmes de la communication à l'intérieur de la zone la mettent en péril. L'énergie des manipulateurs de symboles peut être facilement détournée de l'innovation constante vers la soumission à la mode dominante ; les discussions peuvent servir moins de source de données utiles que de moyen de vaincre l'autre en le trahissant. Au sein de ces communautés si resserrées, il n'est pas rare d'entendre dire que des secrets commerciaux ont été dévoilés, que des tuyaux boursiers ont été échangés entre initiés, que des salariés fidèles sont allés chez un concurrent, emmenant avec eux les clients. De tels départs provoquent des procès, si ce n'est pire. Les centres de manipulation de symboles sont assez fréquemment la scène de réclamations et contre-réclamations violentes, de récriminations, de reproches et de querelles qui semblent sans fin. Cellesci, à leur tour, nourrissent les potins locaux, mais elles n'entretiennent pas un climat de confiance.

Malgré ces tendances à la régression, les zones de manipulation de symboles américaines restent, dans leur majorité, merveilleusement résistantes. À l'intérieur, les manipulateurs de symboles américains continuent à améliorer leur maîtrise de la résolution et de l'identification de problèmes, et du courtage stratégique. La concurrence des manipulateurs de symboles étrangers s'intensifie, bien sûr. Mais sans accès direct à ces vastes communautés d'apprentissage dynamique, les non-Américains partent avec un handicap très lourd.

Quatrième partie

La signification de l'idée de nation

18
Le problème reposé

DANS la vie d'une nation, peu d'idées sont aussi dangereuses que les solutions justes à des problèmes mal posés. Les propositions pour améliorer la capacité des firmes américaines à faire des profits sont maintenant légion, de même que les remèdes pour tous les maux de l'industrie américaine. Les hommes politiques et les experts parlent de manière vague de « restaurer » ou de « faire redémarrer » les affaires, comme s'ils évoquaient une vieille voiture en panne, toute détraquée, et qui a besoin d'un réglage complet. D'autres proposent des plans pour que les États-Unis retrouvent leur mordant compétitif, ou pour revitaliser l'économie américaine. La plupart de ces idées sont sensées. Certaines sont stupides. Mais toutes souffrent d'une notion périmée de ce qu'il faut restaurer, faire redémarrer, regagner, ou revitaliser. Elles prennent comme objet une économie américaine centrée sur un noyau de grandes firmes comprenant les principaux secteurs d'activité, en d'autres termes l'économie américaine du milieu du siècle, qui régnait sans difficulté sur le commerce mondial réduit de cette époque. Mais, comme nous l'avons vu, cette image n'a qu'une très vague ressemblance avec l'économie mondiale de la fin du siècle, dans laquelle l'argent et l'information circulent presque sans effort à travers les réseaux mondiaux d'entreprises. Bientôt, il n'y aura plus de firmes américaines ou d'industrie américaine. L'économie américaine n'est plus qu'une région de l'économie mondiale, quoiqu'une région encore relativement riche. Quand on analyse les choses de cette manière, il devient clair que toutes les entités que certains souhaitent revitaliser sont en route vers une extinction rapide.

Cette nouvelle réalité est déjà venue à l'esprit des responsables des politiques fiscale et monétaire nationales dans des avant-postes comme Washington, Tokyo ou Bonn. Ils ont appris que la politique macroéconomique ne pouvait être mise en œuvre unilatéralement, sans prendre en compte les mouvements de capitaux à travers les frontières. La direction en commun est essentielle, simplement parce qu'il n'y a plus d'économies séparées à diriger. Si les taux d'intérêt s'élèvent en Allemagne, des capitaux se dirigeront vers ce pays en provenance des États-Unis et du Japon, à moins bien sûr que ces deux pays n'augmentent eux aussi leurs taux d'intérêt. Les dirigeants d'Amérique latine ont de la même façon appris que les capitaux pouvaient s'envoler instantanément vers des régions plus stables de la planète, où ils rapporteront des revenus plus élevés et plus prévisibles, déjouant ainsi tous les efforts pour réduire la dette extérieure. Et les leaders de l'Europe de l'Est, de la Chine et de l'Arkansas, parmi beaucoup d'autres, s'adaptent au fait inéluctable que les capitalistes viendront chez eux non pas sur une impulsion désintéressée, mais seulement pour faire des profits ; c'est pourquoi les dirigeants de ces pays cherchent à leur offrir une hospitalité aussi rémunératrice que possible.

Cette transformation a aussi des effets sur ce que font les gens, et sur ce que leur travail leur rapporte. Ces conséquences ont été moins bien comprises. Le succès économique d'une nation (ou plus précisément de ce qui n'est plus qu'une région de l'économie mondiale nommée d'après ses frontières politiques) ne doit pas être jugé en fonction de la capacité de ses firmes à faire des profits et à accroître leurs parts de marché ; il doit être apprécié en dernier ressort sur le niveau de vie que ses citoyens peuvent atteindre et sur la possibilité de le conserver et de l'améliorer dans le futur.

Le niveau de vie inclut, bien sûr, plus que le niveau de confort matériel qu'apportent les biens et les services susceptibles d'être achetés. De l'air pur, une eau propre, la sécurité personnelle, un cadre de vie plaisant sont des aspects de la vie auxquels les individus attentifs accordent une importance considérable, bien que certaines personnes, et certaines civilisations, puissent vouloir plus que d'autres sacrifier de tels biens intangibles contre des biens plus matériels. Ceci est particulièrement vrai si l'alternative est la famine. C'est pourquoi, le plus souvent, les deux domaines du bien-être vont de pair. Les plus pauvres, auxquels manque le strict nécessaire, souffrent aussi, souvent, d'un environnement sordide et dangereux.

Les riches, qui possèdent un surcroît de gadgets matériels, bénéficient aussi des cadres de vie les plus agréables et les plus sûrs.

De manière croissante, la capacité de chacun de disposer d'une richesse à la fois matérielle et immatérielle est déterminée par la valeur que l'économie mondiale accorde à ses compétences et à sa perspicacité. L'omniprésente et irrésistible loi de l'offre et de la demande ne respecte plus les frontières nationales. Dans la nouvelle économie mondiale, les manipulateurs de symboles occupent une position dominante. Les manipulateurs de symboles américains sont particulièrement avantagés. La qualité des universités du pays n'a pas d'égale ; ses meilleures écoles primaires et secondaires sont parmi les plus éminentes du monde ; aucune autre nation n'offre un perfectionnement par la pratique d'une telle qualité, à l'intérieur de zones entières spécialisées dans une sorte ou une autre d'analyse symbolique. De cela, les Américains peuvent être fiers.

Pour les autres catégories principales de travailleurs, la loi de l'offre et de la demande ne laisse rien présager de bon. Les travailleurs routiniers sont confrontés à un réservoir de travailleurs non qualifiés ou peu qualifiés immense et rapidement croissant, dans le monde entier ; ils voient leur revenu s'écrouler et leurs emplois disparaître. Les aides personnels, quoique largement protégés contre cette concurrence directe, en subissent les effets indirects et se trouvent dans une situation de plus en plus précaire. La réduction du réservoir de main-d'œuvre à l'intérieur des États-Unis peut limiter dans une certaine mesure leurs difficultés dans l'avenir, mais une grande partie de cet avantage sera supprimée par la concurrence des travailleurs qui autrement seraient entrés dans la production courante, celle des immigrants, et celle des machines qui économisent le travail. C'est surtout à cause de ces tendances que les revenus des Américains ont commencé à diverger (il en est d'ailleurs de même dans un grand nombre d'autres nations). D'où le défi : comment améliorer le niveau de vie de la majorité des Américains appartenant aux deux dernières catégories, qui perdent du terrain dans l'économie mondiale ?

2

LE PROBLÈME est loin d'être insoluble. En fait, l'éventail des solutions possibles est bien connu. Trouver la volonté politique de les mettre en œuvre est un défi bien plus considérable.

Une première réponse est de compenser les tendances à la polarisation de la nouvelle économie mondiale par un impôt sur le revenu réellement progressif, et une suppression des échappatoires fiscales les plus béantes. (Un trou, suffisamment large pour laisser passer une dynastie familiale complète, résulte du fait que la loi actuelle ne taxe pas, au moment des successions, les gains en capital non réalisés ; les enfants peuvent ainsi hériter d'actifs dont la valeur a gonflé durant la vie de leurs parents, sans avoir jamais à payer d'impôts sur ces gains. Un autre trou : les déductions liées aux intérêts payés sur des prêts pour l'achat d'un logement, suffisamment importantes pour financer un palais. Un troisième : des impôts sur les logements et les cadeaux qui sont faibles et faciles à contourner.)

Il fut un temps dans l'histoire de notre pays où l'idée d'un impôt progressif n'était pas considérée comme particulièrement extrémiste. En 1917, au moment de notre entrée dans la Première Guerre mondiale, Woodrow Wilson proposa un code des impôts extrêmement progressif que le Congrès vota ; le taux maximal d'imposition sur les revenus individuels était de 83 %. Ce taux déclina fortement pendant les années vingt mais, en 1935, il était revenu à 79 %, couplé en outre à un impôt sur les successions. Il y avait alors bien sûr des échappatoires, mais le taux effectif pour les contribuables américains les plus riches était de l'ordre de 50 %. Quand Franklin Roosevelt dit qu'aucun Américain ne devait pouvoir garder plus de 25 000 dollars de ce qu'il gagnait (l'équivalent d'environ 200 000 dollars de 1990), personne ne l'accusa d'avoir perdu la raison, ni de renoncer à tout avenir politique. Graduellement, pourtant, la progressivité de l'impôt fut grignotée par des échappatoires supplémentaires, par des exemptions nouvelles et par le glissement des tranches provoqué par l'inflation (qui poussa progressivement les salariés mal payés vers les tranches d'imposition supérieures). Elle disparut finalement presqu'entièrement après les « réformes » de la fin des années soixante-dix et des années quatre-vingt. Pendant ce temps, les cotisations sociales grimpaient peu à peu, tout comme les impôts locaux, les impôts fonciers, les droits d'usage, et le recours aux jeux de hasard, toutes sources de financement qui taxaient davantage les salaires des pauvres que les revenus des riches.

Aujourd'hui, l'idéal de la progressivité de l'impôt semble quelque peu archaïque aux États-Unis, bien que plusieurs grandes autres nations industrialisées continuent à le considérer comme une méthode saine pour modérer les inégalités de revenus. En 1990, le taux de l'impôt sur le revenu des citoyens les plus riches est plus faible aux États-Unis que dans n'importe quelle autre nation industrialisée[1]. Un impôt sur le revenu plus progressif ne serait pas, bien entendu, un remède universel contre l'accroissement des inégalités de revenus qui prend ses racines dans la nouvelle division internationale du travail, mais il infléchirait au moins la tendance. Nous sommes emportés dans la direction exactement opposée par une stratégie contraire, qui s'appuie sur un taux marginal d'impôt faible sur les revenus les plus élevés et un recours croissant aux cotisations sociales, aux impôts indirects, aux droits d'usage, aux taxes foncières et aux jeux de hasard.

Une seconde réponse pour limiter le fossé croissant entre Américains est une protection contre les rigidités de classe. Dans ce but, il faut assurer à n'importe quel enfant américain raisonnablement talentueux la possibilité de devenir un manipulateur de symboles, quel que soit le revenu de ses parents ou sa race. Nous voyons là le bon côté de l'économie mondialisée. À l'inverse de l'ancienne économie américaine hiérarchisée et relativement isolée, dont les emplois de cols blancs étaient nécessairement limités en proportion du nombre de cols bleus en dessous d'eux, l'économie mondiale n'impose pas de limite particulière au nombre d'Américains susceptibles de vendre des services de manipulation de symboles dans le monde entier. En principe, tous les travailleurs routiniers américains pourraient devenir des manipulateurs de symboles et laisser leurs anciens emplois dériver vers les pays en développement. La demande mondiale pour les manipulateurs de symboles croît si vivement que, même dans ce cas, les salaires réels continueront à augmenter régulièrement.

En pratique, bien sûr, transformer la majorité de la population active américaine en manipulateurs de symboles serait une tâche désespérément lourde. Elle exigerait une intervention précoce, pour assurer que les jeunes enfants soient bien nourris et en bonne santé, et pour leur faire suivre des programmes préscolaires stimulants. Et même le plus doué de ces enfants ne pourrait aspirer à de tels emplois si la nation ne mettait pas en place des écoles d'excellente qualité dans chaque ville et chaque région, et n'apportait un soutien financier important aux jeunes qui veulent faire des études supérieures. De plus, la formation d'un vaste réservoir de manipulateurs de symboles à l'intérieur de la nation exige des investissements supplémentaires substantiels dans les universités, les centres de recherche, les aéroports, et les autres équipements favorables au travail des manipulateurs de symboles. Enfin, pour garantir aux manipulateurs de symboles américains une formation par la pratique suffisante, les pouvoirs publics devront pousser les entreprises mondiales (quelle que soit leur nationalité putative), à passer avec des Américains des contrats comportant l'identification et la résolution de problèmes complexes. Aussi invraisemblablement ambitieuses que ces initiatives puissent paraître, beaucoup d'autres pays sont en train de les mettre en œuvre : le Japon, la Corée du Sud, Singapour et plusieurs nations d'Europe Occidentale se sont lancés dans des programmes vigoureux d'éducation, de recherche, de développement des infrastructures, de formation par la pratique, ayant tous pour but d'agrandir leur réservoir de manipulateurs de symboles.

3

MÊME si ces conditions assez optimistes se réalisent, il est douteux que croisse de manière radicale le nombre d'Américains qui deviendront chercheurs, ingénieurs, consultants en management, spécialistes de la publicité et du marketing, producteurs de films, réalisateurs, éditeurs, ingénieurs en logiciels, écrivains, architectes, et — quand bien même le monde aurait vraiment besoin d'eux — conseillers financiers et avocats. C'est pourquoi d'autres réponses sont indispensables. L'une d'elles est d'accroître le nombre d'Américains en mesure d'appliquer la manipulation de symboles à la production et aux services personnels. Il y a bien des raisons de penser que, par exemple, l'accès à l'information stockée sur ordinateur peut enrichir les travaux de production. Elle donne en effet aux ouvriers la possibilité de modifier le flot de matières premières et de composants de manière à engendrer de nouvelles efficacités. Les travailleurs routiniers armés d'ordinateurs ont ainsi des responsabilités plus larges, et un contrôle plus important sur l'organisation de la production. Ils cessent d'être des travailleurs « routiniers », devenant, en fait, des manipulateurs de symboles placés à un niveau très proche du processus de production[2].

Bien sûr, des millions d'autres travailleurs routiniers de par le monde cherchent à apprendre les mêmes techniques avancées de production ; les travailleurs routiniers américains affronteront donc quand même la concurrence redoutable d'étrangers prêts à se contenter d'une petite fraction du salaire minimum américain. Une formation supplémentaire peut retarder la perte de ces emplois de production, ou la baisse des salaires réels ; mais elle ne résoudra pas tous les problèmes rencontrés par les travailleurs non qualifiés ou semi-qualifiés américains en concurrence avec le monde entier.

Une transformation similaire dans les emplois de services personnels aurait un effet plus durable. Considérons par exemple l'employée qui, avec son ordinateur, surveille les stocks et décide du moment où elle doit passer des commandes à l'usine. Au lieu de la remplacer, l'ordinateur l'autorise à prendre davantage de responsabilités, et de ce fait à ajouter davantage de valeur à l'entreprise. Le nombre de ces emplois dont l'efficacité est renforcée par la technologie n'est limité que par la capacité des aides personnels à apprendre par la pratique. Ceci signifie qu'un nombre beaucoup plus grand d'Américains auront besoin de connaissances de base solides en mathématiques et en sciences fondamentales, et devront apprendre à mieux lire et à mieux communiquer. Ainsi, là encore, la population active américaine s'insérera dans de bonnes conditions dans la nouvelle économie mondiale si elle reçoit l'enseignement et la formation nécessaires, ainsi qu'une alimentation et des soins de santé suffisants pour lui permettre de suivre cette formation[3].

Dernier point, mais non le moins important, les problèmes des victimes permanentes de la pauvreté, auxquelles manquent les éléments indispensables pour devenir des membres indépendants et productifs de la société. Il n'est pas de remède facile à cette situation, mais quatre conclusions utiles au moins peuvent être tirées du flot d'études qui ont été effectuées à leur sujet. Tout d'abord, la plupart des programmes de formation au travail dirigés vers ce groupe sont efficaces, au sens limité où ceux qui les ont suivis jusqu'au bout ont plus de chances de trouver un emploi que les bénéficiaires d'aide sociale qui ne l'ont pas fait. Ensuite, les mères seules pauvres ont beaucoup plus de chances de terminer un programme de formation et d'obtenir un emploi convenablement payé si elles peuvent faire garder leurs enfants pendant qu'elles suivent la formation. Troisièmement, avant qu'ils puissent trouver un emploi satisfaisant, la plupart de ces pauvres ont besoin de cours de remise à niveau en lecture, écriture et mathématiques. Enfin, les enfants pauvres ont une bien meilleure scolarité, et ont plus de chances de trouver un emploi plus tard, s'ils suivent un programme préscolaire intensif avant d'entrer à la maternelle[4]. Pour beaucoup de ces membres moins favorisés de la société, il n'est pas au-delà de leurs, et de nos, capacités de vivre des vies pleines et productives.

4

AVEC ce catalogue abrégé des moyens d'améliorer la situation difficile des citoyens américains vulnérables dans l'économie mondiale, je n'ai pas voulu établir un guide définitif, mais plutôt suggérer les domaines dans lesquels des solutions peuvent être trouvées. Je ne cherche pas à minimiser les difficultés de mise au point et d'exécution effectives de ces remèdes, mais seulement à montrer qu'ils ne sont ni mystérieux, ni hors de notre portée. La difficulté fondamentale n'est pas d'imaginer des solutions et les moyens de les mettre en œuvre. Le plus grand défi est de mobiliser la détermination politique nécessaire pour passer aux actes. Il sera coûteux de donner à tous les Américains une formation, des soins médicaux, des infrastructures de bonne qualité.

Le lecteur peut objecter à juste titre que « plus d'argent » n'est pas la solution. Il est clair que ce n'est pas toute la solution. Les méthodes d'enseignement et de formation, de distribution des soins médicaux, de construction et de maintien en état des infrastructures peuvent certainement être améliorées. Mais, bien que l'argent ne soit pas suffisant, c'est un élément indispensable, et l'hypothèse commode selon laquelle de l'argent a déjà été généreusement consacré à ces objectifs est fausse, comme je le montrerai en plus grand détail dans le chapitre qui suit.

S'il faut des dépenses supplémentaires, qui paiera ? La majorité des Américains qui travaillent supporte déjà une lourde charge fiscale et n'a pas les moyens d'assumer le fardeau supplémentaire d'un niveau de dépenses publiques plus élevés. Ce fardeau doit être assumé par le seul groupe dont les revenus augmentent, les manipulateurs de symboles. Bien sûr, ceux-ci supporteront aussi le coût de tous les changements dans le Code des impôts destinés à redistribuer les revenus, et ainsi à réduire les effets domestiques de polarisation liés à la mondialisation de l'économie.

La question centrale est donc de savoir jusqu'à quel point les citoyens américains privilégiés voudront supporter ces fardeaux. La question se pose particulièrement pour les manipulateurs de symboles qui, avec environ la moitié des revenus de la nation, constituent la plus grande part du cinquième le plus riche de la population. Ici réside un paradoxe : en même temps que les destins économiques des Américains divergent, ceux qui sont au sommet perdent le sens ancien du lien avec le cinquième inférieur, ou même avec les quatre cinquièmes inférieurs, qui pourrait motiver une telle générosité.

Il y a quelque ironie à le constater, alors que le reste de la nation est plus dépendant que jamais du cinquième le plus favorisé, ce cinquième en est de moins en moins dépendant. L'interdépendance économique que Tocqueville avait observée dans l'Amérique du XIXe siècle se dissipe sans bruit. De manière croissante, le cinquième privilégié vend son expertise sur le marché mondial, et se trouve en mesure de maintenir et d'accroître son niveau de vie et celui de ses enfants, alors que celui des autres Américains décline. Son bien-être ne dépend plus exclusivement ou principalement de la productivité des quatre autres cinquièmes de la population, de leur pouvoir d'achat ou des contraintes sur leurs salaires. L'ingénieur en logiciel américain, lié à son réseau mondial par des ordinateurs, des modems, des fax, est plus dépendant d'ingénieurs de Kuala Lumpur, de fabricants de Taiwan, de banquiers de Tokyo et de Bonn, et de spécialistes des ventes et du marketing de Paris et de Milan que de travailleurs routiniers exerçant leur activité dans une usine située de l'autre côté de la ville.

Pourtant, sans le soutien de ce cinquième favorisé, il sera presque impossible de rassembler les ressources et la volonté politique nécessaires pour faire changer les choses. Je vais maintenant me tourner vers ce problème.

19
Le déclin de l'investissement public

L'HISTOIRE est pleine d'exemples d'individus cherchant à rompre des alliances passées avec d'autres individus. Au XIXe siècle, les États du Sud voulurent quitter l'Union. Des siècles auparavant, Martin Luther dirigea une sécession au sein de la Chrétienté. Staten Island voudrait se séparer de New York. La sécession est également courante chez les ingénieurs de haut niveau, les conseillers financiers et les avocats, qui abandonnent leurs associés pour créer leurs propres sociétés. Beaucoup de femmes qui travaillent ont aujourd'hui les moyens financiers de rompre des mariages malheureux et peu gratifiants. Les raisons de ces séparations varient, mais quand un motif économique intervient, c'est habituellement parce que ceux qui partent pensent qu'ils s'en sortiront mieux par eux-mêmes. L'union est inutilement coûteuse et contraignante, et les transfuges ne souhaitent pas subventionner des partenaires qui ne remplissent pas suffisamment leur rôle.

La sécession n'est pas forcément explicite. Elle ne nécessite pas une déclaration de guerre, ni même la révocation formelle d'un contrat. Elle peut survenir dans le calme, presque imperceptiblement, comme dans un mariage dont les conjoints deviennent peu à peu étrangers l'un à l'autre. Un jour, les joueurs se réveillent dans une nouvelle réalité. Ils découvrent qu'ils ne font plus partie de la même équipe.

Quelque chose de ce genre est en train de se produire aux États-Unis. Les manipulateurs de symboles américains se séparent du reste de la nation. Cette sécession prend de nombreuses formes, mais elle s'appuie sur la même réalité économique en train d'émerger. Ce groupe d'Américains ne dépend plus, comme par le passé, des performances économiques des autres Américains. Les manipulateurs de symboles sont, à la place, liés aux réseaux mondiaux d'entreprises, auxquels ils ajoutent directement de la valeur.

La sécession se produit graduellement, sans fanfare. Pour de nombreux manipulateurs de symboles (y compris moi, et beaucoup de mes lecteurs), elle a pris place sans perception ou intention conscientes. Les manipulateurs de symboles sont aussi sincères et résolus qu'auparavant quand ils promettent allégeance à la nation. Pourtant, les nouvelles sources mondiales de leur bien-être économique ont subtilement modifié la façon dont ils comprennent leur rôle économique et leurs responsabilités dans la société.

2

UNE FORME de sécession a déjà été évoquée : le fardeau fiscal a été allégé pour les manipulateurs de symboles et alourdi pour les Américains ayant les revenus les plus faibles (en incluant dans le fardeau fiscal les cotisations sociales, les taxes sur les ventes, les droits d'usages, les taxes foncières et les loteries). En même temps, les fonds publics ont été réduits pour les programmes qui pourraient rendre plus productifs les quatre cinquièmes de la population les moins riches, en accroissant leurs compétences et en les aidant à se déplacer et à transporter leurs produits sur les lieux de vente.

Les deux phénomènes — le transfert d'une partie du fardeau fiscal des plus riches vers les plus pauvres, et la diminution des fonds publics — sont, bien sûr, liés entre eux. En effet, les Américains les plus pauvres n'ont pas les moyens de payer davantage d'impôts pour financer les programmes publics, même si ceux-ci devaient améliorer leurs revenus à long terme. La révolte des contribuables américains qui ont des revenus moyens ou faibles, et dont les ressources réelles ont lentement décliné, ne se produira pas tant que le fardeau fiscal ne sera pas déplacé plus encore dans leur direction.

Dans les premières années de l'après-guerre, les dépenses publiques pour l'éducation, la formation, les routes, et les autres « améliorations collectives » étaient justifiées auprès des plus fortunés en montrant leurs effets salutaires sur la nation dans son ensemble. La logique de Tocqueville de « l'intérêt individuel bien compris » se cachait derrière beaucoup d'initiatives de cette époque. Mais, dans les années plus récentes, les manipulateurs de symboles devenant moins dépendants des autres Américains, la justification traditionnelle a apparemment perdu de son pouvoir.

Considérons les infrastructures. La majorité des manipulateurs de symboles transmettent leurs idées par la voie des airs via des systèmes de télécommunications privés, et se déplacent eux-mêmes par air via des lignes aériennes privées. La plupart des autres travailleurs comptent principalement sur les routes, les ponts, les ports, les trains, les bus, les métros publics pour ajouter de la valeur économique. Pourtant, aux États-Unis, les dépenses pour entretenir et améliorer ces équipements ont décliné régulièrement. Dans les années cinquante, la nation s'était engagée dans la construction d'un système de transports moderne. Les infrastructures absorbaient alors chaque année plus de 6 % du budget fédéral civil, soit un peu moins de 4 % du produit national brut. Cette part a été maintenue pendant la plus grande partie des années soixante. Les dépenses publiques pour le système de transports ont ensuite diminué dans les années soixante-dix, et diminué encore plus fortement dans les années quatre-vingt ; la nation ne dépense plus que 1,2 % de son budget civil (environ 3 % du produit national brut) à construire et à entretenir ses infrastructures. D'où le spectre de l'écroulement des ponts et de l'effondrement des routes. En 1989, le ministère américain des Transports estimait qu'il faudrait 50 milliards de dollars rien que pour remettre en état les 240 000 ponts du pays, et 315 milliards de dollars pour remettre en état les routes. Les dépenses pour les nouvelles infrastructures ont chuté encore plus spectaculairement, de 2,3 % du PNB en 1963 à seulement 1 % en 1989[1].

Le désengagement du gouvernement fédéral a été particulièrement précipité. À la fin des années quatre-vingt, Washington investissait chaque année en infrastructures le même montant (en dollars constants) que trente ans plus tôt, alors que le produit national brut avait été multiplié par 2,5 dans l'intervalle. L'investissement en capital physique a chuté de 24 % du total des dépenses fédérales en 1960 à moins de 11 % en 1991[2]. Et la majeure partie de ce que le Gouvernement fédéral a financé dans les années récentes a été consacrée à des centres de conférences dans les centre-villes, à des bureaux, des centres de recherche, et à d'autres équipements utilisés principalement par les manipulateurs de symboles.

Les dépenses pour l'enseignement primaire et secondaire ont suivi la même évolution. De nombreux hommes politiques, les grands hommes d'affaires (et beaucoup de citoyens moyens) sont prompts à affirmer que la crise de l'enseignement public n'a aucun rapport avec un manque d'argent. Une des prémisses de leur affirmation est sans conteste correcte : il existe de nombreux moyens d'améliorer les écoles américaines sans dépenses supplémentaires. Transférer la responsabilité du contenu et de la forme de l'enseignement de la bureaucratie vers les professeurs et les parents en est un (ce transfert de responsabilité est analogue à celui opéré à l'intérieur des firmes des hiérarchies de la production standardisée vers les réseaux de la production personnalisée). Donner aux parents un peu de liberté pour choisir l'école où iront leurs enfants est un autre moyen (dans la mesure où les enfants les plus pauvres ne se retrouveront pas dans les écoles les moins bonnes, leurs parents étant les moins capables de, ou les moins motivés pour, faire des comparaisons). Mais affirmer que des réformes de ce type seront suffisantes c'est être rien moins que naïf. Il faut aussi plus d'argent, pour avoir des classes moins nombreuses et attirer des enseignants plus qualifiés[3].

En tenant compte de l'inflation, les dépenses publiques par élève, pour l'enseignement primaire et secondaire, se sont accrues depuis le milieu des années soixante-dix, mais pas beaucoup plus vite que durant les quinze années précédentes. Entre 1959 et le début des années soixante-dix, les dépenses annuelles par élève ont progressé au rythme vif de 4,7 % par an en termes réels, soit plus d'un point de pourcentage au-dessus de la croissance du produit national brut par habitant ; depuis 1975, la dépense annuelle par élève a continué à croître environ 1 % plus vite que le PNB par habitant. Mais il y a de nombreuses raisons de penser que les taux de croissance les plus récents sont insuffisants ; d'abord, la comparaison avec les dépenses des autres nations. À la fin des années quatre-vingt, les dépenses par élève étaient plus faibles aux États-Unis que dans huit autres pays, parmi lesquels la Suède, la Norvège, le Japon, le Danemark, l'Autriche, l'ex-Allemagne de l'Ouest, le Canada et la Suisse (en utilisant les taux de change de 1988[4]).

En mettant de côté les comparaisons internationales, les demandes concernant l'enseignement public aux États-Unis ont augmenté de manière significative durant les quinze dernières années, à cause du nombre croissant de foyers brisés, de familles monoparentales, d'immigrés (légaux et illégaux), d'enfants pauvres. Il y aussi le fait indéniable que les individus talentueux ne se dirigent plus aussi volontiers vers l'enseignement qu'il y a deux décennies. Les précédentes générations d'élèves américains ont bénéficié du fait que les femmes compétentes avaient des possibilités de carrière limitées en dehors de l'enseignement. À la fin des années quatre-vingt, cette contrainte a disparu. Les femmes (et les hommes) talentueux sont recherchés pour une grande variété d'emplois. La loi de l'offre et de la demande n'est pas abrogée à la porte des écoles : si l'on veut amener vers l'enseignement les individus talentueux, les rémunérations doivent être suffisamment attractives. Pourtant, le salaire moyen d'un enseignant n'est que de 4 % supérieur à ce qu'il était en 1970 (en tenant compte de l'inflation), à un moment où les choix de carrière étaient beaucoup plus limités.

Enfin, les chiffres moyens de dépenses par élève aux États-Unis cachent des disparités croissantes entre États et entre districts scolaires. Durant les années quatre-vingt, les aides fédérales à l'enseignement primaire et secondaire ont diminué d'un tiers. Les États et les communes ont payé la note, mais pour certains d'entre eux la charge a été particulièrement lourde. Bien que les dépenses par élève se soient accrues dans les États et les districts scolaires les plus riches, la plupart des États et districts les plus pauvres sont à peine capables de trouver les fonds nécessaires pour assurer ne serait-ce qu'un enseignement public de qualité minimale, alors qu'ils sont déjà aux prises avec les problèmes sociaux les plus insolubles. C'est un point important, sur lequel je reviendrai dans un chapitre ultérieur.

Pendant ce temps, tandis que les gardes d'enfants dans la journée, non imposables, sont désormais de rigueur pour les enfants des manipulateurs de symboles travaillant pour les firmes juridiques, les sociétés de conseils en management, et les banques d'investissement, les fonds publics pour l'enseignement préscolaire destiné aux enfants pauvres ont diminué de manière notable. En 1989, moins d'un cinquième des pauvres de trois à quatre ans ont pu participer au programme préscolaire Head Start, qui coûte environ 4 000 dollars par enfant ; ceux qui l'ont suivi ont plus de chance de terminer leurs études secondaires, de faire des études supérieures et de trouver un emploi que les enfants comparables qui ne l'ont pas suivi[5]. À l'inverse, parmi les enfants de trois à quatre ans dont les familles avaient des revenus supérieurs à 35 000 dollars par an, près de deux sur trois fréquentaient une maternelle en 1989[6]. (Au moment où j'écris ces lignes, l'administration Bush a proposé d'accroître les crédits pour permettre à la plupart des enfants pauvres de quatre ans de participer au programme Head Start. Cette initiative est bienvenue, mais malgré cette relance, le programme ne touchera qu'à peine plus d'un tiers des enfants potentiellement concernés[7].)

Du fait aussi des coupes budgétaires, de nombreux jeunes Américains ayant les capacités voulues ne reçoivent plus les dollars fédéraux qui leur étaient indispensables pour faire des études supérieures. Les frais de scolarité dans les universités publiques et privées ont augmenté en moyenne de 26 % dans les années quatre-vingt (inflation déduite), alors que les revenus des familles ayant des ressources inférieures à la moyenne ont décliné. Pourtant, au lieu de combler ce fossé croissant, les pouvoirs publics ont contribué à l'agrandir. Durant les années quatre-vingt, les prêts garantis aux étudiants ont diminué de 13 %, ce qui représente l'abandon d'un autre engagement.

En 1965, la nation avait décidé que tous les élèves capables de suivre des études supérieures devaient pouvoir le faire. Le Higher Education Act qui a résulté de cette décision mettait en place un système de bourses et de prêts garantis pour les étudiants ayant de faibles revenus. La part des étudiants issus de familles dont les revenus étaient inférieurs au revenu médian est passée ainsi de 22 % à 26 %. Mais, en 1988, les bourses et les prêts garantis s'asséchant, la proportion des étudiants ayant des revenus faibles est retombée au-dessous de 20 %[8]. Pour la première fois dans l'histoire de la nation, la part des jeunes fréquentant l'université a commencé à décliner. Les hommes ayant entre 25 et 34 ans ont moins de chances d'avoir fait quatre ans d'études supérieures que les baby-boomers venus juste avant eux. Les coûts élevés de l'enseignement ont contribué à les pousser hors de l'université[9].

Entre temps, les fonds publics consacrés à la formation initiale et permanente des ouvriers ont chuté de près de 50 % durant les années quatre-vingt, passant de 13,2 à 5,6 milliards de dollars[10]. La formation sur fonds privés, dont les firmes américaines peuvent déduire les coûts de leurs bénéfices imposables, compense à peine la différence. Elles affirment qu'elles dépensent quelque 30 milliards de dollars pour la formation de leurs salariés, mais ces fonds sont principalement utilisés pour ce qui est appelé, par euphémisme, « formation des cadres »[11]. Une telle formation est réservée aux salariés les plus zélés (et déjà de valeur). Les salariés ayant un diplôme d'études supérieures ont 50 % de chances de plus de recevoir une formation que ceux qui n'ont pas dépassé les études secondaires ; dans les secteurs de haute technologie, les salariés ayant un diplôme du troisième cycle ont deux fois plus de chances de recevoir une formation que les simples diplômés du second cycle[12]. Ainsi, la formation bénéficie typiquement à ceux qui en ont le moins besoin.

3

Si les États-Unis ne peuvent investir davantage dans les infrastructures, l'enseignement et la formation, c'est, officiellement, parce qu'ils n'en ont pas les moyens. Dans son discours d'inauguration de 1989, George Bush notait avec regret : « Nous avons plus de volonté que d'argent dans notre portefeuille », une jérémiade fréquente. Mais seule une politesse excessive empêche de demander : la volonté de qui ? Le portefeuille de qui ? Même si les crédits nécessaires ne peuvent être pris sur d'autres postes du budget fédéral — une hypothèse à coup sûr héroïque étant donné le nombre de bombardiers B-1 et d'autres engins créés pour nous défendre contre des communistes qui n'existent plus (en tant que tels) — l'affirmation selon laquelle les États-Unis ne peuvent dépenser plus pour la productivité de tous leurs citoyens reste curieuse.

En 1989, les Américains avaient environ 3 500 milliards de dollars à dépenser, après avoir payé leurs impôts. Les quatre cinquièmes les moins riches de la population disposaient d'un peu moins de la moitié de cette somme (environ 1 745 milliards de dollars), ce qui ne leur permettait pas de consommer plus que dix ans auparavant ; leurs ceintures étaient aussi serrées qu'à cette époque[13]. Le cinquième supérieur de la population, formé principalement de manipulateurs de symboles, recevait le reste (environ 1 755 milliards de dollars), plus que l'ensemble des quatre autres cinquièmes de la population. En conséquence, les manipulateurs de symboles ont considérablement desserré leurs ceintures. Rappelez-vous que leurs revenus ont augmenté, en moyenne, de 2 % à 3 % par an, inflation déduite (et pour le dixième de la population le plus riche encore plus vite), au moment même où les revenus des autres Américains stagnaient ou déclinaient.

Le salarié américain moyen peut à juste titre considérer que les impôts lui prennent une part accrue de ses revenus (en incluant les cotisations sociales, les taxes sur les ventes et les taxes foncières) ; pourtant, le poids de la fiscalité sur l'ensemble des Américains n'a pas augmenté depuis le milieu des années soixante. Les recettes fiscales s'élevaient à 31,1 % du produit national brut en 1969, 31,1 % en 1979, et 32 % en 1989. Simplement, la charge s'est en partie déplacée des Américains les plus riches vers les Américains relativement pauvres.

Si le Code des impôts était resté aussi progressif qu'il l'était encore en 1977, les manipulateurs de symboles auraient payé environ 93 milliards de dollars de plus que ce qu'ils ont effectivement versé en 1989[14]. Entre 1990 et 2000, ils auraient contribué de 1 000 milliards de dollars en plus. Si on ajoute à cette jolie somme l'argent non dépensé pour le matériel militaire et l'entretien d'une armée nombreuse[15], on atteint un total de près de 2 000 milliards de dollars, un acompte significatif sur la productivité du reste de la population[16].

Au moment où j'écris, il ne me semble pas qu'un vaste mouvement souterrain se développe parmi les principaux dirigeants d'entreprise et parmi les hommes politiques en faveur d'un accroissement des impôts sur le cinquième le plus riche de la population. Le compromis budgétaire de 1990 représente bien un petit retour vers la progressivité, mais pas un changement d'attitude substantiel. Et, de fait, l'Administration au pouvoir à Washington a cherché au contraire à réduire les taux d'imposition sur les plus-values en capital. Pour justifier l'abaissement des taxes fédérales sur les investisseurs les plus riches (qui détiennent la majorité des actifs financiers), elle affirmait qu'ils seraient ainsi encouragés à placer leur épargne dans de nouvelles entreprises. Des individus résolument égoïstes et amateurs de profits stimuleront, pense-t-on, l'économie américaine. Grâce à l'effondrement du communisme, et à la difficulté qui en résulte de trouver des ennemis dangereux contre lesquels nous devrions nous armer, nous pourrons réaliser de substantielles économies budgétaires ; mais l'Administration (en coopération avec une coterie d'économistes, de lobbyistes travaillant pour le monde des affaires, et des experts conservateurs) a indiqué qu'elle était déterminée à utiliser ces économies pour diminuer encore les impôts et pour réduire le déficit du budget fédéral plutôt que pour accroître les investissements publics dans l'enseignement, la formation, et les infrastructures. La logique justifiant ces positions (si logique est le terme approprié) mérite un examen complémentaire.

20
Les usages d'une vision périmée

> Par l'effet de l'heureux coup de main donné par une imagination pleine de préjugés, le commun des mortels se met à croire qu'il détient une sorte de part métaphysique dans les gains qui reviennent aux hommes d'affaires citoyens de la même « communauté ».
>
> THORSTEIN VEBLEN,
> *The Theory of Business Enterprise* (1904)

LES IMPÔTS sur les riches doivent être abaissés, les dépenses publiques restreintes, et les déficits gouvernementaux réduits. Dans la dernière décennie du siècle, ces propositions sont tellement en vogue qu'elles sont presque devenues des articles de foi pour de nombreux hommes politiques aux États-Unis et ailleurs. Elles sont généralement justifiées par la vision périmée de l'économie dont nous avons déjà parlé. Elles ont comme prémisses la notion fausse qu'un capital national distinct est crucial pour la future richesse de la nation.

Selon cette vue traditionnelle, toute l'activité économique nationale est répartie entre un secteur public et un secteur privé. Le secteur public dépense de l'argent, alors que le secteur privé en gagne et investit. Les investisseurs privés financent la recherche-développement, les usines, les équipements, qui permettent à la nation d'atteindre un niveau de vie plus élevé. Tout le reste est supposé être de la consommation. De cette description simplifiée est tirée une exhortation, énoncée avec une inquiétude toujours plus grande : les dépenses du secteur public doivent être restreintes pour éviter qu'elles n'« évincent » l'investissement privé, et ne diminuent de ce fait la capacité de la nation à gagner ce qu'elle dépense. (La comptabilité nationale américaine contribue à perpétuer ces visions simplifiées en classant toute l'activité du secteur public en dépenses, et non en investissement.) À son tour, l'investissement est considéré principalement comme le domaine des riches, qui, à l'inverse des pauvres, gagnent suffisamment pour pouvoir choisir d'investir au lieu de consommer, ou après avoir consommé. Les riches doivent, bien entendu, être convenablement motivés pour faire ce choix bénéfique : il faut donc alléger la fiscalité qui pèse sur eux.

2

CETTE DESCRIPTION n'a bien entendu jamais été parfaitement exacte. Même il y a cent ans, aux États-Unis, les dépenses publiques pour les routes, les canaux, les chemins de fer et les écoles étaient tout autant des investissements pour l'avenir de la nation que les nouvelles usines. Néanmoins, dans le passé, il y avait une certaine logique dans la crainte que les dépenses publiques puissent « évincer » l'investissement privé. À l'époque où le capital se déplaçait moins librement qu'aujourd'hui à travers les frontières, il était généralement vrai que son coût dans un pays dépendait du niveau de l'épargne nationale. Si les citoyens de ce pays n'investissaient pas suffisamment, ou si l'État imposait lourdement ce qu'ils gagnaient et ensuite le dépensait, seule une faible part du capital national restait disponible pour la recherche, les usines et les équipements. Et parce que l'offre de capital était si limitée, et la demande si forte, les emprunteurs devaient supporter des taux d'intérêt élevés. En conséquence, de nombreux investissements privés opportuns étaient différés. La croissance nationale était freinée.

Mais, dans les années quatre-vingt-dix, l'épargne de la plupart des nations est rassemblée dans une vaste cagnotte qui se déplace à travers les frontières à la recherche des rémunérations les plus élevées. En conséquence, l'épargne d'un pays peut facilement être investie dans un autre pays. Non seulement l'épargne étrangère vient aux États-Unis, mais l'investissement privé des Américains vagabonde à travers le monde. Il trouve sa voie dans les opérations à longue distance des firmes mondiales appartenant à des Américains, ou des firmes détenues majoritairement par des étrangers. L'épargne des Américains les plus riches ne coule plus vers les firmes américaines (pour reprendre la terminologie heureuse des économistes conservateurs), et de là vers le reste de la population américaine. Pour dire les choses de manière plus précise, cette épargne coule partout dans le monde, selon l'endroit où les investissements se trouvent être les plus rentables.

Les mouvements de moins en moins contrariés du capital dans le monde entier ont distendu le lien entre le niveau de l'épargne nationale et le coût du capital à l'intérieur d'un pays. En fait, dans les années quatre-vingt-dix, le coût du capital devient à peu près le même dans tous les pays développés[1]. Ceci signifie, bien sûr, que les coupes dans les dépenses publiques et les réductions d'impôts pour les riches Américains ont peu d'effet direct sur la quantité d'épargne nationale investie dans les usines, les équipements et la recherche-développement de la nation[2].

Pourtant, il existe une relation croissante entre le montant et la nature des investissements que le secteur public entreprend et la capacité de la nation à attirer le capital mondial. Ici réside la nouvelle logique du nationalisme économique : ce sont les compétences au sein de la population active d'une nation et la qualité de ses infrastructures qui la distinguent des autres, et la rendent plus attractive. C'est principalement par leurs investissements dans ces facteurs de production relativement immobiles que les nations se différencient les unes des autres ; à l'inverse, l'argent se déplace aisément dans toute la planète.

L'argent mondial sera attiré par une population active bien formée pour accomplir des tâches difficiles, et qui peut facilement transporter les fruits de ses efforts dans l'économie mondiale. Cette attraction peut mettre en route un cercle vertueux : des individus bien formés et des infrastructures modernes attirent les réseaux d'entreprises mondiaux, qui investissent et apportent des emplois relativement satisfaisants ; ces emplois, à leur tour, sont à l'origine d'une expérience et d'une formation par la pratique supplémentaires, créant ainsi une puissante attraction sur d'autres réseaux mondiaux. À mesure que les compétences s'accroissent et que l'expérience s'accumule, les citoyens d'une nation ajoutent une valeur de plus en plus grande à l'économie mondiale, obtenant une rémunération toujours croissante, et améliorant leur niveau de vie.

Pourtant, sans des compétences et une infrastructure adéquates, la relation risque d'être inverse, un cercle vicieux dans lequel l'investissement international ne pourra être attiré que par des salaires et des impôts relativement faibles. Le maintien de ces avantages rend à son tour difficile pour la nation le financement d'une formation et d'infrastructures adéquates ; les emplois qui en résultent apportent peu ou pas d'expérience et de formation pertinentes pour des emplois plus complexes dans l'avenir, et ainsi de suite.

3

QU'ADVIENDRA-T-IL en définitive ? Une relation vertueuse avec le capital mondial ou un cercle vicieux ? La réponse dépend largement des choix sociaux implicites dissimulés derrière les décisions politiques concernant la force de la volonté du public et l'épaisseur de son portefeuille.

La vision correcte d'une économie nationale comme région de l'économie mondiale montre l'importance de la distinction entre l'investissement et la consommation, entre ce qui est dépensé pour créer de la richesse dans l'avenir et ce qui est dépensé pour satisfaire les besoins et les désirs immédiats. Cette logique suggère pourquoi, contrairement aux conceptions si répandues dans les sphères gouvernementales et dans le public, l'endettement extérieur n'a rien de terriblement mauvais, à condition que l'argent emprunté soit investi dans des usines, des écoles, des routes, et dans d'autres moyens d'accroître la production future. En fait, s'endetter avec ces objectifs vaut mieux que maintenir un budget équilibré en différant ou en réduisant de tels investissements. La dette n'est un problème que si l'argent est gaspillé en consommation. Tout dirigeant d'entreprise comprend l'exactitude de ce principe : si nécessaire, vous empruntez pour investir afin d'accroître la productivité future de votre entreprise. Une fois atteint, le nouveau niveau de la productivité vous permet de rembourser votre dette puis de bénéficier d'une rentabilité accrue. Les problèmes naissent si, au lieu d'investir l'argent que vous avez emprunté dans des capacités de production, vous le dépensez dans des restaurants à la mode ou sur les champs de courses. Malheureusement, c'est ce que le cinquième le plus riche de la population américaine a fait sur une large échelle dans les années quatre-vingt.

Investir davantage est nécessaire, mais pas suffisant. Une distinction supplémentaire doit être faite entre les investissements qui augmentent la valeur du travail effectué par les citoyens d'une nation et ceux qui créent simplement des actifs générateurs de revenus ailleurs dans le monde. Les investissements dans les facteurs de production qui sont spécifiques à la nation ont une importance cruciale pour l'avenir de la nation, particulièrement s'ils améliorent la formation de ses membres et les systèmes de transport et de communication qui les lient entre eux et avec le reste du monde. Ceci à la fois parce que la rentabilité du capital humain s'élève par rapport à celle du capital financier, et parce que ces investissements publics aident les seuls citoyens de la nation à ajouter de la valeur à l'économie mondiale.

En bref, le niveau de vie futur des Américains, comme celui des citoyens de toutes les autres nations, dépend de leur capacité à modérer leur consommation totale (publique et privée) tout en investissant dans leurs ressources propres, individus et infrastructures, et en poussant ainsi les investisseurs internationaux à faire de même. Cette logique impose une stratégie différente de celle qui permet aux citoyens riches de garder une proportion toujours plus forte de leurs revenus, ou qui les encourage à le faire, pendant que l'investissement public est sacrifié. Et pourtant, paradoxalement, cette dernière stratégie est celle que les leaders américains ont adoptée dans la dernière décennie du XXe siècle.

Les hommes politiques et les grands patrons sont prompts à noter l'importance centrale d'une économie nationale vigoureuse, mais pas à comprendre sur quoi se fonde cette vigueur. « Une vigueur économique accrue est... une condition fondamentale de succès dans la compétition mondiale avec les superpuissances économiques en train de se lever », notait l'administration Bush dans son projet de budget soumis au Congrès. « C'est pourquoi il existe un problème qui passe avant les autres pour le budget (et la politique économique qu'il reflète) : comment préserver et raffermir au mieux les forces des États-Unis, tout en poussant l'économie américaine vers une plus grande capacité de leadership et de croissance[3] ? » Ayant posé la bonne question, les gourous du budget de Bush répondent de travers. Ils plaident pour une parcimonie publique, ou des coupes sombres, dans les infrastructures, la formation, et les efforts publics du même type, accompagnées par des réductions dans le taux d'imposition sur les plus-values en capital. « La vigueur économique nationale » est tacitement assimilée aux revenus discrétionnaires des Américains riches, et à leur propension présumée à investir d'une manière qui bénéficiera aux autres

Américains. En outre, l'Administration indiquait qu'elle emploierait toutes les économies sur les dépenses militaires à réduire le déficit budgétaire plutôt qu'à investir davantage dans les écoles, les routes, et les autres actifs publics.

Il y a deux explications possibles à cette perversité tenace. La plus optimiste, et la moins cynique, est que des hommes et des femmes habituellement intelligents, qui occupent des positions élevées dans le monde des affaires ou de la politique, n'ont simplement pas compris les changements dans l'économie mondiale. Ils fondent leurs décisions quotidiennes, et leurs prescriptions pour le pays, sur des prémisses qui datent d'une époque où l'économie des États-Unis étaient relativement fermée et organisée autour de la production de masse standardisée. Les dirigeants américains ne sont pas différents de la majorité de leurs concitoyens : produits et pourvoyeurs d'une vision périmée. C'est une explication optimiste parce qu'elle laisse espérer que les dirigeants américains, qui sont pour la plupart des manipulateurs de symboles, finiront par reconnaître la nouvelle réalité et modifieront en conséquence leurs décisions et leurs prescriptions ; c'est une explication moins cynique parce qu'elle suppose qu'ils sont motivés au moins partiellement par le souci du bien-être futur de leurs compatriotes moins favorisés. C'est vers une explication moins charitable, et moins bénigne, que je vais maintenant me tourner.

21
La nouvelle communauté

Ilium, New York, est divisée en trois parties. Au Nord-Ouest se trouvent les dirigeants d'entreprise, les ingénieurs, les fonctionnaires et quelques membres de professions libérales ; au Nord-Est se situent les machines ; et au Sud, de l'autre côté du fleuve Iroquois, se trouve la zone connue là-bas comme la concession, où vivent presque tous les habitants.

KURT VONNEGUT,
Player Piano (1952)

LA FAÇON de vivre que choisissent les manipulateurs de symboles montre qu'un certain degré de calcul rationnel, plutôt qu'un simple égarement, sous-tend leur désengagement par rapport au reste de la population. Le manipulateur de symboles n'hésite pas à consacrer une partie de ses revenus individuels à des investissements collectifs. Mais, de manière croissante, il ne partage les équipements collectifs ainsi mis en place qu'avec d'autres manipulateurs de symboles. Les manipulateurs de symboles prennent les responsabilités de la citoyenneté, mais les communautés qu'ils créent ne sont composées que de citoyens dont les revenus sont proches des leurs. De cette façon, les manipulateurs de symboles sont tranquillement en train de faire sécession par rapport à des couches nombreuses et diverses de la population américaine ; à l'intérieur des enclaves homogènes qu'ils occupent, leurs revenus n'ont pas à être redistribués à des concitoyens moins favorisés qu'eux.

Le schéma est familier. Avec chaque réduction recherchée de leurs impôts, les manipulateurs de symboles retirent en effet leurs dollars du soutien aux espaces publics fréquentés par tous, et consacrent leur épargne à des espaces privés qu'ils partagent avec d'autres manipulateurs de symboles. Alors que les parcs et les terrains de jeu publics se dégradent, les clubs privés de mise en forme, de golf, de tennis, de patinage prolifèrent, ainsi que tous les autres types d'associations de loisir dont les coûts sont répartis entre les membres. Il en est de même avec les immeubles, les coopératives et les omniprésentes « communautés résidentielles », qui demandent à leurs membres de consentir des efforts pour des travaux que les autorités locales, financièrement étranglées, n'ont plus les moyens d'accomplir convenablement : entretenir les chaussées privées, refaire les trottoirs, élaguer les arbres, réparer l'éclairage public, nettoyer les piscines publiques, payer un maître-nageur et, surtout, engager des gardiens pour protéger les personnes et les biens. En 1990, les gardiens privés formaient 2,6 % de la population active totale, une proportion deux fois plus forte qu'en 1970 ; leur nombre dépassait celui des agents de police publics aux États-Unis. Prenant note de cette croissance impressionnante, le Bureau des statistiques du travail a accordé à leur fonction l'honneur de constituer une catégorie d'emploi à elle toute seule. La sécurité privée est l'un des secteurs d'activité dont la croissance est la plus rapide aux États-Unis (plus rapide encore que celle des professions juridiques) : dans les années quatre-vingt, les revenus des dix plus importantes sociétés de gardiennage se sont accrus de 62 %, en termes réels[1].

2

LE MÊME schéma de sécession se manifeste, sur une plus grande échelle, dans les grandes villes américaines. En effet, au début des années quatre-vingt-dix, la majorité des agglomérations sont séparées en deux zones distinctes ; l'une regroupe les manipulateurs de symboles, dont les services conceptuels sont liés à l'économie mondiale, l'autre les aides personnels, dont les emplois dépendent des manipulateurs de symboles (ils travaillent dans des restaurants, ils sont gardiens, chauffeurs de taxi, employés de bureau, de parking, de commerce[2]). Quant aux travailleurs routiniers, ils ne sont plus très nombreux dans les villes américaines. Ainsi, entre 1953 et 1984, l'agglomération new-yorkaise a perdu 600 000 emplois de travailleurs routiniers dans les usines ; au cours de la même période, elle a gagné 700 000 emplois de manipulateurs de symboles et d'aides personnels[3]. À Pittsburgh, les travailleurs routiniers occupaient la moitié des emplois en 1953, et seulement 20 % au milieu des années quatre-vingt ; les deux autres catégories ont comblé la différence, la ville ayant rassemblé la troisième concentration américaine de sièges sociaux[4].

La séparation entre manipulateurs de symboles et aides personnels à l'intérieur des villes a été accentuée de plusieurs manières. Au début des années quatre-vingt-dix, la majorité des grandes villes possédaient deux systèmes scolaires, un système privé pour les enfants de manipulateurs de symboles, et un système public pour ceux des aides personnels, des quelques travailleurs routiniers encore présents, et des chômeurs[5]. Il est bien connu que les manipulateurs de symboles dépensent un temps et une énergie considérables pour que leurs enfants entrent dans de bonnes écoles privées, et de petites fortunes pour qu'ils y restent ; c'est autant de dollars qui auraient financé une amélioration de l'enseignement public, si le système fiscal avait été plus progressif. La séparation a aussi été préservée par des schémas résidentiels. Les manipulateurs de symboles vivent dans des zones de la ville qui, à défaut d'être belles, sont au moins tolérables sur le plan esthétique, et qui sont raisonnablement sûres ; les zones qui ne remplissent pas ces critères minimaux de charme et de sécurité sont laissées aux moins favorisés.

Ici encore, les manipulateurs de symboles ont rassemblé leurs ressources pour leur bénéfice exclusif. Les fonds publics ont été vigoureusement employés à des projets de revitalisation des centres-villes ; des ensembles d'immeubles de bureaux postmodernes ont été construits (remplis de câbles optiques, d'antennes paraboliques et d'autres équipements de transmission et de réception les plus récents) ; des parkings à plusieurs niveaux ont été aménagés, des hôtels avec des atriums entourés de vitres s'élevant au-delà du vingtième étage, des places et des galeries commerciales magnifiques, des théâtres, des centres de congrès, des immeubles luxueux. L'idéal est que ces projets soient entièrement fermés sur eux-mêmes, avec des couloirs conditionnés reliant les fonctions résidentielles, d'affaires, et de loisirs. Grâce à eux, l'heureux manipulateur de symboles peut travailler, acheter, aller au théâtre sans risquer un contact direct avec le monde extérieur, et en particulier avec l'autre partie de la ville[6].

Se fondant sur le même principe, plusieurs villes ont autorisé les propriétaires de certains districts huppés à prélever sur chaque résidant une surtaxe spéciale. L'argent recueilli est destiné à des équipements et des services non disponibles pour les autres habitants, comme le ramassage de déchets spéciaux, le nettoyage des rues, et un renforcement de la sécurité. Un district de ce genre est situé à New York, dans la zone située entre la trente-huitième et le quarante-huitième rues, et entre la seconde et la troisième avenues ; en 1989, 4,7 millions de dollars ont été prélevés auprès de ses membres, dont un million pour financer une police privée de gardiens en uniformes et de détectives en civil[7]. La nouvelle communauté, formée d'individus ayant des revenus comparables, dispose du pouvoir de lever l'impôt et de faire respecter la loi ; elle devient ainsi une ville séparée dans la ville.

3

QUAND ils ne vivent pas dans des enclaves urbaines, les manipulateurs de symboles se rassemblent dans des banlieues résidentielles et, de plus en plus, dans des zones situées un peu en dehors des agglomérations. Les plus attrayants de ces endroits bordent les zones de manipulation de symboles des universités, des centres de recherche, et les secteurs de sièges sociaux ; elles se situent dans des lieux plaisants comme Princeton, dans le New Jersey ; les comtés nord de Westchester et Putnam, dans l'État de New York ; Palo Alto, en Californie ; Austin, au Texas ; Bethesda, dans le Maryland ; et Raleigh-Durham, en Caroline du Nord. Les ingénieurs et les stratèges américains employés par des constructeurs automobiles appartenant à des américains ne vivent pas à Flint ou à Saginaw, dans le Michigan, où résident les travailleurs routiniers de ces firmes ; ils se groupent dans leurs propres villes de Troy, Warren et Auburn Hills. La grande majorité des spécialistes de la finance, des avocats et des cadres travaillant pour les compagnies d'assurance de Hartford n'envisageraient jamais de vivre sur place. Ils préfèrent se rassembler à Windsor, Middleburry, et d'autres communes proches du Connecticut qui sont, cela n'a rien d'étonnant, parmi les plus riches du pays.

Les banlieues et les communes isolées proches des villes offrent d'autres moyens commodes de sécession au sein de communautés d'individus ayant des revenus comparables. Dans les communautés opulentes, les taxes foncières remplissent les mêmes fonctions que toutes les autres méthodes servant à mettre en commun les ressources des manipulateurs de symboles, tout en évitant de subventionner qui que ce soit d'autre. Des aides personnels nettoient les maisons des manipulateurs de symboles, gardent leurs enfants, entretiennent leurs voitures, travaillent dans les magasins et les restaurants où ils se rendent ; ces aides personnels ont tendance à résider dans des communes proches, et ainsi ne partagent pas directement les équipements publics locaux.

Le Gouvernement fédéral a apporté sa contribution à ces efforts en transférant la responsabilité de nombreux services publics aux États et aux collectivités locales. En 1978, à leur maximum, les dotations fédérales représentaient 27 % des dépenses des États et des collectivités locales. Dix ans plus tard, cette part fédérale était tombée à 17 %[8]. Les dotations aux collectivités locales ont été les plus touchées. Les programmes d'aide directe qui leur étaient destinés ont été les plus vulnérables aux coupes budgétaires ; beaucoup de ces programmes dataient des administrations Johnson et Nixon[9]. Dans les années quatre-vingt, les dollars fédéraux pour la propreté de l'eau, la formation, le logement des personnes à bas revenus, les transferts d'emploi, le traitement des eaux usées, le ramassage des ordures ont baissé de plus de 50 milliards de dollars par an. La part du gouvernement fédéral dans les dépenses pour les transports collectifs a décliné de 50 %. En 1990, la ville de New York a reçu seulement 9,6 % de ses ressources du gouvernement fédéral, alors qu'elle en avait reçu 16 % en 1981.

Comme pour une pomme de terre chaude, les États ont rapidement transféré une grande part de ces nouvelles dépenses aux communautés urbaines, avec pour conséquence qu'au début des années quatre-vingt-dix, elles supportaient plus de la moitié du coût de la distribution de l'eau et du traitement des eaux usées, des routes, des parkings, des aides sociales et des écoles publiques. Dans l'État de New York, elles supportaient même 75 % de ces coûts, contre 40 % à la fin des années soixante-dix[10].

Les communautés urbaines dont les habitants sont les plus riches peuvent, bien sûr, supporter ces charges assez facilement. Les communautés plus pauvres ont davantage de difficulté ; elles sont confrontées au double problème de revenus plus faibles et d'une demande accrue pour les services sociaux. C'est précisément le problème : comme les Américains continuent de former des groupes séparés en fonction de leurs revenus, le transfert du financement des services publics du gouvernement fédéral aux États, puis des États aux communautés urbaines, a fonctionné comme un nouveau moyen de débarrasser les citoyens américains les plus riches du fardeau de l'aide à leurs compatriotes moins favorisés.

Pendant la plus grande partie de l'histoire de la nation, les villes et les régions les plus pauvres ont régulièrement regagné du terrain sur les plus riches, à mesure que l'industrie américaine se déplaçait vers les États du Sud et de l'Ouest à la recherche d'une main-d'œuvre moins coûteuse. Cette tendance s'est arrêtée quelque part durant les années soixante-dix, l'industrie américaine se déplaçant vers le Mexique, l'Asie du Sud-Est, et d'autres endroits de par le monde. Depuis lors, la majorité des villes et des régions les plus pauvres sont devenues relativement plus pauvres ; la majorité des villes et des régions les plus riches, relativement plus riches. Les villes et les comtés ayant les revenus par personne les plus bas en 1979 ont chuté encore plus au-dessous de la moyenne nationale à la fin des années quatre-vingt ; les villes et les comtés les plus riches sont allés dans la direction opposée. Les disparités entre États se sont creusées de la même façon[11].

La ségrégation croissante des Américains selon le revenu s'est conjuguée au transfert de la charge du financement des services publics du gouvernement fédéral vers les États et les collectivités locales pour accroître les inégalités dans l'accès aux services. De manière croissante, l'endroit où vous vivez détermine la qualité des services publics dont vous disposez. Alors que les impôts locaux à Philadelphie sont trois fois plus élevés que dans ses banlieues, les habitants de celles-ci bénéficient d'écoles, d'hôpitaux, d'équipements de loisirs, et d'une protection policière bien supérieurs[12]. En 1985, environ 323 dollars étaient dépensés par résidant d'Erie, en Pennsylvanie, pour des infrastructures comme les routes, les ponts, et le traitement des eaux ; 872 dollars par habitant à San Francisco. Ce n'est pas un hasard si un habitant d'Erie a gagné en moyenne 9 520 dollars cette année 1985, alors qu'un habitant de San Francisco empochait en moyenne 13 100 dollars[13].

4

L'INÉGALITÉ dans les services publics n'est nulle part plus apparente que dans l'enseignement public. En 1990, la part du gouvernement fédéral dans le coût de l'enseignement primaire et secondaire pour l'ensemble du pays est descendue jusqu'à 6 % environ. Les 94 %

restants sont partagés à peu près également entre les États et les districts scolaires locaux. Les États qui affichent une concentration élevée de manipulateurs de symboles peuvent, bien sûr, se permettre de dépenser davantage pour leurs écoles que les États où cette concentration est moins forte. En 1990, les enseignants des écoles publiques ont reçu en moyenne 20 300 dollars dans l'Arkansas et 33 500 dollars dans le Connecticut[14].

Même entre des villes voisines à l'intérieur du même État, les différences peuvent être très importantes. Comme illustration, considérons trois communes de l'aire de Boston situées à quelques minutes les unes des autres. Les trois sont à prédominance blanche et, à l'intérieur de chacune d'elles, la majorité des habitants gagnent à peu près la même chose que leurs voisins. Mais les disparités de revenus entre ces communes sont considérables. Au nord-ouest de Boston s'étend Belmont, où résident principalement des manipulateurs de symboles et leurs familles. En 1988, les enseignants des écoles publiques de Belmont ont gagné en moyenne 36 100 dollars. Seulement 4 % des jeunes de dix-huit ans quittaient l'école secondaire sans diplôme, et plus de 80 % des diplômés choisissaient de continuer leurs études. Près de Belmont, juste au nord de Boston, à Somerville, la majorité des habitants sont des aides personnels et des travailleurs routiniers. En 1988, les enseignants de Somerville ont gagné en moyenne 29 400 dollars. Un tiers des jeunes de dix-huit ans ont quitté l'école secondaire en cours de route, et moins d'un tiers avait l'intention de faire des études supérieures. À l'Est, de l'autre côté de la Mystic River, s'étend Chelsea, dont les habitants sont les plus pauvres des trois communes. La majorité d'entre eux sont des aides personnels et des travailleurs routiniers, mais beaucoup sont sans emploi ou travaillent seulement à temps partiel. L'enseignant moyen à Chelsea, confronté certainement à un défi éducatif plus décourageant que son collègue de Belmont, gagnait 26 200 dollars en 1988, près d'un tiers de moins que l'enseignant moyen de Belmont. Moins de la moitié des jeunes de dix-huit ans de Chelsea terminent leurs études secondaires avec un diplôme, et 10 % seulement ont l'intention d'aller à l'université[15].

Des disparités semblables se retrouvent dans tout le pays. Le lycée New Trier, dans l'une des banlieues les plus riches de Chicago, paye ses enseignants 50 % de plus que l'enseignant le mieux payé à Du Sable, dans l'Illinois, une des banlieues les plus pauvres. Les écoles publiques à White Plains et Great Neck, deux des plus riches banlieues de New York, dépensent deux fois plus par élève que les écoles du Bronx. Dans un lieu résidentiel comme le Milwaukee, le traitement de départ des enseignants est deux fois plus élevé que dans un État rural comme le Wisconsin. Les élèves du lycée Highland Park, dans une opulente banlieue de Dallas, disposent sur leur campus d'un planétarium, d'une piscine couverte, de studios de télévision en circuit fermé, et des laboratoires les plus modernes. Highland Park dépense près de 6 000 dollars par an pour chacun de ses élèves. C'est près de deux fois plus que les villes de Wilmer et Hutchins au sud de Dallas, dont les lycées spartiates n'ont même pas assez d'espace pour leurs salles de classe[16].

Les tribunaux ont été mis à contribution, mais ce problème n'est pas susceptible d'une solution judiciaire aisée. Parmi les quatre cinquièmes d'Américains laissés dans le sillage de la sécession des manipulateurs de symboles, se trouvent de nombreux Noirs pauvres, mais l'exclusion raciale n'est pas le motif premier de la séparation, ni sa conséquence nécessaire. Les Blancs disposant de faibles revenus sont exclus de la même façon ; les manipulateurs de symboles noirs bénéficiant de hauts revenus sont souvent les bienvenus. La ségrégation est économique plutôt que raciale (bien que, aux États-Unis, la ségrégation reposant sur des motifs économiques ait fréquemment pour conséquence *de facto* une ségrégation raciale). Là où les tribunaux ont trouvé un schéma de ségrégation motivé par des raisons raciales, il concernait habituellement des communautés blanches où les revenus étaient faibles, mitoyennes avec des communautés noires pauvres. Quand les tribunaux ont ordonné aux États de mieux égaliser leurs dépenses entre les districts scolaires, de larges différences entre les valeurs des logements, et donc entre les impôts locaux perçus, ont eu quand même pour conséquence des inégalités substantielles. Là où soit les tribunaux soit les États ont essayé d'imposer des limites à ce que les communes opulentes pouvaient payer à leurs enseignants, comme en Californie, un nombre non négligeable de parents de ces communes ont simplement retiré leurs enfants des écoles publiques ; ils ont ainsi consacré à des frais de scolarité versés à des écoles privées l'argent qu'ils auraient autrement accepté de consacrer à une augmentation de leurs taxes scolaires locales. Et, bien sûr, même si les dépenses étaient mieux égalisées entre États, les plus pauvres d'entre eux continueraient à être très désavantagés par rapport aux plus riches.

5

L'IDÉE de « communauté » a toujours exercé un pouvoir d'attraction particulier sur les Américains. La notion est aussi séduisante pour tous les hommes politiques, de la droite à la gauche du spectre idéologique. Ronald Reagan a célébré « ces communautés où les voisins s'aident les uns les autres, où les familles élèvent leurs enfants toutes ensemble, où les valeurs américaines sont nées[17] ». Mario Cuomo, dont les tendances politiques sont bien différentes, a été presque aussi lyrique. « La communauté... est la réalité sur laquelle notre vie nationale a été fondée[18]. » Il n'y a qu'un problème avec le battage de Reagan et de Cuomo en faveur des communautés : dans la vie réelle, la plupart des Américains ne vivent plus dans des communautés traditionnelles. La majorité d'entre eux vivent dans des parties de banlieues, limitées par des routes et ponctuées par des galeries marchandes, ou dans des immeubles et des communautés résidentiels, ou encore dans des appartements délabrés. La plupart effectuent de longs déplacements pour aller travailler, et leur vie sociale s'appuie sur d'autres bases que la proximité géographique avec leur domicile. Et la plupart ramassent leurs affaires et déménagent tous les cinq ans environ vers un voisinage différent[19].

Il n'y a qu'une chose que les Américains ont de plus en plus en commun avec leurs voisins, et ce trait commun est au cœur de la nouvelle « communauté » américaine : c'est le niveau de revenu. Vous pouvez parier sans beaucoup de risque que vous gagnez à peu près la même chose que les autres habitants de votre rue. Vos formations sont semblables, vous payez à peu près les mêmes impôts et, comme consommateurs, vous satisfaites à peu près les mêmes impulsions. La meilleure définition de la « communauté » est désormais le code postal, utilisé pour les mailings pour atteindre des consommateurs potentiels. « Donnez-moi le code postal de quelqu'un, et je pourrais prédire ce qu'il mange, ce qu'il boit, quelle voiture il conduit, et même ce qu'il pense », s'enthousiasme le fondateur d'une firme de marketing fondé sur le code postal[20]. Il est connu, par exemple, que les habitants de Chelsea, dans le Massachusetts, lisent le *National Enquirer*, utilisent des fers à friser et des lotions pour les cheveux, mangent du pain blanc et des biscuits remplaçant les repas. Les habitants de Belmont jouent au golf, utilisent des brosses à dent électriques, des dépilatoires, des ordinateurs individuels, et mangent du pain de froment et des petits pains au son. Les revenus, et les goûts qui vont de pair avec eux, définissent de manière croissante la nouvelle communauté américaine.

Les Américains propriétaires de leurs logements combattent avec leurs voisins pour une cause politique commune. Ils ont un souci presque obsessionnel de maintenir ou d'accroître la valeur de leur bien. Et c'est en grande partie cet intérêt partagé qui a rapproché les voisins au cours des années récentes. Des gens qui sont complètement étrangers les uns aux autres, même s'ils vivent dans la même rue ou à l'intérieur de la même résidence, se sentent brusquement fortement solidaires si des rumeurs se propagent concernant la construction de HLM dans leur voisinage, ou le regroupement d'un district scolaire plus pauvre avec le leur.

L'accent renouvelé sur la « communauté » dans la vie américaine a justifié et légitimé ces enclaves économiques. Si la générosité et la solidarité s'arrêtent aux frontières de nos propriétés communes, alors les manipulateurs de symboles peuvent être des citoyens vertueux à peu de frais. Puisque presque tout le monde dans leur « communauté » est par définition dans une situation aussi bonne que la leur, il n'y a pas de problème de conscience à se poser. Si les habitants d'une autre zone proche sont plus pauvres, laissons-les s'occuper les uns des autres. Pourquoi devrions-nous payer pour leurs écoles ? Ainsi est présenté l'argument, sans reconnaître que l'hypothèse cruciale a déjà été faite : « nous » et « eux » n'appartenons pas à la même communauté. Grâce à ce raisonnement, il est devenu possible de maintenir une image de soi positive de générosité et de solidarité envers sa « communauté », sans avoir aucune responsabilité envers « eux », dans une autre « communauté ». Les manipulateurs de symboles, fermement reliés à l'économie mondiale, se sentent ainsi de plus en plus autorisés à se retirer dans des enclaves qui regroupent d'autres manipulateurs de symboles, ne payant que ce qui est nécessaire pour assurer à chacun dans l'enclave une éducation de qualité suffisante et l'accès aux infrastructures dont il a besoin pour réussir dans l'économie mondiale.

6

LE LECTEUR pourrait objecter que les manipulateurs de symboles consacrent en fait une énergie et des ressources substantielles à aider le reste de la société, mais qu'ils ont choisi de le faire volontairement, plutôt que par l'intermédiaire de leurs impôts. Comme l'a dit Ronald Reagan : « Il est temps de rejeter l'idée que préconiser des programmes d'action gouvernementaux est une forme de charité personnelle ... La générosité se reflète dans ce que chacun fait avec son argent, et non dans ce qu'il demande au gouvernement de faire avec l'argent de tous[21]. » L'argument n'est pas faux. La redistribution de la richesse ne doit pas nécessairement passer par le Gouvernement. Peut-être les manipulateurs de symboles n'ont-ils nullement fait sécession ; peut-être leur retrait formel du reste de la population est-il plus que compensé par leur générosité privée. George Bush a noté que la magnanimité réelle des États-Unis devait être trouvée dans une « brillante diversité » d'œuvres charitables privées, « disséminées comme des étoiles, comme des milliers de points lumineux dans un vaste ciel tranquille[22] ».

Rares sont les nations qui se congratulent elles-mêmes de manière plus enthousiaste que les États-Unis à propos de leurs actes de charité ; dans aucun autre pays, les citoyens ne participent à autant de bals de charité, de ventes aux enchères et de chaînes humaines allant d'une frontière à l'autre pour soutenir des causes justes. La plupart de ces actions reposent sur des motivations sincères ; beaucoup sont dignes d'admiration. Mais un examen attentif révèle que toutes ces formes de bienfaisance aident en fait rarement les pauvres. Particulièrement suspecte est la moitié ou le tiers des dons privés, ceux qui viennent des Américains imposés dans la dernière tranche de l'impôt sur le revenu. Diverses études ont montré que ces dons ne vont pas principalement à des services ou des équipements sociaux destinés aux citoyens les moins favorisés, comme de meilleures écoles, des centres de soins communautaires, des équipements de loisirs pour les familles en difficulté. Au lieu de cela, les contributions des riches Américains se dirigent en majorité vers les lieux où ils vont se distraire, trouvent de l'inspiration, sont soignés, ou éduqués, vers des musées, des opéras, des théâtres, des orchestres symphoniques, des ballets, des cliniques privées (dont presque tous les patients ont souscrits une assurance-santé), et vers les meilleures universités. Les contributions des manipulateurs de symboles moins riches sont, comme il est normal, moins élevées, mais elles tendent vers la même direction générale[23].

En d'autres termes, quand les manipulateurs de symboles partagent leur richesse sans y être contraints, ils suivent le même principe qui les conduit à la mettre en commun pour leurs autres buts :

améliorer la qualité de leur vie et celle des autres manipulateurs de symboles. Un seul point différencie les dons des autres moyens par lesquels ils rassemblent leurs ressources : pour chaque dollar donné, 28 cents retombent sur les autres contribuables (avec le Code des impôts actuel). Les institutions de charité manifestent les mêmes tendances. Dans une étude, le politologue Lester Salamon et ses collègues ont trouvé que moins d'un tiers des institutions de charité aux États-Unis concentrent leur action sur des destinataires pauvres[24].

C'est la même chose pour la philanthropie des entreprises. Dans les années récentes, les plus grandes firmes américaines ont sonné l'alarme à propos de la détérioration rapide des écoles primaires et secondaires du pays. Peu de gens sont plus passionnément éloquents sur la nécessité d'améliorer l'enseignement que les dirigeants de firmes : « La qualité de l'éducation que nous donnons à tous nos enfants déterminera notre compétitivité mondiale, notre santé économique interne, ainsi que le caractère et la vitalité de nos communautés », notait le Business Round Table, une association basée à Washington réunissant les dirigeants des plus grandes firmes appartenant à des Américains[25]. En conséquence, les accords de partenariat sont désormais nombreux entre les firmes et les écoles publiques, de même que les bourses financées par les firmes en faveur d'adolescents pauvres capables de suivre des études supérieures ; fleurissent aussi les programmes dans lesquels des firmes « adoptent » des écoles locales en leur offrant de manière bien visible des ordinateurs, des livres, une partie du temps de leurs cadres et même, occasionnellement, de l'argent. Que ces activités charitables soient bruyamment rapportées par le service de relations publiques des firmes ne doit pas faire oublier leurs effets bénéfiques.

Pourtant, les dons des firmes pour l'éducation ont en fait nettement diminué dans les années quatre-vingt. Alors que durant les années soixante-dix, les largesses des firmes faisaient en moyenne un bond de 15 % par an, à la fin des années quatre-vingt elles grimpaient à la vitesse d'un escargot : en 1987, 5,1 % de plus qu'en 1986, en 1988 seulement 2,4 % de plus qu'en 1987. Et, il faut le noter, la majorité de ces dons allaient à l'enseignement supérieur, en particulier aux universités des manipulateurs de symboles, dont les enfants et les petits enfants suivront le plus souvent les traces. Seulement 1,5 % des dons des sociétés en 1989 étaient destinés à des écoles primaires et secondaires[26].

Cette somme modeste était, il faut le noter, inférieure à ce que les firmes recevaient des États et des collectivités locales sous la forme de subventions et de réductions d'impôts, sous la menace d'une migration vers des lieux fiscalement plus cléments. Ironiquement, le résultat est que les États et les collectivités locales se retrouvent finalement avec moins de ressources tirées des firmes pour financer les écoles et les besoins collectifs. Les dirigeants de General Motors, par exemple, ont été parmi ceux qui ont proclamé avec le plus de force le besoin de meilleures écoles ; ils ont été aussi parmi ceux qui ont recherché avec le plus de constance les abattements d'impôts locaux. Comme l'écrivait un correspondant du *New York Times*, les efforts couronnés de succès de General Motors pour éliminer ses impôts à Tarrytown, dans l'État de New York, où cette firme a une usine depuis 1914, ont réduit les ressources locales de 2,81 millions de dollars en 1990, obligeant la ville à licencier un grand nombre d'enseignants[27]. Tous comptes faits, la part de la firme dans les impôts fonciers est tombée de 45 % en 1957 à environ 16 % en 1987. La nouvelle générosité des firmes appartenant à des Américains à l'égard des communautés américaines moins favorisées n'a en aucune façon compensé le recul dramatique des impôts que ces firmes versent aux mêmes localités[28].

22 Les conséquences politiques de la sécession

Le désir de mettre fin à une relation suffit rarement à réussir à faire sécession. Les sécessionnistes doivent aussi défaire les liens politiques et légaux qui les attachent à leurs compatriotes encombrants. On peut s'attendre à ce que ceux-ci résistent, surtout s'ils tirent parti du contrat. Les conséquences politiques de la sécession sont ainsi rarement cordiales.

Pourtant, les manipulateurs de symboles se sont séparés dans le calme des autres Américains. Les quatre cinquièmes de la population dont l'avenir économique s'assombrit ne tempêtent pas contre le désengagement du cinquième dont l'avenir économique devient encore plus brillant. La fiscalité est moins progressive, les disparités s'accroissent pour les revenus, les conditions de travail, la qualité des écoles primaires et secondaires, la sécurité, les équipements de loisirs, les routes, et les autres équipements locaux : aucun aspect de cette tendance croissante à l'inégalité ne provoque un ressentiment déclaré de la majorité des citoyens. Il n'y a aucune insistance pressante pour que la nation revienne à un système fiscal plus progressif ; pas de demandes organisées pour que les sommes importantes qui seraient ainsi collectées soient consacrées à l'éducation, à la formation, aux transports et au bien-être général du reste de la population ; et aucune réduction du soutien accordé aux deux grands partis, bien que les politiques qu'ils ont menées aient accru ces inégalités. Cette acceptation mérite d'être expliquée.

2

PENDANT un moment, il semblait que les travailleurs routiniers américains disposaient d'un pouvoir politique suffisant pour imposer des droits de douane, des quotas et d'autres formes moins visibles de protection commerciale du marché américain ; ils pouvaient ainsi forcer les manipulateurs de symboles et tous les autres Américains à payer des prix plus élevés en les employant plutôt que des travailleurs routiniers moins bien rémunérés à l'étranger. C'était une situation courante dans les années soixante-dix et quatre-vingt. De nombreux candidats ont été élus et réélus sur la force de leur conviction déclarée que les États-Unis devaient se protéger contre les étrangers peu scrupuleux.

Finalement, pourtant, le protectionnisme a perdu son attrait politique. Les candidats qui étaient parmi ses plus francs partisans ont obtenu des résultats médiocres aux élections présidentielles de 1984 et de 1988. À l'orée de la dernière décennie du siècle, les hommes politiques de tous bords nient fermement qu'ils soient « protectionnistes ». La seule justification à moitié respectable pour fermer le marché américain est de forcer ainsi un autre pays à ouvrir son marché ; et même cette justification tactique est considérée comme un peu douteuse. On peut s'attendre à voir disparaître, dans les années à venir, la demande que l'industrie américaine soit protégée contre les concurrents étrangers à bas salaires. Les raisons en sont nombreuses.

D'abord, les grandes firmes américaines et les manipulateurs de symboles qui peuplent leurs quartiers généraux ont changé de stratégie. De la fin des années soixante au début des années quatre-vingt, les firmes américaines étaient aux côtés des travailleurs routiniers pour demander une protection ; à la fin des années quatre-vingt, elles se sont transformées en réseaux mondiaux qui dépendent de la liberté de mouvement, à travers les frontières, des biens, des services, de l'argent et de la technologie. En 1984, Goodyear s'était alliée avec ses ouvriers syndiqués pour demander au gouvernement américain de sanctionner sans pitié plusieurs firmes sud-coréennes coupables d'avoir vendu à perte leurs pneus aux États-Unis. Pourtant, cinq années plus tard, Goodyear a adopté un point de vue plus cosmopolite. Quand l'administration Bush menaça de représailles la Corée du Sud, accusée de s'opposer aux importations américaines, les dirigeants de Goodyear étaient les premiers à vivement conseiller une approche plus conciliante. Ce changement d'attitude ne résultait pas d'une réflexion plus approfondie des hauts dirigeants de la firme sur les bénéfices que la nation retirerait d'un commerce international sans entraves. C'était plutôt la conséquence d'une modification radicale dans la stratégie de la firme. En 1989, les courtiers-stratèges de Goodyear étaient en train d'acquérir de vastes terrains en Corée du Sud ; ils avaient l'intention d'y construire une usine de pneus de 100 millions de dollars, assez vaste pour fabriquer 10 000 pneus par jour. La valeur de cet investissement important aurait été réduite par toute action du gouvernement Bush qui pourrait limiter les ventes de ces pneus aux États-Unis, ou qui de quelque façon aurait provoqué un conflit avec le Gouvernement sud-coréen. Pourtant, sans le soutien de firmes américaines comme Goodyear et de leurs manipulateurs de symboles, les syndicats ouvriers restent seuls à défendre le protectionnisme. La voix des travailleurs faiblit à mesure que le nombre de travailleurs routiniers diminue aux États-Unis, et elle ne peut faire jeu égal avec les voix de l'autre partie, qui se font plus fortes et plus convaincantes.

De plus, sur le nombre déclinant d'Américains qui restent dans la production routinière, une proportion croissante est fondue dans des réseaux mondiaux. Beaucoup d'entre eux sont employés par des firmes appartenant à des étrangers, ou qui dépendent de ces firmes pour les composants et les services, ou comme débouché pour leurs produits. La protection cause du tort à ces travailleurs plutôt qu'elle ne les aide. Elle peut accroître le prix des produits achetés à l'extérieur, ou décourager les investisseurs étrangers et les courtiers-stratèges de les employer dans l'avenir. Ainsi, à la fin des années quatre-vingt, les firmes productrices de circuits intégrés appartenant à des Américains ne demandent plus que les circuits intégrés japonais bon marché soient bannis des États-Unis : leurs clients fabricants d'ordinateurs avaient menacé de transporter leurs opérations à l'étranger pour continuer à avoir accès aux circuits japonais qu'ils recherchaient[1].

Alors que le protectionnisme est sur le déclin, les manipulateurs de symboles associés à des firmes appartenant à des Américains continuent bien sûr à insister pour bénéficier de subventions spéciales, d'un traitement fiscal favorable, d'exemptions particulières de la loi anti-trust, et d'autres largesses du gouvernement, en même temps qu'ils dénoncent vigoureusement le protectionnisme. Leur argument est que de tels avantages sont cruciaux pour la « compétitivité américaine ». Alors qu'une protection complète du marché américain gênerait leurs stratégies mondiales, leurs profits ne peuvent qu'être améliorés par des faveurs spéciales qui n'interfèrent pas avec le libre passage des biens et des services à travers les frontières américaines. En recherchant ainsi une telle bienveillance publique, les dirigeants américains des firmes mondiales américaines (ou, plus précisément, les courtiers-stratèges qui dirigent les portions appartenant à des Américains des réseaux mondiaux) continueront à exercer une influence considérable à Washington. Leurs lobbyistes installés dans cette ville sont bien implantés ; leurs syndicats professionnels sont puissants et se font entendre ; leurs contributions aux campagnes électorales et aux Comités d'action politique, encore plus importantes et propres à les faire entendre. Leurs demandes pour des faveurs non disponibles pour les firmes appartenant à des étrangers (c'est-à-dire pour les portions appartenant à des étrangers des réseaux mondiaux), sembleront convaincantes à de nombreux parlementaires et fonctionnaires responsables de leurs secteurs d'activité, habitués à croire que ces faveurs aideront les firmes qui incarnent l'industrie américaine, et donc l'économie américaine. Aucune firme mondiale appartenant à des étrangers ne sera en mesure de concentrer une aussi forte influence sur le Potomac, pas même les firmes japonaises qui dépensent sans compter. Pourtant, comme je l'ai déjà noté, l'exigence de privilèges spéciaux venant des firmes appartenant à des Américains est de moins en moins justifiée. Tous les réseaux mondiaux, indépendamment de la nationalité de la majorité des actionnaires ou des plus hauts dirigeants, investissent, développent des technologies, et passent des contrats avec les travailleurs partout dans le monde, et ceci très activement. Du point de vue des citoyens de la nation, la question cruciale est de savoir qui apporte le plus de valeur à ces réseaux mondiaux, et est formé pour ajouter de la valeur dans l'avenir, et non de savoir comment se répartit la propriété entre les investisseurs des différents pays.

3

La protection complète des travailleurs routiniers diminue, tout comme le nombre même de ces travailleurs ; mais un autre conflit est en train de prendre sa place. Le désir des manipulateurs de symboles d'accéder sans contrainte au reste du monde va devenir un source de dissension avec les aides personnels. Rappelons-nous que, comme leur appellation le suggère, les aides personnels accomplissent des tâches qui doivent être faites en personne. Les manipulateurs de symboles ne peuvent engager des étrangers pour que ceux-ci leur fournissent des services personnels dans d'autres pays. Ainsi, les manipulateurs de symboles partagent avec des aides personnels une partie des gains qu'ils tirent du marché mondial. Ils le font chaque fois qu'ils pénètrent dans un magasin ou dans un restaurant ; chaque fois qu'ils réparent leurs maisons, leurs voitures ou leurs outils, soignent leurs corps ; chaque fois qu'ils prennent un taxi, ou utilisent les services d'une secrétaire, d'une infirmière, ou d'un gardien. Ainsi, les revenus mondiaux des manipulateurs de symboles se répandent dans toute l'économie locale. Un nombre relativement limité d'ingénieurs en logiciels, d'avocats, d'ingénieurs, de consultants en management, ou de réalisateurs de haut niveau peut, indirectement, assurer la subsistance d'un nombre beaucoup plus élevé d'aides personnels. Ce lien fait que le niveau de vie des aides personnels s'élève ou chute avec les succès ou les échecs sur le marché mondial des manipulateurs de symboles qui sont leurs clients.

Les manipulateurs de symboles préféreraient bien sûr que cette contrainte soit complètement levée : ils aimeraient, idéalement, pouvoir obtenir des services personnels de la meilleure qualité au prix le plus bas, venant de partout dans le monde — exactement comme pour la production courante et les services de manipulation de symboles. De leur côté, les aides personnels américains préféreraient naturellement que cette contrainte demeure, de sorte que les manipulateurs de symboles ne soient pas en mesure de les remplacer par d'autres aides personnels venant de partout dans le monde, et prêts à travailler plus dur pour une rémunération plus faible.

Les manipulateurs de symboles ne sont pas à court d'alternatives. Ils peuvent par exemple encourager (et contrecarrer les efforts pour bloquer) la mise en place de guichets de banque automatiques, de robots surveillant les parkings, de ventes à domicile par ordinateur personnel, et de toutes les technologies du même type capables de fournir des services personnels au coût le plus bas. Mais ces technologies, comme je l'ai déjà noté, ne peuvent supplanter qu'une partie des aides personnels. De plus, avec la croissance ralentie de la population américaine, la demande pour les services personnels va vraisemblablement dépasser l'offre, exerçant une pression à la hausse sur les salaires.

En 1990, des préoccupations s'exprimaient déjà à propos de manque de main-d'œuvre à venir. Les magasins de détail, les hôpitaux, la restauration rapide, les firmes de gardiennage, relataient leurs difficultés à recruter des aides personnels prêts à travailler à un salaire voisin du salaire minimum. Les autres employeurs avaient du mal à recruter des aides personnels plus qualifiés, comme des secrétaires de direction, des infirmières et du personnel technique d'hôpital.

Il faut noter que l'expression « manque de main-d'œuvre » signifie rarement que des salariés ne puissent être trouvés à n'importe quel prix. Son sens véritable est que les salariés recherchés ne peuvent être recrutés au prix où les employeurs et les consommateurs souhaitent les payer. À tout moment, beaucoup de salariés travaillant à temps partiel préféreraient passer à temps plein. Il existe aussi une main-d'œuvre résiduelle comprenant des retraités, des élèves du secondaire, des parents (presque toujours des mères) ; ils seraient prêts à travailler à temps partiel si la rémunération était suffisante pour les détourner de leurs autres occupations. Plus important encore, un nombre élevé de personnes seraient disponibles pour travailler mais n'ont pas la qualification nécessaire. Ils ne savent rien sur la façon de réparer une voiture, de poser une brique, ou de faire une prise de sang. Ou bien ils ne sont pas suffisamment capables de lire ou de compter pour pouvoir consulter des instructions ou rendre correctement la monnaie. Les employeurs ne les embauchent pas en temps normal, mais en période de « manque de main-d'œuvre » grave, ils n'ont pas d'autre choix. Ils doivent non seulement les recruter, mais aussi les former. En résumé, le moyen le plus direct de remédier au « manque de main-d'œuvre » est d'offrir de meilleurs salaires et de proposer des formations. Une telle stratégie améliore sans conteste la situation relative de ceux qui reçoivent ces salaires plus élevés et cette formation.

Mais il existe une alternative moins coûteuse pour les manipulateurs de symboles confrontés au « manque de main-d'œuvre » : ouvrir les frontières du pays aux immigrés, toujours impatients de fournir des services personnels pour des salaires faibles. Si ces immigrés ont déjà la formation nécessaire, c'est encore mieux. « L'immigration… peut aider à nous fournir toutes les compétences qui nous font défaut [et] à remédier au manque de main-d'œuvre qui nous guette », s'enthousiasmaient, lors d'une réunion à la fin de 1989, deux analystes de l'Institut américain de l'entreprise, une organisation conservatrice basée à Washington. Les économies potentielles étaient évidentes : « Quand ils viennent, ils arrivent à un coût très faible pour nous. La formation de nombreux immigrés est terminée et a déjà été payée ailleurs[2]. » Notez la logique qui transparaît ici. Les immigrés peuvent remédier au « manque de main-d'œuvre » en allégeant la pression à la hausse sur les salaires des aides personnels déjà aux États-Unis, et aussi en réduisant la nécessité de former des Américains pour de tels emplois. *The Wall Street Journal*, dont les éditoriaux fournissent un baromètre presque parfait de l'état d'esprit des conservateurs, était beaucoup plus explicite : « Notre point de vue reste que le problème n'est pas le trop grand mais le trop faible nombre d'immigrés... Aussi longtemps que nous ne formerons pas assez [d'Américains] nous-mêmes, l'immigration sera une bénédiction[3]. »

Au moment où cette opinion est mise en avant, la nation ouvre encore davantage ses portes aux immigrés. Dans les années quatre-vingt, près de huit millions d'entre eux sont entrés légalement aux États-Unis, presqu'autant que durant la première décennie du siècle. Le pays héberge aussi des immigrés illégaux, dont le nombre a été estimé à 3,4 millions[4]. Le Congrès a été attentif aux besoins de travailleurs supplémentaires exprimés par les employeurs. Dans les années quatre-vingt, les hôpitaux américains ont été confrontés à une « insuffisance de main-d'œuvre » en ce qui concerne les infirmières. Ils ont commencé à en recruter aux Philippines et en Irlande, et à les faire venir aux États-Unis avec des visas temporaires ; en 1989, le Congrès décida que le manque d'infirmières était suffisamment grave pour que ces immigrées temporaires, qui étaient plus de 10 000, reçoivent la citoyenneté américaine. Un autre amendement aux lois sur l'immigration, patronné par les membres républicains du Congrès, a reçu le soutien explicite des firmes appartenant à des Américains ; il crée une nouvelle catégorie d'immigrés qualifiés d'« indépendants », pour lesquels 54 000 visas supplémentaires seront émis chaque année. Le résultat de ces mesures, et de quelques autres, est que la proportion d'Américains nés en dehors des frontières a recommencé à augmenter, après un longue période de déclin, dépassant nettement les 6 % en 1990[5].

Une immigration sans restriction est-elle avantageuse pour l'économie américaine ? Est-elle avantageuse pour les États-Unis ?

Tout dépend, une fois encore, de ce que l'on entend par ces termes. L'« économie américaine » est, j'ai insisté là-dessus, un ensemble d'individus vivant et travaillant à l'intérieur des frontières des États-Unis. Son succès n'est pas fonction de la capacité des firmes appartenant à des Américains à faire des profits, mais de la valeur que ces individus ajoutent à l'économie mondiale, qui dépend à son tour de leur formation, de leur santé, et de la facilité avec laquelle ils peuvent transporter et communiquer le produit de leurs efforts.

S'il se trouve que vous êtes un manipulateur de symboles aux États-Unis, un afflux de nouveaux immigrés vous permettra vraisemblablement d'économiser de l'argent, particulièrement s'ils ont déjà une formation de base et des compétences utiles. Pourtant, si vous êtes un aide personnel faisant déjà partie de la population active américaine, l'immigration est un bienfait plus douteux. Vous profitez, autant que tout autre Américain, de la formation des nouveaux immigrés, de leur énergie, de leur empressement à travailler pour des salaires faibles. Mais dans la mesure où leur présence remédie au « manque de main-d'œuvre » qui nous menace, elle réduit la pression subie par les autres Américains pour payer plus cher vos services. Ainsi, votre salaire ne s'élèvera pas autant ou aussi vite qu'il l'aurait fait sans l'immigration (bien qu'il ne baissera sans doute pas d'une manière significative)[6]. Plus important, sur le long terme, les manipulateurs de symboles seront de moins en moins incités à investir une partie de leurs gains dans votre formation, et ainsi à accroître votre valeur future. Quand *The Wall Street Journal* estime que des immigrés formés seront une « bénédiction » tant que « nous ne formerons pas assez » d'hommes et de femmes à l'intérieur des États-Unis pour assurer les emplois de services personnels, le « nous » renvoie seulement aux plus riches d'entre nous, qui autrement pourraient sentir que leur intérêt bien compris serait de consacrer une part plus large de leurs revenus à former le reste de la population.

Pour ces raisons, la politique d'immigration va devenir dans les années à venir une source de conflit croissant entre les manipulateurs de symboles américains et les aides personnels. À mesure que le débat sur le degré d'ouverture du marché américain aux biens et aux services étrangers perd de son intensité, le débat sur son degré d'ouverture aux travailleurs étrangers ne peut que s'intensifier. Pourtant il est probable que, là encore, le point de vue des manipulateurs de symboles prévaudra.

4

DANS la mesure où des mouvements plus libres des biens, des services, de l'argent, de la technologie et des individus à travers les frontières enrichissent plus encore les manipulateurs de symboles, les revenus à partager avec les travailleurs routiniers et les aides personnels s'accroissent, du moins en théorie. Les manipulateurs de symboles ne représentent que 20 % de la population américaine en âge de voter. Les quatre autres cinquièmes disposent d'une large majorité des voix. Ils pourraient mandater leurs élus pour qu'une plus forte part des revenus croissants des manipulateurs de symboles soit imposée et transférée à leur profit. Ce transfert se ferait soit directement, comme suppléments de revenus, soit indirectement sous la forme d'investissements publics pour leur formation, leurs soins de santé, et pour l'accès à des routes en bon état, à de l'eau propre et aux loisirs. En pratique, il est peu probable que les quatre cinquièmes inférieurs de la population américaine imposent de telles exigences au cinquième supérieur.

Une première raison est le manque fondamental de compréhension des phénomènes en jeu. Il est difficile de saisir les imbrications entre le Code des impôts, le système de Sécurité sociale, le budget fédéral, les subventions extra-budgétaires et les réductions d'impôts, les budgets des États et des collectivités locales, même pour des hommes politiques présumés intelligents et consciencieux (et pour leurs équipes bourrées d'experts) ; ne parlons pas du citoyen moyen. Si on y ajoute les subtilités de l'économie et de la finance internationales, il devient impossible de saisir l'ensemble du tableau. Dans le petit intervalle de temps entre l'arrivée à la maison au retour du travail, le couchage des enfants, et la chute, épuisé, dans le lit, on n'est guère tenté de se plonger dans les montagnes de statistiques gouvernementales. Les journaux et les informations télévisées ne sont pas d'une grande aide. Les catastrophes, les meurtres, les pillages et les guerres constituent un menu bien plus stimulant que l'investissement direct à l'étranger ou la taxation des gains en capital. Les médias évitent soigneusement les explications complexes de crainte que leurs lecteurs et auditeurs ne se lassent et cherchent des publications ou des émissions plus divertissantes.

Il faut aussi compter avec la domination persistante de la vision périmée. Pour presque tout le monde, l'économie américaine est encore formée par les secteurs d'activité américains, ceux-ci étant eux-mêmes composés de firmes américaines ; leurs profits et leurs parts du marché mondial ne pourront être préservés que par les investisseurs américains, qui devront être motivés pour risquer leur capital. Et comme, selon cette vision des choses, les emplois américains et les salaires qui leur sont liés dépendent de la vitalité de l'économie américaine, il résulte que tous les Américains doivent faire en sorte que les investisseurs américains bénéficient de taux de rendements pour leurs placements suffisamment généreux pour qu'ils restent très motivés. En conséquence, il est admis que la nation ne peut se permettre de dépenser plus d'argent pour les routes, les ponts, la propreté de l'eau, les soins de santé pour les pauvres, et la formation. Après tout, il faut respecter les priorités ; pour la santé économique de la nation, les profits privés sont essentiels.

La réalité, bien sûr, est exactement à l'opposé, comme nous l'avons vu. Mais la vieille image ne s'efface pas. Elle persiste, parce qu'elle correspond à la façon dont l'économie était organisée ; parce que c'est ainsi que la majorité des Américains l'ont en mémoire depuis ces jours heureux qui datent d'une génération ; et parce que les leaders du monde des affaires et des médias la dépeignent ainsi. Changer une conception dominante de la réalité nécessite une énergie importante et beaucoup d'initiative. En fait, le plus souvent, ce changement ne se produit que lorsque le fossé entre ce qui est et l'image qui domine devient si large qu'il rend la vision conventionnelle absurde. Ce jour finira par arriver, mais il ne faut pas s'attendre à ce qu'il arrive rapidement.

À la difficulté de comprendre et d'accepter ce qui est en train de se produire s'ajoute l'hypothèse que chacun reçoit ce qu'il mérite. Cette notion est profondément ancrée dans la conscience américaine, depuis les débuts de la République. Selon ce principe, les riches sont devenus riches parce qu'ils ont fait ce qu'il fallait pour cela. Leur richesse est une mesure de leur valeur marchande ; et leur valeur marchande un signe de leur mérite. Enlever aux riches leur richesse serait une confiscation injuste. Ils doivent payer des impôts, comme tout le monde, bien sûr ; et il est normal qu'ils payent des montants plus élevés que le reste de la population, dans la mesure où le sacrifice est en proportion moins grand pour eux. Mais ils ne doivent pas supporter un fardeau proportionnellement beaucoup plus élevé. Dans cette argumentation est incluse l'hypothèse plus profonde, elle aussi typiquement américaine, que tout le monde peut « y arriver » avec suffisamment de travail, de cran et d'initiative. Un jour, moi-même ou mes enfants pourront faire partie des riches ; et quand ce couronnement aura été atteint, je ne veux pas que ma fortune (ou celle de mes enfants) soit confisquée. La mobilité sociale ascendante fait partie du credo américain.

Mais, là encore, nous rencontrons les dangers d'une vison périmée. Les manipulateurs de symboles se sont retirés dans des enclaves comportant de bonnes écoles, des soins de santé excellents, et des infrastructures de premier ordre ; le reste de la population est restée, en majorité, sur le carreau ; pour les travailleurs routiniers et les aides personnels, ou leur progéniture, la probabilité de devenir des manipulateurs de symboles se réduit. Cette réalité rompt la relation supposée entre revenus élevés et grande valeur personnelle. Les revenus élevés doivent être attribués à la bonne fortune (avoir été éduqué dans une famille de manipulateurs de symboles, à l'intérieur d'enclaves de manipulateurs de symboles) plutôt qu'à la possession d'un talent unique ou à la détermination de travailler durement. Avec le temps, cette réalité deviendra plus apparente, et le principe du « chacun reçoit ce qu'il mérite » se fera de moins en moins convaincant.

5

LA DOCILITÉ des quatre cinquièmes de la population les moins avantagés s'explique aussi par leur sentiment que l'action politique n'aurait de toute façon aucun effet. Ils sont résignés à ce qui arrive, parce qu'ils admettent que les manipulateurs de symboles détiennent toutes les cartes ; si le jeu est truqué dès le départ, pourquoi jouer ? En comparaison avec les citoyens de la plupart des autres démocraties, les Américains exercent leur droit de vote avec un manque remarquable d'enthousiasme. Le taux de participation pour les élections nationales est tombé au-dessous de 50 %, et parmi ceux qui se rendent dans les isoloirs, ce sont les Américains ayant de hauts revenus qui prédominent[7]. Quant aux autres : « Les jeunes, les salariés pauvres, les chômeurs, les pauvres dépendants des allocations… ce sont ces gens qui ne votent pas, ou qui cessent de plus en plus de voter[8]. »

Prévoir que l'action politique sera sans effet est une prophétie autoréalisatrice : le seul fait que l'idée qu'elle se réalisera soit répandue suffit à ce qu'elle se réalise. En effet, il y a peu de chances que les hommes politiques soient particulièrement attentifs aux besoins d'« électeurs » qui ne veulent pas voter, participer personnellement ou financièrement aux campagnes électorales. Bien des membres des quatre cinquièmes inférieurs de la population américaine sont engagés dans un cercle vicieux politique : leur scepticisme à propos de la politique américaine est payé en retour par des décisions gouvernementales qui confirment leurs pires soupçons, donnant naissance à encore plus de scepticisme et de passivité.

Dans les décennies passées, les hommes politiques d'obédience démocrate tiraient une grande partie de leur force des quatre cinquièmes inférieurs ; même eux ont eu tendance à détourner leur attention des Américains pauvres, précisément quand ces Américains ont détourné leur attention de la politique. Durant les années quatre-vingt, l'argent des campagnes électorales a coulé dans les coffres des républicains, venant des individus riches, des firmes et des associations d'entreprises : de nombreux hommes politiques démocrates ont alors pensé qu'ils n'avaient pas d'autre alternative que de chercher de l'argent venant des mêmes sources. Les démocrates membres du Congrès n'ont pas eu beaucoup de difficulté à convaincre les grands hommes d'affaires et les banquiers de Wall Street qu'il était préférable de soutenir les sortants démocrates plutôt que leurs adversaires républicains. C'était un échange honnête. Les sortants ont beaucoup plus de chances de l'emporter, particulièrement avec un léger soutien de leurs amis. C'était aussi, apparemment, un échange convaincant. Aux élections de 1988, à la Chambre des représentants, 97 % des sortants qui se représentaient ont retrouvé leurs sièges ; ils étaient 85 % au Sénat. Le résultat fut que l'argent des sources républicaines traditionnelles a commencé à couler vers les démocrates. En 1988, 64 % de toutes les sommes collectées par les Comités d'action politique sont allés aux sortants démocrates des deux Chambres, alors que presque rien n'allait à leurs adversaires républicains. La majeure partie de cette manne (31,7 millions de dollars) venait des Comités d'action politique des firmes, de Wall Street et des associations d'entreprises, et non des syndicats (qui contribuèrent pour moins de 24 millions de dollars) et des autres sources traditionnelles de financement du parti démocrate[9].

Il est bien sûr difficile de représenter les petits quand ce sont les gros qui payent l'addition. Il ne s'agit pas d'un problème de corruption. De nombreux hommes politiques démocrates subissent une nouvelle forme d'inhibition plus subtile. Ils savent qu'ils auront besoin d'argent pour compléter le financement de leurs futures campagnes électorales. Cette prévision tend à freiner toute réflexion hardie sur les problèmes de la nation, et à repousser les choix qui seront fortement contestés par ceux qui ont l'argent, comme l'institution d'un impôt vraiment progressif. Ceci tend aussi à étouffer la voix de ceux qui sont moins prêts, ou moins aptes, à apporter le financement ou à participer d'une autre manière à l'action politique. L'attention portée par les hommes politiques aux intérêts des manipulateurs de symboles confirme ce que le reste de la population suppose à propos de la vanité de l'action politique, et l'encourage ainsi à se montrer encore plus passif.

Si les quatre cinquièmes inférieurs de la population étaient plus actifs politiquement, leurs contributions totales aux campagnes électorales et leurs efforts pour obtenir les votes pourraient surpasser les ressources financières des manipulateurs de symboles qui, bien que riches, sont beaucoup moins nombreux. Mais il n'existe pas de moyen simple pour mobiliser cette grande force et pour briser le cercle vicieux de la vanité de l'action politique. Entre le milieu des années trente et les années soixante, les syndicats ont mobilisé la classe ouvrière américaine en faveur de l'enseignement, des services sociaux, et d'un impôt sur le revenu progressif. Mais l'économie mondiale a érodé la force des syndicats, et le nombre de travailleurs routiniers américains continue de diminuer. Les aides personnels, dont le nombre augmente, ne peuvent pas s'organiser aussi facilement ; ils travaillent en général dans de petits établissements, sont dispersés dans de vastes zones géographiques et exercent des métiers très divers. Dans la majorité des autres démocraties occidentales, des mouvements actifs donnent encore une représentation politique aux intérêts économiques de la classe ouvrière ; ce n'est plus le cas aux États-Unis. Les conséquences en sont la léthargie politique de la majorité des travailleurs américains, et une prophétie autoréalisatrice que les hommes politiques travaillent pour le gratin de la société.

6

MÊME si tous ces obstacles n'existaient pas, les quatre cinquièmes inférieurs de la population hésiteraient quand même à se montrer exigeants vis-à-vis du cinquième supérieur. La raison en est économique.

L'endroit où les manipulateurs de symboles décident de consacrer leurs énergies et leur argent a une forte influence sur le reste de la population. La dépendance des aides personnels est directe ; les riches manipulateurs de symboles qu'ils côtoient attirent l'argent du reste du monde et en dépensent une partie dans des services locaux. Les travailleurs routiniers ne dépendent pas exclusivement des manipulateurs de symboles américains ; mais ils sont néanmoins soumis aux décisions des courtiers-stratèges de toutes nationalités. Ce sont eux qui leur donnent du travail et, ils l'espèrent, les forment pour les rendre plus productifs.

La dépendance n'est pas symétrique. Les manipulateurs de symboles constituent la partie la plus mobile de la population active de tous les pays. Ils ne dépendent pas de l'existence d'usines à proximité, comme les travailleurs routiniers ; ils ne dépendent pas non plus de la présence d'un grand nombre de consommateurs sur place, comme les aides personnels. Les manipulateurs de symboles peuvent travailler à peu près partout où existent un téléphone, un fax, un modem et un aéroport. Certes, les manipulateurs de symboles tirent un soutien intellectuel de la présence de leurs pairs dans les zones spéciales où ils travaillent ; mais ils ne sont pas obligés d'y travailler ; il existe d'autres centres de manipulation de symboles où ils peuvent se réinstaller. De même, la tradition et la famille étendue ne pèsent pas sur le choix du lieu où ils habiteront, comme c'est souvent le cas pour les travailleurs routiniers et les aides personnels. Disposant de davantage de moyens pour se loger et faire garder leurs enfants, les manipulateurs de symboles sont moins dépendants de la présence à proximité de membres de leurs familles. En fait, ils passent une grande partie de leur temps à se déplacer, pour des réunions avec leurs clients dans des villes éloignées, pour des missions temporaires dans des usines ou des laboratoires à l'étranger, des salons ou des conventions partout dans le monde.

Cette asymétrie place les manipulateurs de symboles dans une position de négociation forte. Les travailleurs routiniers et les aides personnels sont peu disposés à faire quoi que ce soit qui puisse décourager les manipulateurs de symboles de venir s'installer dans leurs villes ou leurs régions, ou même leur pays ; ils font aussi attention à éviter de s'opposer aux manipulateurs de symboles qui sont déjà parmi eux. En fait, leurs motivations sont exactement opposées. Les quatre cinquièmes inférieurs et moins mobiles de la population sont prêts à offrir aux manipulateurs de symboles des stimulants généreux pour les faire venir ou les conserver sur place.

7

CE POUVOIR inégal de négociation est le plus manifeste quand des travailleurs routiniers essayent de convaincre des manipulateurs de symboles de les engager. Considérons, par exemple, les dirigeants de la société Hyster, que nous avons déjà rencontrés quand ils essayaient d'empêcher des firmes appartenant à des Japonais de vendre des chariots élévateurs bon marché aux États-Unis. En septembre 1982, les courtiers-stratèges de Hyster informaient les officiels de cinq États américains et de quatre pays où ses travailleurs routiniers assemblaient des chariots élévateurs qu'ils allaient devoir fermer certaines usines. Les gouvernements étaient invités à faire des offres pour conserver les emplois chez eux ; les activités seraient maintenues là où elles seraient le plus généreusement subventionnées. Le résultat fut un grand succès pour Hyster. En février 1983, Hyster avait collecté 27,5 millions d'aides directes de la part d'autorités diverses. La Grande-Bretagne offrait 20 millions de rançon pour 1 500 emplois à Irvine, en Écosse. Plusieurs villes américaines, parmi lesquelles Kewanee, dans l'Illinois, Sulligent, en Alabama, et Berea, dans le Kentucky, remirent un total de 18 millions de dollars en aides directes et en prêts subventionnés pour attirer ou préserver 2 000 emplois. Les liens géographiques n'entrèrent pas en ligne de compte. À Portland, dans l'Oregon, où était situé le quartier général mondial de Hyster, l'usine locale de Hyster fut fermée bien que le fonds de retraite des employés de l'État ait accordé un prêt de 20 millions de dollars. Le plus grand vainqueur fut Danville, dans l'Illinois. Dans cette ville de 39 000 habitants, le taux de chômage atteignait à cette époque 16 % ; ses dirigeants acceptèrent d'apporter 10 millions de dollars environ en subventions d'exploitation et en aides pour la formation. La triste ironie de la situation est bien sûr que les emplois de travailleurs routiniers ainsi préservés restent menacés. La demande de long terme pour les chariots élévateurs ne croît que lentement aux États-Unis, et les travailleurs routiniers dans le tiers-monde peuvent les assembler pour des salaires très inférieurs.

D'autres réseaux mondiaux ont provoqué d'autres surenchères du même type. Quand Diamond-Star Motors, du groupe Mitsubishi, annonça en 1985 qu'elle voulait monter des automobiles aux États-Unis, quatre États entrèrent en compétition pour accueillir l'usine (l'Illinois, l'Indiana, le Michigan et l'Ohio). Le vainqueur fut l'Illinois, avec un ensemble d'aides directes et d'incitations sur dix ans pour un total de 276 millions de dollars, soit environ 25 000 dollars par an pour chaque emploi que Mitsubishi allait créer dans l'État. De telles incitations deviennent de plus en plus généreuses : en 1977, l'Ohio avait décidé Honda à construire une usine de montage de voitures sur son territoire en lui promettant 22 millions de dollars de subventions et de réductions d'impôts ; en 1986, le Kentucky a eu besoin de 100 millions de dollars pour convaincre Toyota de créer à peu près le même nombre d'emplois sur son territoire[10].

Les officiels des États et des collectivités locales n'ont pas le moindre scrupule à surenchérir pour les emplois des réseaux mondiaux, même si ces réseaux sont nominalement possédés et contrôlés par des étrangers. Le comportement des responsables fédéraux est, sur ce point, tout à fait différent. Comme nous l'avons vu, ils font une nette distinction entre les firmes appartenant à des Américains et celles appartenant à des étrangers. La raison de cette différence est politique. Les courtiers-stratèges qui dirigent les firmes appartenant à des Américains ont suffisamment d'influence à Washington pour exiger que les largesses fédérales leur soient exclusivement réservées. Leur influence est amplifiée à travers leurs syndicats professionnels nationaux et, souvent, par « leurs personnels chargés des affaires gouvernementales » (un euphémisme de Washington pour désigner les lobbyistes des firmes) installés à proximité à la fois de Capitol Hill et des restaurants cossus de Washington. Mais ils ont beaucoup moins d'influence dans les capitales d'État et dans les hôtels-de-ville, sauf quand leurs quartiers généraux et leurs principales usines sont déjà installés sur place. Même la plus grande firme appartenant à des Américains n'entretient pas de bureau pour les affaires gouvernementales à Indianapolis ou à Little Rock, et n'y finance pas un syndicat professionnel exerçant une influence permanente. Les officiels des États et des collectivités locales sont ainsi laissés libres de négocier avec des manipulateurs de symboles venant du monde entier. En fait, par une inversion ironique, ce sont les gouvernements des États et les autorités locales qui entretiennent souvent des bureaux dans des villes étrangères, à la recherche d'accords potentiels.

En conséquence, les États, les villes et même les pays poussent les enchères les uns contre les autres pour les mêmes emplois mondiaux. Réussir à attirer ces emplois devient une source de fierté, autant qu'une contribution à la réduction du chômage ; de tels succès peuvent aussi avoir une influence significative sur la carrière des hommes politiques locaux qui ont promis de capter ces emplois. L'installation possible d'une nouvelle usine dans une région provoque un marchandage furieux ; une menace en l'air de déplacer une usine qui s'y trouve provoque aussi des négociations passionnées. Le montant total des subventions et des réductions d'impôts dont bénéficient ainsi les firmes mondiales est beaucoup plus élevé qu'il ne le serait sans ces surenchères. Les pays dont les responsables locaux s'abstiennent de se lancer dans ces luttes intestines dépensent en définitive beaucoup moins pour attirer vers eux les emplois ; les pays qui se mettent d'accord pour ne pas surenchérir entre eux y gagnent encore davantage[11].

Ces subventions et ces réductions d'impôts diminuent évidemment le financement public disponible pour les écoles primaires et secondaires, les routes et les ponts, les équipements de loisirs, les usines de traitement des déchets et les autres équipements locaux. Ironiquement, comme je l'ai noté avec insistance, c'est exactement le type d'investissements publics nécessaires pour bâtir les bons emplois de l'avenir. Les États et les villes les plus pauvres, dont beaucoup cherchent désespérément à attirer ou à conserver des emplois de travailleurs routiniers, sont ainsi placés dans une situation difficile : soit ils accordent de telles subventions et réductions d'impôts pour des emplois de travailleurs routiniers qui risquent de ne pas survivre plus de dix ans ; soit ils abandonnent la partie et investissent le produits de leurs impôts, dont la base se réduit, dans l'enseignement et les infrastructures, ce qui ne produira des effets bénéfiques que dans des décennies.

8

QUAND ils négocient avec les manipulateurs de symboles, les aides personnels ne sont pas en meilleure position que les travailleurs routiniers. Ils sont inhibés par la possibilité offerte aux manipulateurs de symboles de déplacer leurs maisons, leurs laboratoires, leurs bureaux là où les services personnels sont moins chers et les impôts moins élevés.

L'attrait de services personnels moins chers à l'étranger est rarement suffisant pour inciter les manipulateurs de symboles à émigrer, mais des déplacements moins extrêmes sont devenus courants. Ainsi, un des agréments des vacances aux Caraïbes, sur la côte du golfe du Mexique, ou à Baja California, est que les services personnels sont beaucoup moins chers qu'à Miami Beach ou à San Diego. Il en est de même pour les résidences secondaires, les conventions, les séminaires. Le tourisme est en train de devenir rapidement l'une des exportations majeures du tiers-monde, destinée aux riches manipulateurs de symboles du Nord.

De plus, avec la réduction des coûts de transport et de communication, les manipulateurs de symboles peuvent plus efficacement déplacer leur travail vers des régions du monde où des services personnels de bonne qualité sont disponibles à bas prix. Des investisseurs américains et allemands sont par exemple en train de construire un studio de cinéma ultramoderne de 100 millions de dollars à Baja California. Les metteurs en scène, les auteurs, les producteurs et les acteurs viendront y tourner leurs films. L'entretien du studio et tous les autres services personnels seront assurés par des Mexicains, pour une faible fraction du prix demandé par leurs homologues de Hollywood.

Encore plus courant est l'attrait des promesses de réduction d'impôts. La zone de manipulation de symboles consacrée à la haute technologie entourant Boston s'est, tout au long des années quatre-vingt, déplacée vers le sud du New Hampshire et le nord de Rhode Island, les manipulateurs de symboles choisissant de vivre et de travailler là où les impôts étaient moins élevés. Les chercheurs ont mis en évidence un mouvement analogue pour les migrants qualifiés ; ils quittent les pays où ils sont obligés de partager une part importante de leurs revenus pour des pays où ils sont moins fortement imposés. La fuite des cerveaux de l'Europe égalitaire vers les États-Unis moins égalitaires fournit une preuve de ce phénomène[12]. Une autre illustration est fournie par la nature des migrations entre les États-Unis et le Canada. La majorité des Américains qui émigrent vers le Canada sont des travailleurs routiniers et des aides personnels relativement peu qualifiés ; la majorité des Canadiens qui migrent vers les États-Unis sont des manipulateurs de symboles hautement qualifiés. Pourquoi ? Les deux pays offrent un même éventail de possibilités d'emplois. Mais une différence pertinente est qu'au Canada la distribution des revenus est plus égalitaire et les avantages sociaux plus généreux qu'aux États-Unis. Ainsi, les Américains peu qualifiés trouvent au Canada un environnement accueillant, où ils peuvent profiter d'une plus grande sécurité de revenus ; et les Canadiens qualifiés trouvent aux États-Unis un environnement accueillant où ils peuvent garder pour eux une part plus importante de leurs revenus[13].

En résumé, parce que les aides personnels et les travailleurs routiniers ont besoin des manipulateurs de symboles beaucoup plus que les manipulateurs de symboles n'ont besoin d'eux, les premiers ont peu d'influence politique sur les seconds. Ils ne peuvent forcer les manipulateurs de symboles à partager leurs revenus avec eux, ni à investir dans leur avenir. En d'autres termes, la politique de la sécession est relativement tranquille parce que l'autre côté ne dispose d'aucune artillerie politique.

23
Qui est « nous » ?

Il est juste de préférer notre propre pays, à tous les autres, parce que nous sommes des enfants et des citoyens avant de pouvoir être des voyageurs et des philosophes.

GEORGE SANTAYANA,
The Life of Reason (1905)

QUEL est le rôle de la nation dans l'économie mondiale qui est en train d'apparaître, et dans laquelle les frontières cessent d'exister ? Ma réponse est, je l'espère, claire. Le rôle économique d'une nation n'est pas d'accroître la capacité à faire des profits des firmes arborant son drapeau, ou d'augmenter les avoirs de ses citoyens à l'étranger ; il est d'améliorer le niveau de vie de ses membres en augmentant la valeur de leur contribution à l'économie mondiale. Les préoccupations à propos de la « compétitivité » nationale sont souvent mal dirigées. Ce n'est pas ce que nous possédons qui compte, c'est ce que nous faisons.

Vu sous cet angle, le problème des États-Unis est que, si certains Américains ajoutent une valeur substantielle à l'économie mondiale, ce n'est pas le cas de la majorité de leurs compatriotes. En conséquence, le fossé s'élargit entre le petit nombre d'Américains qui forment le premier groupe et tous les autres. Améliorer la situation économique des quatre cinquièmes inférieurs exigera que le cinquième supérieur partage sa richesse et investisse dans les capacités à créer de la richesse des autres Américains. Mais le cinquième supérieur est de plus en plus fortement lié à l'économie mondiale. De ce fait, il s'intéresse moins aux performances et au potentiel de ses compatriotes moins favorisés. De là résulte notre dilemme, qui est aussi celui d'autres nations.

Pourtant, l'histoire se déroule rarement de manière linéaire. Ceux qui prévoient que l'amélioration (ou la détérioration) régulière d'aujourd'hui par rapport à hier sera encore plus prononcée demain sont finalement souvent dans l'embarras quand demain arrive. Les tendances apparemment les plus permanentes ont été inversées dans l'intervalle par un tremblement de terre, une idée nouvelle, une révolution, la disparition de la confiance des milieux d'affaires, une découverte scientifique ; les prévisionnistes se demandent alors comment ils ont bien pu se tromper et croire qu'une autre issue était même vaguement envisageable. Mais, malgré l'échec prévisible de toute prévision, le public continue à accorder de l'attention aux analystes boursiers, à ceux qui repèrent les tendances, aux futurologues, aux météorologues, aux astrologues, et aux économistes. Vraisemblablement, un tel respect est moins dû à la précision de leurs prophéties qu'à la conviction avec laquelle elles sont délivrées.

Le lecteur de ces pages est dûment averti. Une extrapolation trop simple du passé vers l'avenir montrerait une croissance continue de la richesse des manipulateurs de symboles et une baisse régulière de celle de presque tout le reste de la population. Le coût du transport et des communications à travers le monde continuera à diminuer, créant un marché encore plus vaste, et une demande en plein essor pour les services des résolveurs de problèmes, des identificateurs de problèmes et des courtiers-stratèges, tout en générant en même temps une offre encore plus importante de travailleurs non qualifiés. En conséquence, les manipulateurs de symboles américains deviendront encore plus riches ; les travailleurs routiniers deviendront plus pauvres et moins nombreux ; et la sécurité économique des aides personnels diminuera avec la mobilité accrue de la main-d'œuvre mondiale et la souplesse des machines économisant le travail.

Les destins des mieux et des plus mal lotis vont donc continuer à diverger. En 2020, le cinquième supérieur récoltera plus de 60 % de tous les revenus des Américains ; le cinquième inférieur, moins de 2 %. Les manipulateurs de symboles vont se retirer dans des enclaves encore plus isolées, au sein desquelles ils vont mettre en commun leurs ressources plutôt que de les partager avec d'autres Américains ou de les investir d'une manière qui améliore la productivité de ces autres Américains. Une part encore plus faible de leurs revenus sera imposée et donc redistribuée ou investie au bénéfice du reste de la population. Les dépenses gouvernementales pour l'enseignement, la formation et les infrastructures vont continuer à décliner en proportion du revenu total de la nation ; toute économie sur le budget de la Défense se traduira par des réductions d'impôt supplémentaires ou par une diminution du déficit budgétaire. Les villes, les communes et les États les plus pauvres seront dans l'incapacité de combler la différence.

Les manipulateurs de symboles se distingueront du reste de la population par leurs liens avec l'économie mondiale, le confort de leur style de vie, la qualité des soins de santé dont ils disposeront, et l'abondance des gardes à leurs services ; ils achèveront ainsi leur sécession par rapport à l'Union. Les communes et les enclaves urbaines où ils résideront ne ressembleront en rien au reste des États-Unis, pas plus que les zones de manipulation de symboles où ils travailleront ; il n'y aura plus aucun lien entre les deux parties du pays. Dans le même temps, les citoyens les plus pauvres seront isolés dans leurs propres enclaves de désespoir urbaines ou rurales ; une proportion encore plus forte de leurs jeunes hommes peupleront les prisons de la nation. Le reste de la population américaine, qui deviendra graduellement plus pauvre, ne se sentira pas en mesure de modifier l'une quelconque de ces tendances.

Tout ne sera pas aussi simple, bien sûr. D'autres événements surviendront sans doute, qui infléchiront cette trajectoire. L'un d'eux, et non le moindre, sera l'incapacité des manipulateurs de symboles de se protéger eux-mêmes, de protéger leur familles et leurs biens contre les attaques d'une population extérieure plus nombreuse et encore plus désespérée. Les troupes de gardiens, les systèmes d'alarmes ultramodernes et la multitude de prisons ne leur apporteront qu'une tranquillité d'esprit relative.

Il est également possible que les manipulateurs de symboles décident qu'ils ont la responsabilité d'améliorer le bien-être de leurs concitoyens, indépendamment de tout avantage personnel. Un nouveau patriotisme naîtrait alors, fondé moins sur l'intérêt économique individuel que sur la loyauté à l'égard de la nation.

2

DE QUOI sommes-nous redevables, les uns envers les autres, en tant que membres de la même société qui ne vivent plus dans la même économie ? La réponse dépend de la force de notre sentiment d'appartenance à cette même société.

La loyauté géographique, qu'elle porte à la ville, la région ou la nation, s'accordait plus naturellement à l'intérêt économique individuel. Chaque citoyen contribuait au financement de l'enseignement, des routes et des autres améliorations collectives ; même s'il était probable qu'à court terme, il ne profiterait que d'une partie de ce pour quoi il avait payé, il supposait que ses sacrifices seraient en définitive largement récompensés. Le civisme actif, l'investissement public et la coopération économique étaient cohérents avec ce que Tocqueville avait appelé le principe de « l'intérêt individuel bien compris ». Si nos concitoyens sont plus riches et plus productifs, nous bénéficierons de leur habileté à nous donner plus en échange de ce que nous leur offrons. Et si nous résistons à un comportement opportuniste, ils feront de même, avec pour résultat que notre avantage augmentera encore. Les réseaux d'interdépendance économique qui en résultent font naître les habitudes de la citoyenneté.

Entre 1950 et le début des années soixante-dix, l'économie américaine dans son ensemble commença à illustrer ce principe. Les salariés, les milieux d'affaires et le public au sens large, par l'intermédiaire de ses représentants, coopéraient de manière tacite pour promouvoir la production de masse ; les économies d'échelle qui en résultaient engendraient des profits élevés ; une part de ces profits était réinvestie pour créer des économies d'échelle encore plus importantes, et une autre part allait aux ouvriers et aux cadres moyens sous la forme de meilleurs salaires et d'avantages sociaux. En conséquence, un nombre élevé d'Américains accédèrent à la classe moyenne, prêt à consommer les produits de ce système en plein essor.

Mais, à mesure que les frontières des villes, des États et même des nations ne limitent plus des domaines d'interdépendance économique, le principe de Tocqueville de « l'intérêt individuel bien compris » devient moins contraignant. Les nations sont devenues des régions de l'économie mondiale ; leurs citoyens, la population active d'un marché mondial. Les firmes nationales se sont transformées en réseaux mondiaux ; elles localisent leurs activités de production de masse standardisée là où le travail est le moins cher, et leurs activités les plus profitables là où des individus formés et talentueux peuvent le mieux conceptualiser les nouveaux problèmes et les nouvelles solutions. Dans ces conditions, les sacrifices et les restrictions économiques à l'intérieur des frontières d'une nation ont moins de chance de revenir à leur point de départ que dans une économie plus fermée.

La question est de savoir si les habitudes de la citoyenneté seront suffisamment fermes pour résister aux forces centrifuges de la nouvelle économie mondiale. Y a-t-il suffisamment de loyauté envers le lieu de vie, d'obligation civique, même non embellie par l'intérêt individuel bien compris, pour faire accepter des sacrifices ? Nous sommes, après tout, des citoyens autant que des acteurs économiques. Quel est le degré de fermeté du lien social et politique quand le lien économique s'effiloche ?

La question se pose pour toutes les nations soumises aux forces de l'économie mondiale. Ces forces réduisent l'interdépendance de leurs citoyens, et les divisent en vainqueurs et perdants de la mondialisation. Dans certaines sociétés, où l'allégeance nationale est plus forte que dans d'autres, l'équilibre entre les liens sociaux et les liens économiques penche en faveur des premiers. Malgré l'attraction de l'économie mondiale, l'allégeance nationale est suffisante pour déterminer les vainqueurs à continuer à aider les perdants. Le nationalisme du « nous sommes tous dans le même bateau » qui caractérise ces sociétés est fondé non seulement sur l'intérêt individuel bien compris, mais aussi sur le sens profondément enraciné d'un héritage partagé et d'un destin national. Les Japonais, les Suédois, les Autrichiens, les Suisses, les Allemands, par exemple, se considèrent eux-mêmes comme membres de cultures dont la force et la survie dépendent, dans une certaine mesure, des sacrifices des plus favorisés d'entre eux. C'est une question de fierté et de devoir nationaux. C'est en partie pour cette raison que la distribution des revenus est, dans ces pays, parmi la plus égalitaire de tous les pays du monde (bien que la division internationale du travail commence à enfoncer un coin entre les riches et les pauvres, et à mettre à l'épreuve l'engagement des premiers en faveur de l'égalité économique). Ces nations, soit dit en passant, ont battu durant les décennies soixante et soixante-dix certains des plus spectaculaires records de croissance de toutes les nations industrialisées[1].

Peut-on faire naître de tels sentiments aux États-Unis ? Et faut-il le faire ?

3

LE NATIONALISME peut être un sentiment dangereux. Le même « nous sommes tous dans le même bateau », à l'origine de sacrifices mutuels à l'intérieur d'une nation, peut aisément dégénérer en mépris chauvin pour tout ce qui est étranger. En effet, les deux sentiments se renforcent l'un l'autre. C'est un lieu commun que de constater que les britanniques n'ont jamais montré autant de vertu et de solidarité que dans le combat contre Hitler. La Guerre froide des États-Unis contre l'Union soviétique inspira et justifia des milliards de dollars de dépenses publiques pour les routes, l'enseignement et la recherche. Si les Japonais talentueux acceptent de travailler durant de longues heures pour des revenus relativement faibles, c'est pour l'honneur de prendre leur part dans les succès de leur pays. Cette volonté est nourrie du même ensemble de sentiments qui font que les Japonais ont du mal à ouvrir leurs frontières aux produits étrangers et aux immigrés.

L'histoire fournit un avertissement majeur sur les dangers du nationalisme à « somme nulle », c'est-à-dire de l'idée que « soit nous gagnons, soit les autres gagnent ». Il peut corrompre les valeurs publiques jusqu'au point où les citoyens soutiennent des politiques qui améliorent marginalement leur propre bien-être pendant qu'elles causent du tort à tous les autres habitants de la planète ; ils forcent ainsi les autres nations à faire de même pour se défendre. La course aux armements s'accélère ; les barrières commerciales s'élèvent ; les guerres froides deviennent chaudes. La discipline sociale et la loyauté féroce, à l'origine des sacrifices chez les Allemands et les Japonais, ont aussi, dans notre siècle, donné naissance à des atrocités terrifiantes.

Le nationalisme débridé peut également faire dégénérer les valeurs civiques dans la nation elle-même. Une paranoïa s'empare des nations à propos de la présence d'agents étrangers en leur sein ; les libertés civiles sont restreintes pour des raisons de sécurité nationale. Les voisins commencent à se méfier les uns des autres. Les allégeances tribales peuvent même déchirer les nations-états, comme le montre la violence qui éclate périodiquement entre les Chypriotes grecs et turcs, entre les Arméniens et les Azeris, entre les

Albanais et les Serbes, entre les Flamands et les Wallons, entre les Vietnamiens et les Cambodgiens, entre les Israéliens et les Palestiniens, entre les Tamouls et les Cinghalais, entre les Sikhs et les autres Indiens, entre les Libanais chrétiens et musulmans.

L'argumentation contre le nationalisme à somme nulle, et en faveur d'une perspective plus large et plus cosmopolite, semble particulièrement forte au vu des inégalités croissantes dans le monde. L'écart de revenus entre le cinquième supérieur et les quatre cinquièmes inférieurs aux États-Unis est négligeable par rapport au même écart mesuré au niveau de l'ensemble de la population de la planète. L'Amérique du Nord, l'Europe occidentale, l'Asie du Sud-Est, qui forment ensemble le cinquième supérieur, représentent les trois quarts du produit national brut mondial et 80 % de la valeur du commerce mondial. Ces régions riches se détachent du reste du monde, qui s'enfonce rapidement dans une pauvreté sans espoir.

Entre 1970 et 1980, le nombre de personnes qui ne mangent pas à leur faim dans les pays en développement (Chine exceptée) est passé de 650 millions à 730 millions. Depuis 1980, le taux de croissance économique dans la majorité de ces pays a diminué, et les salaires réels ont diminué plus encore. En Afrique et en Amérique latine, les revenus par tête étaient sensiblement plus faibles en 1990 qu'en 1980. Les prix des matières premières ont dégringolé ; l'endettement auprès des banques a paralysé de nombreuses économies sous-développées, qui transfèrent chaque année plus de 50 milliards de dollars vers les pays avancés. Les ravages de la déforestation, de l'érosion et de l'agriculture intensive ont sérieusement ébranlé une grande partie du tiers monde. Pendant ce temps, les taux de natalité ont été beaucoup plus forts dans les populations pauvres que dans les populations riches. Parmi les 12 000 enfants qui naissent chaque heure dans le monde, 60 % rejoignent des familles dont le revenu annuel par personne est inférieur à 350 dollars. En 1990, un peu plus de 5 milliards d'individus vivaient sur la planète ; on prévoit que leur nombre atteindra 8 milliards en 2025, et 16 milliards à la fin du XXIe siècle. Le nombre des pauvres s'est dramatiquement accru au Brésil, au Chili, en Jamaïque, au Pérou et aux Philippines. L'espérance de vie a décliné dans neuf pays de l'Afrique sub-saharienne ; les décès de jeunes enfants dus à la malnutrition ont augmenté[2].

Un fixation à courte vue sur le bien-être national est également dangereuse pour certains problèmes qui ne peuvent être traités que dans le cadre d'une coopération internationale : les pluies acides, le trou dans la couche d'ozone, la pollution des océans, l'effet de serre provoqué par l'usage des combustibles fossiles, la prolifération des armes nucléaires, le commerce mondial de la drogue, l'extension de l'épidémie de SIDA, le terrorisme international. Des attitudes étroitement nationalistes rendent beaucoup plus difficile la solution de ces problèmes et des autres crises transnationales.

4

LE NATIONALISME à somme nulle met aussi en danger la prospérité économique mondiale. La prémisse néomercantiliste selon laquelle « ils gagnent ou nous gagnons » est tout simplement inexacte. Si les travailleurs d'une nation sont mieux formés, ils sont en mesure d'ajouter plus de valeur à l'économie mondiale. Tous les habitants de la planète bénéficient de l'existence de circuits intégrés plus petits et plus puissants, quels que soient ceux qui les fabriquent.

Il est vrai, bien sûr, que la nation dont les membres font les premiers les découvertes en tirera vraisemblablement un bénéfice disproportionné. Cet avantage peut avoir pour conséquence que les citoyens des autres nations se sentiront relativement plus pauvres, malgré leur gain absolu. Les sociologues ont noté depuis longtemps le phénomène de « perte relative », qui fait que les individus évaluent leur bien-être à l'aune de la richesse des autres. L'Anglais moyen est, en termes absolus, dans une bien meilleure situation qu'il y a vingt ans, mais il se sent plus pauvre maintenant que l'Italien moyen l'a dépassé. Il m'arrive de demander à mes étudiants s'ils préféreraient vivre dans un monde où chaque Américain est 25 % plus riche qu'aujourd'hui, et où chaque Japonais est beaucoup plus riche que l'Américain moyen, ou bien dans une monde où les Américains sont simplement 10 % plus riches qu'aujourd'hui mais en avance sur le Japonais moyen ; un grand nombre de mes étudiants choisit habituellement la deuxième option. Les gens peuvent vouloir renoncer à des gains absolus pour empêcher ceux qu'ils perçoivent comme leurs rivaux de bénéficier de gains encore supérieurs. Bien qu'elles soient compréhensibles, ces impulsions de somme nulle sont difficiles à recommander comme principe de comportement économique au niveau international. Dans la mesure où les avancées économiques bénéficient rarement aux citoyens de toutes les nations dans la même proportion, une telle approche, si elle était largement adoptée, bloquerait une grande partie des efforts accomplis pour accroître la richesse mondiale.

L'interdépendance économique est d'ailleurs si profonde que toute stratégie de somme nulle aurait vraisemblablement un effet boomerang, comme les membres de l'Organisation des pays exportateurs de pétrole l'ont découvert dans les années soixante-dix. Les prix du pétrole exorbitants qu'ils avaient imposés ont plongé le monde dans une récession qui a réduit la demande. Aujourd'hui, aucune banque centrale nationale ne peut contrôler son offre de monnaie, ou la valeur externe de sa monnaie, sans la coopération ou l'accord des autres banques centrales. De nos jours, chaque pays avancé dépend des autres comme marchés pour ses produits, et comme fournisseurs. Les Japonais ont besoin d'une Amérique forte et prospère comme marché pour leurs produits et comme lieu où investir leur argent. Si chaque action qu'ils entreprennent a pour effet de précipiter les États-Unis dans le déclin économique, les résultats seront désastreux pour eux-mêmes.

Mais qu'en est-il si des étrangers dominent une technologie majeure, comme cela semble probable pour les Japonais avec les semi-conducteurs avancés, la télévision à haute définition, et des douzaines d'autres exemples de ce type ? À nouveau, nous devons nous méfier des hypothèses de somme nulle. La maîtrise par les Japonais de certaines technologies ne paralysera pas les progrès technologiques aux États-Unis ou ailleurs. Les technologies ne sont pas des biens pour lesquels la demande mondiale est finie ; elles n'existent pas non plus en quantités finies qu'ils recueillent ou que nous recueillons. Les technologies sont des domaines de connaissance. Ce sont les branches extérieures d'un buisson géant sur lequel d'autres branches innombrables poussent en même temps. S'ils doivent prendre leur part de la future croissance, les Américains ont besoin d'une expérience directe de la recherche, du développement et de la fabrication de technologies sur les branches externes ; mais il n'est pas nécessaire que ces branches soient exactement les mêmes que celles occupées par la population active d'une autre nation.

5

L'HOMME ou la femme cosmopolite, qui se sent citoyen du monde, est ainsi en mesure de garder une perspective juste sur les problèmes et les possibilités de la planète. N'étant pas guidé par une forte impulsion patriotique, le manipulateur de symboles mondial résistera sans doute aux solutions à somme nulle et se comportera ainsi de manière plus responsable (de ce point de vue) que les citoyens dont le cadre de référence est plus étroit.

Mais l'individu cosmopolite qui a une perspective mondiale choisira-t-il d'agir avec équité et avec compassion ? Nos manipulateurs de symboles actuels et futurs n'auront aucun sentiment de responsabilité à l'égard d'une nation particulière et de ses citoyens ; partageront-ils leur richesse avec leurs congénères les moins favorisés dans le monde ? Consacreront-ils leurs ressources et leurs énergies à améliorer les chances pour d'autres de contribuer à la richesse mondiale ? Nous rencontrons ici le côté défavorable du cosmopolitisme. Car en l'absence d'une loyauté et de liens forts s'étendant au-delà de la famille et des amis, les manipulateurs de symboles pourront ne jamais développer d'habitudes et d'attitudes de responsabilité sociale. Ils seront des citoyens du monde, sans accepter ou même reconnaître aucune des obligations que la citoyenneté implique normalement. Sans véritable communauté politique dans laquelle ils puissent apprendre, affiner et pratiquer les idéaux de justice et de loyauté, ces idéaux leur apparaîtront peut-être comme des abstractions sans signification.

Le sens de la justice et de la générosité n'est pas inné. Son apprentissage a de nombreuses racines, mais l'appartenance à une communauté politique est l'une des plus déterminantes. Nous apprenons à nous sentir responsables des autres parce que nous partageons avec eux une histoire commune, parce que nous appartenons à une même culture et que nous faisons face avec eux à un même destin. Comme l'a écrit le philosophe Michael Ignatieff, « Nous nous considérons d'abord non comme des être humains, mais comme des fils, des filles, ... des membres de la tribu, et des voisins. C'est ce réseau dense de relations et les significations qu'elles donnent à la vie qui satisfont les besoins qui sont vraiment importants pour nous[3]. »

Partager avec d'autres le simple fait d'être des humains risque de s'avérer insuffisant pour nous inspirer de grands sacrifices. Le consultant en management qui vit à Chappaqua, qui va tous les jours travailler dans une tour de verre et d'acier à Park Avenue, et qui traite avec des clients du monde entier, se sentira peut-être un peu plus responsable envers une famille pauvre vivant à 5 000 kilomètres à l'est de Los Angeles qu'envers une famille pauvre de Mexicains vivant à 5 300 kilomètres, à Tijuana ; mais ce supplément d'affinité peut ne pas suffire pour orienter son énergie ou ses ressources. En tant que citoyen du monde, le consultant en management risque de ne ressentir aucune obligation particulière envers une quelconque société.

Le cosmopolitisme peut aussi engendrer la résignation. Même si le manipulateur de symboles est sensible aux problèmes de la planète, ils peuvent lui sembler si insolubles et accablants dans leur dimension mondiale que toute tentative d'y remédier lui paraîtra futile. Le plus grand ennemi du progrès est le sentiment qu'il n'y a rien à faire ; d'un point de vue qui embrasse l'énormité des maux du monde, le progrès réel risque de sembler inaccessible. À l'intérieur d'unités plus petites comme les villes, les États, et même les nations, les problèmes peuvent sembler solubles ; même une petite amélioration peut paraître importante à cette échelle réduite. En conséquence, alors que le nationaliste ou le régionaliste est en mesure de considérer qu'un sacrifice est à la fois noble et potentiellement efficace, le cosmopolite risque d'être découragé par son inutilité apparente[4].

Le lecteur n'a qu'à réfléchir à sa propre expérience. Rien n'étouffe plus sûrement le zèle réformiste qu'une lecture régulière du *New York Times* ou d'un autre grand quotidien : tous les jours y sont décrites les dimensions mondiales de la faim, des maladies, du racisme, des atteintes à l'environnement et de l'injustice politique. Il ne faut donc pas s'étonner si tous les grands mouvements sociaux ont commencé au niveau local. Ceux qui ont pour objectif de réformer le monde en une seule fois ont souvent du mal à trouver des recrues assez crédules.

En résumé, une vision cosmopolite apporte une perspective utile et appropriée pour un grand nombre de problèmes mondiaux, et évite les écueils de la pensée en termes de somme nulle ; mais elle peut décourager d'entreprendre les actions vraiment nécessaires pour remédier aux problèmes qu'elle met en lumière. Il n'est pas évident que l'humanité se portera significativement mieux avec un grand nombre de cosmopolites avisés mais indifférents ou se sentant désarmés face aux maladies du monde plutôt qu'avec une multitude de nationalistes bornés voulant que leur propre pays soit le numéro un.

6

MAIS devons-nous vraiment choisir entre le nationalisme à somme nulle et le cosmopolitisme indifférent ? Est-ce que ces deux positions décrivent les deux façons de définir la citoyenneté dans l'avenir ? Les débats concernant les intérêts nationaux des États-Unis dans l'économie mondiale sont, malheureusement, souvent exprimés dans ces termes dichotomiques. D'un côté, les nationalistes à somme nulle, représentants typiques du point de vue des travailleurs routiniers et des aides personnels, insistent pour que le gouvernement mette en avant les intérêts économiques des États-Unis, même aux dépens d'autres intérêts dans le monde. De leur point de vue, si nous ne nous montrons pas plus fermes, les étrangers, exploitant l'ouverture de nos frontières, continueront à accroître leurs parts de marché aux dépens des États-Unis, secteur industriel après secteur industriel, pour en définitive nous dérober le contrôle de notre destin. De l'autre côté, les cosmopolites adeptes du laissez-faire, représentant habituellement les vues des manipulateurs de symboles, affirment que le Gouvernement doit simplement se tenir à l'écart. De leur point de vue, les individus à la recherche du profit et les firmes sont bien plus capables de décider du lieu où chaque bien doit être produit ; le Gouvernement ne fait que semer le désordre. La liberté de mouvement de tous les facteurs de production à travers les frontières nationales améliorera finalement la situation de tous.

Ce qui n'apparaît pas dans ce débat, c'est une troisième possibilité, supérieure aux deux premières, celle d'un nationalisme économique positif : les citoyens de chaque nation prennent une responsabilité importante dans l'amélioration des capacités de leurs compatriotes à rendre leurs vies pleines et productives, mais ils travaillent aussi avec les autres nations pour s'assurer que ces améliorations ne se font pas au détriment du reste de l'humanité. Cette position n'est pas celle du laissez-faire cosmopolite, parce qu'elle repose sur un sens de l'objectif national, d'un lien historique et culturel à l'origine d'un effort politique commun. Elle cherche à encourager le développement des nouvelles formations au sein de la nation, pour amortir la transition pour la main-d'œuvre issue des secteurs industriels anciens, pour éduquer et entraîner la population active de la nation, pour améliorer les infrastructures de la nation. Elle cherche aussi à créer des règles internationales de loyauté pour atteindre tous ces buts. Les objectifs de ces investissements sont sans aucun doute publics.

Ce n'est pas non plus la position du nationaliste à somme nulle : le but premier est d'accroître le bien-être mondial plutôt que d'améliorer le bien-être d'une nation en réduisant celui d'une autre. Il n'y a pas un montant fixé de profit mondial à répartir ou un marché limité à se partager. Ce n'est pas « leurs » firmes contre « les nôtres » dans un combat pour dominer le commerce mondial. Nous nous rencontrons au contraire sur le terrain des compétences et des connaissances humaines, terrain dont l'expansion est potentiellement infinie. Le capital humain, à l'inverse du capital physique ou financier, n'a pas de limites inhérentes.

En fait, ces sentiments nationalistes entraînent probablement le monde vers une plus grande richesse que les sentiments cosmopolites qui ne sont fondés sur la loyauté envers aucune nation. Car comme des villageois dont la diligence à s'occuper de leurs propres jardins a pour résultat des récoltes abondantes pour tous, les citoyens qui ressentent une obligation particulière à cultiver les talents et l'habileté de leurs compatriotes contribuent en définitive en même temps à améliorer le bien-être de ceux qui ne sont pas leurs compatriotes. Le bien-être d'une nation est accru chaque fois que d'autres nations améliorent les capacités de leurs propres citoyens. Pour développer la métaphore, bien que chaque jardinier puisse se sentir en concurrence avec chaque autre jardinier, tous comprennent aussi que le succès de l'ensemble de la récolte nécessite un coopération entre eux. Bien que chacun ait pour responsabilité première de s'occuper de son propre jardin, chacun a pour seconde responsabilité d'assurer que tous les jardins prospèrent, et est véritablement intéressé à ce qu'il en soit ainsi.

Ainsi, le nationalisme économique positif refuse que l'on dresse des barrières commerciales contre les produits de n'importe quel pays aussi bien que des obstacles contre le mouvement de l'argent et des idées à travers les frontières. Même si de tels obstacles pouvaient encore être efficaces, ils serviraient seulement à réduire la capacité de la population active de chaque nation à bénéficier des investissements faits pour améliorer ses compétences, et pour améliorer les compétences des populations actives des autres nations. Pourtant, les interventions du gouvernement ne doivent pas toutes être évitées. Au contraire, cette approche encourage les dépenses publiques qui, à l'intérieur de chaque nation, améliorent d'une manière ou d'une autre l'aptitude des citoyens à mener une vie pleine et productive. Ces dépenses comprennent les soins pré- et postnatal, les soins aux enfants et la préparation préscolaire, un enseignement primaire et secondaire excellent, l'accès à l'université quelle que soit la situation financière des parents, la formation initiale et permanente, et des infrastructures de bonne qualité. Ces investissements forment le noyau de la politique économique nationale.

Le nationalisme positif tolère aussi, et même favorise, les subventions publiques destinées aux firmes qui mettent en œuvre, à l'intérieur des frontières de la nation, une production à forte valeur ajoutée. De cette manière, la population active de la nation qui accorde ces subventions acquiert par la pratique des compétences élaborées. Mais le nationalisme positif ne fera aucune distinction fondée sur la nationalité des actionnaires ou celle des dirigeants. Pour éviter les manœuvres à somme nulle dans lesquelles les nations font monter les enchères pour attirer le même ensemble de firmes mondiales et les technologies qu'elles amènent avec elles, les nations doivent négocier les niveaux et les cibles appropriés de ces subventions. Le résultat serait une extension logique de l'Accord général sur les tarifs douaniers et le commerce que les États-Unis ont patronné après la Seconde Guerre mondiale, une sorte de « GATT pour l'investissement direct » qui mettrait en place les règles que les nations devraient suivre dans les enchères pour attirer les investissements à forte valeur ajoutée des firmes mondiales. Les menaces de fermer le marché national si certains investissements n'étaient pas effectués à l'intérieur du pays seraient bannies, car ces menaces se transformeraient probablement en conflits à somme nulle. Au contraire, des règles seraient recherchées pour définir des tactiques loyales, dépendant des caractéristiques de l'économie du pays et du type d'investissement désiré. Par exemple, le montant de la subvention autorisée pourrait être directement proportionnel à la taille de la population active mais inversement proportionnel à sa qualification moyenne. Les nations dont la population active est nombreuse mais relativement peu qualifiée disposerait, dans les enchères pour attirer l'investissement international, d'une plus grande latitude que celles dont la population active est plus réduite et plus qualifiée.

D'autres sortes de subventions seraient mises en commun et attribuées là où elles seraient le plus utiles, comme la Communauté européenne commence à le faire à son niveau. Ainsi, les nations pourraient financer en commun la recherche fondamentale quand il est probable que ses fruits traverseront les frontières nationales. Il en est ainsi de projets comme l'accélérateur de particules à haute énergie, le déchiffrage du génome humain ou l'exploration de l'espace. (Des gouvernements isolés ne seraient sans doute pas prêts à financer de tels projets tout seuls, étant donné que le monde entier bénéficierait aisément de leurs résultats.) La façon dont ces fonds seraient répartis, et vers quels buts, serait bien sûr l'objet de négociations.

Le nationalisme économique positif facilitera aussi la transition pour les salariés qui doivent abandonner les industries et les technologies traditionnelles pour lesquelles les capacités mondiales sont excessives. L'aide pourra prendre la forme d'indemnités de licenciement, d'assistance pour le changement de résidence, d'allocations pour une formation complémentaire, d'une assurance complémentaire contre le chômage, d'une aide économique régionale, et de fonds pour transformer ou moderniser les machines en vue d'une production à plus forte valeur ajoutée. Dans la mesure où toutes les nations bénéficient d'une réduction des capacités excédentaires où que cette réduction se situe, ces subventions peuvent venir d'un fonds commun mis en place par toutes les nations. La contribution de chaque nation au fond pourrait être déterminée, par secteur industriel, en fonction de la part des capacités mondiales de production installée à l'intérieur de ses frontières au début du processus.

Enfin, le nationalisme économique positif chercherait à développer les capacités de la population active du tiers monde. L'objectif ne serait plus de devancer le communisme mondial, ou de stabiliser les régimes du tiers-monde de manière que les firmes multinationales puissent en toute sécurité extraire les matières premières de leur sous-sol et leur vendre leurs propres produits ; il s'agirait de promouvoir le développement autochtone et ainsi d'accroître la richesse mondiale. Dans ce but, le transfert de la production de masse standardisée vers les pays du tiers monde serait encouragé, et les marchés des économies avancées seraient ouverts à ces pays. Les nations avancées réduiraient le poids de la dette du tiers monde, rendant possibles de nouveaux prêts, et contrôleraient l'usage de ces prêts avec plus de soin que par le passé.

7

LES PRESSIONS provoquées par le changement dans l'économie mondiale ont fractionné l'électorat américain. Les travailleurs routiniers et les aides personnels, qui tendent au nationalisme à somme nulle, craignent que les étrangers, et en particulier les Japonais, ne s'emparent des actifs de la nation et n'influencent en secret la politique américaine. Ils ressentent de l'amertume à l'égard des travailleurs peu payés d'Asie du Sud-Est et d'Amérique latine qui ont hérité de nombreux emplois routiniers de production et qui, de surcroît, envahissent les villes américaines. De nombreux manipulateurs de symboles tendent, eux, au cosmopolitisme du laissez-faire ; d'un côté, ils ne perçoivent aucune urgence particulière en ce qui concerne la situation économique critique des autres Américains, et de l'autre ils se sentent inefficaces et dépassés devant la plupart des très graves problèmes auxquels est confronté le reste du monde.

En d'autres termes, aucun de ces deux électorats n'est naturellement disposé au nationalisme positif. Ceux qui sont menacés par la concurrence mondiale ont l'impression qu'ils ont beaucoup à perdre et pas grand chose à gagner d'une approche qui cherche à accroître la richesse mondiale ; de leur côté, ceux qui ont le plus à bénéficier de l'effacement des frontières nationales pressentent qu'ils ont beaucoup à perdre et pas grand chose à gagner d'une intervention gouvernementale qui a pour but de répartir ces bénéfices.

La direction vers laquelle nous nous dirigeons est raisonnablement claire. Si l'avenir pouvait être prédit sur la base des tendances déjà à l'œuvre, le cosmopolitisme du laissez-faire deviendrait la philosophie économique et sociale dominante aux États-Unis. Si on laisse se développer la division internationale du travail, elle donnera naissance à de profondes disparités de revenus à l'intérieur du pays ; en outre, elle réduira la volonté des vainqueurs au niveau mondial de faire quoi que ce soit pour renverser cette tendance vers l'inégalité, à l'intérieur de la nation comme à l'extérieur. Les manipulateurs de symboles, qui détiennent la majorité des cartes dans ce jeu, peuvent être confiants en la « victoire ». Mais les perdants ?

Nous sommes devant un moment historique rare, dans lequel la menace d'un conflit mondial semble lointaine, et où les transformations des économies et la technologie estompent les lignes de partage entre les nations. L'État-nation moderne, quelquefois vieux de 200 ans, n'est plus ce qu'il a été : nous assistons à la disparition du nationalisme fondé sur les nécessités pratiques de l'interdépendance économique à l'intérieur des frontières et de la sécurité contre les étrangers à l'extérieur. Il existe ainsi une occasion pour nous, comme pour chaque société, de redéfinir ce que nous sommes, ce qui nous lie les uns aux autres, et pour préciser quelles sont nos obligations réciproques et envers les autres habitants de la planète. C'est à nous de faire ces choix. Nous ne sommes pas plus les esclaves des tendances actuelles que des vestiges du passé. Nous pouvons, si nous le voulons, décider que nos obligations mutuelles comme citoyens vont plus loin que notre utilité économique les uns pour les autres, et agir en conséquence.

Remerciements

CE LIVRE est le produit de plusieurs années de recherche, d'entrevues et de discussions, avec de nombreuses personnes dont les idées transparaissent dans presque toutes les pages. Les remercier toutes comme je devrais le faire occuperait la majeure partie de ce livre. Certaines d'entre elles détiennent des postes de responsabilité dans les entreprises ou dans l'administration, aux États-Unis ou à l'étranger. Je donne la liste des organisations auxquelles elles appartiennent à la page 327 de l'ouvrage, mais je me suis le plus souvent abstenu de les identifier par leur nom au cours du texte. Les autres sont des universitaires et des spécialistes, moins réticents à voir figurer ce qui leur est dû.

Jack Donahue, David Ellwood, Bill Hogan, Lawrence Katz, Frank Levy, John Meyer, David Riesman, Dani Rodrik, Robert Solow, Laura D'Andrea Tyson, Raymond Vernon et Shirley Williams ont fait des commentaires très utiles sur les premières versions. Je suis aussi très reconnaissant à l'égard de plusieurs étudiants infatigables. Paul Ameer, Karen Kornbluh, Tom Pendry et Kim Walesh s'acharnèrent à traquer contre toute vraisemblance les sources et les données les plus cachées. John Heilemann affina si bien à la fois ma prose et mes idées qu'il m'évita de réaliser combien elles étaient ennuyeuses au début. Plusieurs amis soumirent des versions antérieures à cette sorte de critiques cinglantes qui ne peuvent être faites que par des amis. James Dillon, Doug Dworkin, John Isaacson, Marc Lackritz, Bennett Marks, Dorothy Robyn et Erik Tarloff jouèrent leur rôle habituel. Robert Wright et Martin Peretz de *The New Republic*, Alan Webber de la *Harvard Business Review*, et Jack Beatty et Bill Whitworth de *The Atlantic* m'ont encouragé à développer de nombreuses idées contenues dans ce livre. Katie McDermott, Margaret Brooke, Scott Samenfeld et Alison Thompson apportèrent un support technique indispensable ; Jeff Faux et l'Institut d'économie politique un soutien financier bien utile ; Rafe Sagalyn et Bill Leigh, des conseils très bienvenus. Pendant tout le temps, Clare Dalton a supporté mon comportement obsessionnel, tout en m'assurant que ma fièvre passerait. Et, ce n'est pas le moins important, je suis reconnaissant, comme toujours, à Jonathan Segal, mon éditeur et ami, pour ses encouragements, son attention à mes besoins et sa gentillesse.

Notes et références

Partie 1 - chapitre 1

1 *Bolingbroke's Works* (London : T. Davies ed., 1775), Vol. 1. Au fur et à mesure que progresse l'idée de nation, l'idée que les hommes doivent une plus grande allégeance à l'humanité toute entière progresse parallèlement. Thomas Jefferson et Benjamin Franklin se considèrent eux-mêmes comme des citoyens du monde ; tout comme Goethe, Schiller et Kant en Allemagne, Voltaire, Diderot et Helvetius en France, Goldsmith et Hume en Angleterre. Ils insistent sur les droits et les devoirs universels de l'homme.

2 « Report on the Subject of Manufactures », from J.C. Hamilton (ed.), *The Works of Alexander Hamilton* (New York, 1850–1851), vol. 7.

3 Ibid. Albert Gallatin, un des successeurs de Hamilton au poste de secrétaire au Trésor, commente en 1910 les problèmes rencontrés par les Américains sur les marchés d'exportation quand ils sont confrontés à des Anglais. Ses arguments trouvent un écho aujourd'hui, dans les discussions sur la concurrence entre Américains et Japonais : « Le seul obstacle puissant contre lequel les industriels américains ont à se battre vient du capital très supérieur de la Grande-Bretagne, qui donne à ses négociants la possibilité d'accorder des crédits à long terme, de vendre avec de très faibles bénéfices, et de faire parfois des sacrifices. » Cité dans Jacob Viner, *Dumping : A Problem in International Trade* (Chicago : University of Chicago Press, 1923), p. 38.

4 Cité dans H.W. Fuber (ed.), *Which ? Protection or Free Trade* (Boston : Boston Publishing Company, 1888), p. 551.

5 Cité dans F.W. Taussing (éd.), *State Papers and Speeches on the Tariff* (Cambridge : Harvard University Press, p. 275).

6 Alexis de Tocqueville, *De la démocratie en Amérique*, livre II, deuxième partie, chapitre 8.

7 Ibid, livre II, deuxième partie, chapitre 4.

8 Chiffres tirés de Simon Kuznets, *Croissance et structure économiques* (Paris : Calmann-Lévy, 1971).

9 Chiffres tirés de US Bureau of the Census, *Historical Statistics of the United States : Colonial Times to 1970* (Washington, DC : US Government Printing Office, 1975), vol. 1, pp. 201-202, 224.

10 Ibid.

11 Chiffres tirés de F. Crouzet, *L'Économie britannique et le blocus continental* (Paris : Economica, 1987).

12 Chiffres tirés de Jeremiah Jenks et Jeff Lavek, *The Immigration Problem* (New York : Funk & Wagnalls, 1926), p. 148.

13 Pour une histoire pénétrante de la transition vers les grandes firmes intégrées en Europe, voir Leslie Hannah, « Mergers, Cartels and Concentration : Legal Factors in the US and European Experience », *in* N. Horn et J. Kocka (eds.), *Law and the Formation of the Big Entreprises in the 19th and Early 20th Centuries* (Göttingen, Allemagne : Vandenhoeck und Ruprecht, 1979), pp. 306–314.

14 Chicago, 10 octobre 1912. *Papers and Speeches of Woodrow Wilson* (Princeton : Princeton University Press, 1926).

15 Acceptance address, Philadelphie, 27 juin 1936. *Speeches of Franklin Roosevelt* (New York : Dutton, 1949).

16 Adolf Berle et Gardiner Means, *The Modern Corporation and Private Property* (New York : Macmillan, 1932).

17 Ibid.

18 John Kenneth Galbraith, *Le Nouvel État industriel : essai sur le système économique américain* (Paris : Gallimard, 1979).

Partie 1 - chapitre 2

1 Cité dans *Fortune*, septembre 1950, p. 77.

2 D. Lilienthal, *Big Business : A New Era* (New York : World, 1953), pp. 47, 190.

3 Richard Hofstadter, « What Happened to the Antitrust Movement ? », dans son *The Paranoid Style in American Politics and Other Essays* (Chicago : University of Chicago Press, 1952).

4 *Fortune*, Octobre 1955, p. 81. La même tendance apparaît dans un sondage entrepris en 1951 par l'Institute of Social Research de l'université du Michigan. Quand on leur demande de donner une caractérisation générale des effets sociaux de la place croissante des grandes firmes, plus de 75 % des personnes interrogées admettent que « les côtés positifs l'emportent sur les côtés négatifs ». Voir B. Fisher et S. Withey, *Big Business as the People See It* (Ann Arbor : University of Michigan Press, 1951).

5 17 janvier 1951, p. 18. Voir aussi *Fortune*, février 1954, p. 64.

6 *Fortune*, décembre 1953, p. 99.

7 *Fortune*, septembre 1953, p. 94. Un banquier d'affaire célèbre de l'époque énonça ce principe d'une manière encore plus directe : « Ce n'est pas le pouvoir d'achat mais les achats, pas la production mais la consommation qui sont les facteurs déterminants de l'évolution économique ». Paul Mazur, *The Standards We Raise : The Dynamics of Consumption* (New York : World, 1953), p. 29.

8 Chiffres tirés de M.A. Adelman, « The Measurement of Industrial Concentration », *Review of Economics and Statistics*, vol. 32 (novembre 1951).

9 *Time*, 2 janvier 1956, pp. 40–51.

10 *Fortune*, avril 1950, p. 91.

11 Sénat américain, Armed Services Committee, *Confirmation Hearings on Charles Wilson as Secretary of Defense, February 18, 1953.*

12 Cité dans *Fortune*, juin 1951, p. 67.

13 US Bureau of the Census, *Historical Statistics of United States : Colonial Times to 1957* (Washington, DC : US Government Printing Office, 1960).

14 R.S. Lynd et H.M. Lynd, *Middletown* (New York : Harcourt, Brace, 1929), pp. 21–24. En 1935, Robert Lynd retourne à Villemoyenne et découvre une ville qui s'est développée et où vivent 47 000 habitants. Ses plus grandes firmes se sont regroupées en unités plus vastes qu'auparavant, et elles sont davantage asservies aux firmes nationales. Le fossé s'est élargi entre le travailleur et le dirigeant – entre la classe ouvrière et la classe d'affaires. *Middletown in Transition* (New York : Harcourt, Brace, 1937).

15 J. Kahl, *The American Class Structure* (New York : Holt, Rinehart, 1956), pp. 109-110.

16 John Knox Jessup, Harvard Business School, 7 juin 1952. Voir aussi Hofstadter, op. cit., p. 218 : « [L]a firme moderne s'est avérée un facteur plus efficace de mobilité sociale et d'occasions à saisir que le vieux système fondé sur l'entreprise individuelle et familiale. »

17 *Fortune*, mai 1957, p. 106.

18 Cité dans *Fortune*, octobre 1951, p. 98.

19 Ibid, p. 99.

20 Cité dans *Fortune*, juillet 1957, p. 94.

21 D. Riesman, *La foule solitaire* (Paris : Arthaud, 1964).

22 W.H. Whyte, *L'Homme de l'organisation* (Paris : Plon, 1959).

23 Cité dans ibid.

24 Les rédacteurs de *Fortune, The Executive Life* (Garden City, NY : Doubleday, 1956), p. 30.

25 *Fortune*, octobre 1951, p. 114.

26 Daniel Bell, « The Language of Labor », *Fortune*, septembre 1951, p. 86.

27 Cité dans Ibid.

Partie 1 - chapitre 3

1 E. Cubberly, *Public Education in the United States* (Boston : Houghton Mifflin, 1934).

2 William Baldwin, *The Structure of the Defense Market, 1955–1964* (Durham, NC : Duke University Press, 1967), p. 21.

3 K. Kaysen, « The Corporation : How Much Power : What Scope ? » in Edward Mason (ed.), *The Corporation in Modern Society* (Cambridge : Harvard University Press, 1959), pp. 86–89.

4 *Fortune*, juillet 1955, p. 23.

5 Jean-Jacques Servan-Schreiber, *Le Défi américain* (Paris : Denoël, 1967), p. 25.

6 Ibid.

Partie 1 - chapitre 4

1 *Fortune*, avril 1953, p. 188.

2 Chiffre tiré de Alan Greenspan, « Goods Shrink and Trade Grows », *The Wall Street Journal*, 24 octobre 1988, p. 21.

3 J'ai discuté dans un plus grand détail cette stratégie de « fin de partie » et les deux suivantes dans *The Next American Frontier* (New York : Times Book, 1983), chapitres 8 à 10.

4 Cette estimation est tirée de données provenant de l'International Trade Commission. Elle inclut non seulement les droits de douane et les quotas formels, mais aussi les accords de limitation « volontaire », les impôts anti-dumping, les taxes compensatoires, et les barrières non tarifaires telles que les normes édictées pour interdire à des produits étrangers l'accès au marché américain.

5 Pour déterminer si une firme étrangère vend à perte ses produits aux États-Unis, le département du Commerce fixe à 8 % le taux de profit minimal de cette firme. Si son taux de profit est plus faible, le département du Commerce décide qu'elle vend à perte, et qu'elle pratique ainsi illégalement le « dumping » aux États-Unis.

6 Selon le département du Commerce, au cours de cette année 1986, 66 % des téléviseurs et des appareils radio achetés par des Américains ont été fabriqués en dehors des États-Unis, de même que 45 % de toutes les machines-outils, 28 % des automobiles, et 25 % des ordinateurs. Pour un résumé, voir *US News & World Report*, 2 février 1987, p. 18.

7 D. Tarr et M. Morke, *Aggregate Costs to the United States of Tariffs and Quotas on Imports*, Federal Trade Commission (Washington, DC : US Governement Printing Office, 1984), pp. 19–36.

8 Chiffres tirés de J. Grunwald et K. Flamm, *The Global Factory : Foreign Assembly in International Trade* (Washington, DC : Brookings Institution, 1985), pp. 14–20.

9 Chiffres tirés de W. T. Grimm and Company, *Merger Statistics Review 1985* (Chigaco : Grimm, 1986), p. 92.

10 En février 1990, l'action de W.R. Grace s'échangeait aux environs de 30 dollars. La valeur de liquidation de la firme, selon *Business Week*, était deux fois plus élevée. Ainsi Peter Grace, le pourfendeur du gaspillage étatique, a diminué de moitié la valeur du portefeuille de ses actionnaires. Même dans l'administration, le gaspillage n'a jamais atteint une échelle aussi monumentale. *Business Week*, 19 février 1990, p. 69.

11 Voir « Do Mergers Really Work ? », *Business Week*, 3 juin 1985, p. 88 ; « The Wasteful Games of America's Corporate Raiders », *The Economist*, 1er juin 1985, p. 73.

12 Calculs jusqu'en 1986 de S. Bowles, D. Gordon et T. Weisskopf, « Powers and Profits : The Social Structure of Accumulation and the Profitability of the Postwar US Economy », *Review of Radical Political Economics*, vol. 18, nos 1 et 2 (printemps et été 1986).

13 A. Glyn, A. Hughes, A. Lipietz, et A. Singh, « The Rise and Fall of the Golden Age », *in* S. Marglin et J. Schor (eds.), *The End of the Golden Age* (New York : Oxford University Press, 1989) ; T.P. Hill, *Profits and the Rate of Return* (Paris : OCDE, 1979).

14 M. Dertouzos, R. Lester et R. Solow, *Made in America* (Paris : InterÉditions, 1990).

Partie 2 - chapitre 5

1 Les exemples qui suivent sont tirés d'entrevues avec des cadres et des employés d'un grand nombre de firmes. Une liste est donnée à la fin du livre, dans « Une note sur les sources complémentaires ».

2 À partir d'entretiens avec des responsables et des salariés d'IBM.

Partie 2 - chapitre 6

1 Les technologies de l'information ont rendu beaucoup moins coûteuse la coordination de groupes relativement importants ; elles évitent aussi l'usage

de procédures opératoires standard et d'autres structures bureaucratiques. Voir par exemple, T. Malone, J. Yates et R. Benjamin « Electronic Markets and Electronic Hierarchies », *Communications of the ACM*, vol. 30, n°6 (juin 1987).

2 Un grand nombre d'études ont révélé le recours croissant à l'externalisation et à l'utilisation de salariés à temps partiel durant les années quatre-vingt. Aux États-Unis, la motivation est à coup sûr, pour une part, d'éviter de supporter les avantages sociaux prévus par les accords avec les syndicats ou par la législation. Mais, la même situation prévaut dans beaucoup d'autres pays économiquement avancés où les accords avec les syndicats ou les avantages sociaux légaux ne sont pas affectés. Voir I.W. Sengenberger et G. Loveman, *Smaller Units of Employment : A Synthesis of Research on Industrial Organization in Industrial Countries* (Genève : International Institute for Labour Studies, 1988). De bonnes vues d'ensemble sur la tendance à l'externalisation et à l'utilisation du travail temporaire peuvent être trouvées dans E. Appelbaum, « Restructuring Work : Temporary, Part-Time and At-home Employment », *in* H. Hartmann (ed.), *Computer Chips and Paper Clips : Technology and Women's Employment* (Washington, DC : National Academy Press, 1987) ; S. Christopherson, « Flexibility in the US Service Economy and the Emerging Spatial Division of Labour », *Transactions of the British Institute of Geographics*, vol. 14 (1989).

3 Cet exemple n'est pas hypothétique. Une société finlandaise fabricant du papier, qui avait à subir les pannes perpétuelles de ses machines d'abattage des arbres, a vendu ces machines à ceux qui les conduisaient. La productivité a fait un bond, les conducteurs entretenant les machines beaucoup mieux qu'auparavant, et les utilisant avec beaucoup plus de soin. Voir *The Economist*, 24 décembre 1988, p. 16.

4 Chiffres tirés de *Business Week*, 13 novembre 1989, p. 83.

5 Apple se procurait initialement ses microprocesseurs auprès de Synertek, d'autres circuits imprimés chez Texas Instruments et Motorola, ses écrans chez Hitachi, ses batteries chez Astec, et ses imprimantes chez Qume. Voir James Brian Quinn *et al.*, " Beyond Products : Service Based Strategy ", *Harvard Business Review*, mars-avril 1990, pp. 58–60.

6 US Office of Management and Budget, SIC Manual (1987), p. 12.

7 En 1975, 6,9 % seulement de la population active non agricole américaine se déclaraient comme « étant leur propre employeur » ; en 1986, ce taux était passé à 7,4 %. Données tirées de *The State of Small Business : Report of the President* (Washington, DC : US Governement Printing Office, publications diverses).

8 David Birch, « The Hidden Economy », *The Wall Street Journal*, 10 juin 1988, p. 23R.

9 Données tirées de Douglas Handler, *Business Demographics* (New York : Dun & Bradstreet, Economic Analysis Department, 1988).

10 Selon la National Science Foundation, les entreprises de moins de 500 salariés ont doublé leur part dans les dépenses de recherche-développement des entreprises au cours des années quatre-vingt, cette part passant de 6 % à 12 %. National Science Foundation, Research Report (Washington, DC : National Science Foundation, novembre 1990), pp. 12–14.

11 Voir par exemple « München Management », *The Economist*, 14 octobre 1989, p. 25.

12 Mes interviews (voir ma « Note sur les sources complémentaires ») confirment les résultats d'autres travaux. Voir, par exemple, R. Johnston et P. Lawrence, « Beyond Vertical Integration : The Rise of the Value-Added

Partnership », *Harvard Business Review*, juillet-août 1988 ; R. Miles, « Adapting to Technology and Competition : A New Industrial Relations System for the 21st Century », *California Management Review*, hiver 1988 ; et J. Badaracco, « Changing Forms of the Corporation », *in* J. Meyer and J. Gustafson (eds.), The US Business Corporation (Cambridge, MA : Ballinger, 1988). Voir aussi Jordan Lewis, *Partnerships for Profit : Structuring and Managing Strategic Alliances* (New York : Free Press, 1990).

13 Pour une description de la situation en Europe, voir D.J. Storey et S. Johnson, *Job Generation and Labour Market Changes* (London : Macmillan, 1987).

Partie 2 - chapitre 7

1 Steve Swartz, « GE Finds Running Kidder, Peabody & Co. Isn't All That Easy », *The Wall Street Journal*, 27 janvier 1989, p. 1.

2 Les chiffres jusqu'en 1983 ont été calculés à partir de données statistiques par W. Johnson, A. Packer *et al.*, *Workforce 2000 : Work and Workers for the 21st Century* (Indianapolis : Hudson Institute, 1987), p. 27, fig. 1-11, et projetés jusqu'en 1990.

Au cours de la même période, la part dans la valeur ajoutée industrielle (au sens où l'« industrie » est définie dans les statistiques officielles) des salaires des ouvriers de production est tombée de 40 % à 24 %. Ibid, p. 26, fig. 1-10.

3 Chiffres tirés de US Department of Commerce, *Survey of Current Business* (Washington, DC : US Governement Printing Office, publications diverses).

4 Voir Ken Carls, « Corporate Coats of Arms », *Harvard Business Review*, mai-juin 1989.

5 Dans la mesure où les étiquettes étrangères sont récemment devenues plus prestigieuses et plus rassurantes que leurs homologues américaines, le vent a tourné : la marque Minolta apparaît maintenant sur des appareils de photographie instantanée fabriqués par Polaroïd. Un cadre de Polaroïd expliquait que « le nom réputé de Minolta... contribuera à une identification positive de la photographie instantanée ». *The Wall Street Journal*, 6 juillet 1990, p. D2.

6 Sur le contraste entre la vision économique traditionnelle et cette approche qui tient plus compte des effets dynamiques, voir W. Brian Arthur, « Positive Feedbacks in the Economy », *Scientific American*, février 1990, p. 92.

Partie 2 - chapitre 8

1 Voir, par exemple, Calvin Sims, « Global Communications Net Planned by GE for Its Staff », *The New York Times*, 31 mai 1989, p. C1 ; Woody Hocshwender, « How Fashion Spreads Around The World at the Speed of Light », *The New York Times*, 13 mai 1990, p. E5.

2 Parfois, bien sûr, ce type de spécialisation géographique n'empêche pas les économies d'échelle au cours de certaines étapes particulières de la production. Des cônes arrières pour les avions à réaction, par exemple, peuvent être produits en grandes quantités au Canada, puis combinés de différentes manières avec d'autres composants produits eux aussi en grandes quantités pour donner naissance à une grande variété d'appareils. Mais même dans ce cas, la majeure partie de la valeur du produit final résulte des compétences en matière de résolution et d'identification de problèmes, et de courtage stratégique, nécessaires pour rassembler de tels modules de diverses façons.

3 Selon une estimation, 92 % des exportations et 72 % des importations américaines étaient, en 1987, des transferts à l'intérieur de firmes mondiales. Voir Amir Mahini, « A New Look at Trade », *The McKinsey Quarterly*, hiver 1990, p. 42.

4 En examinant l'accusation de dumping illégal, les fonctionnaires du département du Commerce découvrent qu'« à strictement parler, il n'existe d'ailleurs pas de chariot élévateur américain ou de chariot élévateur étranger ». Néanmoins, pour avancer, les fonctionnaires décident de définir un « chariot élévateur américain » comme un chariot élévateur dont le châssis a été fabriqué aux États-Unis. Désormais, tout ce qu'un fabricant doit faire pour éviter les taxes antidumping aux États-Unis est d'utiliser un châssis confectionné aux États-Unis, même si tout le reste a été fabriqué à l'étranger. Voir Anne Brunsdale, Chair, US International Trade Commission, « Global Industries and US Trade Laws », Western Cargo Conference, 13 octobre 1989.

5 Le département de la Défense a reconnu qu'il y avait un problème : « Il est difficile de savoir quelle part des dépenses [du département de la Défense] auprès de firmes dont le siège est aux États-Unis correspond en réalité à des achats auprès de filiales américaines de firmes étrangères. » Rapport préliminaire, Task Force on Ownership and Control, Defense Manufacturing Board, Office of the Under Secretary of Defense, 1er février 1990, p. 8.

6 En réponse à la législation anti-apartheid mise en place en 1986 par le Gouvernement des États-Unis, qui interdisait aux firmes américaines tout nouvel investissement dans leurs filiales sud-africaines après novembre 1986, General Motors a vendu sa filiale sud-africaine à ses cadres dirigeants pour 40 millions de dollars. Selon l'accord passé avec eux, General Motors devait continuer à approvisionner la nouvelle société indépendante en composants, plans et pièces détachées, en grande partie par l'intermédiaire d'Opel, la filiale allemande de General Motors. Glenn Adler, « Withdrawal Powers : GM and Ford Disinvest from South Africa », New York University, Center for Labor-Management Policy Studies, novembre 1989.

Partie 2 - chapitre 9

1 Chiffres du Department of Commerce, Bureau of Economic Analysis, « Foreign Direct Investment by US Companies », publications diverses ; voir aussi *European Deal Review* (février 1990) de Translink.

2 Interviews avec des membres de Bell South et rapports de la société.

3 Tiré de *China Trade*, mars 1990 ; voir aussi *Business Week*, 13 avril 1987, p. 63.

4 « Enter the Mini-Multinational », *Northeast International Business*, mars 1989, p. 13.

5 Tiré d'un sondage auprès de 100 petites et moyennes entreprises américaines rentables : « Winning in the World Market », American Business Conference, novembre 1987.

6 *The New York Times*, 18 avril 1988, p. A32.

7 Le professeur Michael Porter fonde une grande partie de son argumentation à propos de l'avantage compétitif des nations sur l'hypothèse que la nation où une firme a ses racines est aussi celle « où le cœur de la production et de la technologie est créé et entretenu », et ainsi « où ses emplois les plus productifs sont localisés » et « les compétences les plus avancées » sont façonnées. *L'avantage concurrentiel des nations* (Paris : InterÉditions, 1991). L'hypothèse de

Porter aurait été juste jusqu'à la fin des années soixante-dix, mais les données les plus récentes suggèrent qu'elle ne l'est plus aujourd'hui, comme je le montrerai. Voir aussi John Cantwell, note 21, infra.

8 *Highlights*, National Science Foundation, Washington, DC, 9 mars 1990, tableau 2. Même après ajustement pour tenir compte de la baisse du dollar, les dépenses de recherche-développement des firmes appartenant à des Américains se sont accrues plus vite à l'étranger qu'aux États-Unis. National Science Foundation, *Science and Technology Update* (Washington, DC : US Printing Office, 1989).

9 David Sanger, « Singapore's Aim : High-Tech Future », *The New York Times*, 15 mai 1990, pp. D1, D8.

10 Aux États-Unis, un scientifique de très haut niveau coûte au moins 250 000 dollars par an, en incluant le salaire, les avantages sociaux et les frais. Dans un pays de l'Est, un chercheur du même calibre ne coûtera que le dixième de cette somme. J. Holusha, « Business Taps the East Bloc's Intellectual Reserves », *The New York Times*, 20 février 1990, pp. A1, D5.

11 Cité dans John Markoff, « Silicon Valley is Changing Programs », *The New York Times*, 14 janvier 1990, p. D24.

12 Les exemples qui suivent sont tirés d'interviews et de rapports de sociétés. Plusieurs études récentes ont confirmé cette tendance. Voir par exemple David Teece *et al.*, « Joint Ventures and Collaborative Arrangements in the Telecommunications Equipment Industry », *in* D. Mowery (ed.), *International Collaborative Ventures in US Manufacturing* (Cambridge, MA : Ballinger, 1988) ; D. Morris et M. Hergert, « Trends in International Collaborative Agreements », *Columbia Journal of World Business*, été 1987, pp. 15–21 ; et Ashoka Mody, « Changing Firm Boundaries : An Analysis of Technology-Sharing Alliances », The World Bank, Industry and Energy Department, Working Paper, Industry Series Paper n°3, février 1989, pp. 2–4.

13 Rapports de la société.

14 En 1990, GM-Europe, qui fabrique moitié moins de voitures que la division nord-américaine de la firme, est à l'origine de presque tous les profits issus de la construction automobile. *Time*, 19 février 1990, p. 68.

15 Les données sur l'investissement étranger sont tirées de « Foreign Direct Investment in the United States, Detail for Position and Balance of Payments Flows », *1988 Survey of Current Business*, US Department of Commerce, août 1989 ; sur la valeur des sociétés non financières, de Federal Reserve Board, « Balance Sheets for the US Economy 1949–1988 », avril 1989.

16 Les données sur l'emploi et les actifs sont tirées d'estimations du Bureau of Economic Analyis, US Department of Commerce, « Foreign Direct Investment in the United States : Operations of US Affiliates of Foreign Compagnies », publications diverses ; les actifs des sociétés industrielles américaines de US Bureau of the Census and Federal Trade Commission.

17 Chiffres tirés de Joseph White, « Chrysler to Shut St. Louis Plant, Third Since 1987 », *The Wall Street Journal*, 21 février 1990, p. 14.

18 Robert Lawrence, *Japanese-Affiliated Automakers in the United States : An Appraisal* (Washington, DC : Brookings Institution, 1989), pp. 41–53.

19 Calculé à partir de : Bureau of Economic Analysis, « Foreign Direct Investment in the United States, Detail for Position and Balance of Payments Flows », *Survey of Current Business* (août, divers années, projections pour 1990).

20 D'après E. Graham et P. Krugman, *Foreign Direct Investment in the United States* (Washington, DC : Institute for International Economics, 1990), pp. 58–59, tableau 3–3.

21 US General Accounting Office, *Foreign Sponsorship of US University Research* (Washington, DC : US Government Printing Office, 1989). Une recherche menée par John Cantwell suggère que, en général, les firmes multinationales ne concentrent *pas* leur recherche-développement dans leur pays d'origine. Voir J. Cantwell, *Technological Innovation and Multinational Corporations* (London : Blackwell, 1989).

22 Les scientifiques américains restent à l'origine d'une grande part des inventions dans le monde. (En 1987, les Américains ont écrit environ un tiers des articles scientifiques publiés dans le monde, les Japonais seulement 7 % et les Allemands 6 %.) Les firmes appartenant à des étrangers achètent ces inventions avec empressement ; les firmes appartenant à des Américains aussi, les transférant ensuite souvent vers des lieux de production étrangers où elles sont transformées en produits vendus dans le reste du monde. Les redevances se dirigeant vers les États-Unis en paiement pour l'usage de nouvelles inventions excèdent largement les redevances empruntant le chemin inverse. Voir National Science Foundation, *Science and Technology Update* (Washington, DC : US Government Printing Office, annual issues) ; voir aussi John Alec, « Report on Foreign Purchases of US Technology », US House of Representatives, Task Force on Technology Policy, Committee on Science, Space and Technology, 22 octobre 1989.

23 Les produits manufacturés représentaient 22 % du total des importations japonaises en 1980 ; en 1989, leur part s'élève à 61 %. Voir Yoshi Tsurumi, « From Brinkmanship to Statesmanship », *World Policy Journal*, hiver 1989–1990.

24 Au moment de cette annonce, Renault est encore officiellement propriété de l'État français. Mais, comme Renault se transforme graduellement en réseau mondial, même son lien explicite avec l'État prend moins d'importance pour ses décisions concernant ses activités et leur localisation dans le monde. Partout, les entreprises publiques subissent une éclipse. Voir Raymond Vernon, « The Eclipse of the State-Owned Entreprise : Causes and Consequences », Center for Business and Government, John Kennedy School of Government, 1989.

25 Sanger, op. cit.

26 Chiffres calculés à partir de Amir Mahini, « A New Look at Trade », *The McKinsey Quarterly*, hiver 1990. Voir aussi DeAnne Julius, *Global Companies and Public Policy* (London : RIIA Pinter, 1990) ; M. Baker, « US Merchandise Trade Associated With US Multinational Companies », *Survey of Current Business*, US Department of Commerce, mai 1986.

27 Calculs à partir de Robert Lipsey et Irving Kravis, « The Competitive and Comparative Advantage of US Multinationals, 1957-1983 », Working Paper n°2051, National Bureau of Economic Research, novembre 1986.

Partie 2 - chapitre 10

1 Tous ses actifs sont évalués selon leur valeur comptable (ce qu'ils ont coûté) plutôt que selon leur valeur marchande (leur prix s'ils étaient vendus aujourd'hui). Or, pour une part substantielle, l'achat des actifs américains à l'étranger remontent assez loin dans le temps. De ce fait, ils ont toutes les chances d'être sous-évalués par rapport à des actifs acquis plus récemment. La valeur

marchande courante peut seulement être estimée, mais la plupart des estimations placent la valeur des actifs possédés par des Américains à l'étranger au-dessus de la valeur des actifs possédés par des étrangers aux États-Unis.

2 L'attention s'est concentrée principalement sur les Japonais. Mais en 1990, les actifs britanniques dépassent largement ceux des Japonais. Au cours de la seule première moitié de l'année 1990, les Britanniques ont acheté pour 7,9 milliards d'actifs aux États-Unis, les Français 5,7 milliards, les Japonais seulement 3,8 milliards. *The New York Times*, 17 juillet 1990, p. D2.

3 En 1989, les placements en actions à travers les frontières ont atteint la somme de 1 600 milliards de dollars, soit environ 14,5 % du chiffre d'affaires mondial. Une transaction sur sept faisait intervenir un investisseur étranger, et plus de 7 % de la capitalisation totale des bourses mondiales étaient détenus par des investisseurs étrangers. Voir « Cross Border Investments », Salomon Brothers, juillet 1990.

4 Au début des années quatre-vingt-dix, les investisseurs américains peuvent placer leur argent au-delà des frontières par l'intermédiaire de fonds de placement mondiaux (qui investissent partout dans le monde), de fonds internationaux (qui investissement seulement en dehors des États-Unis), de fonds régionaux (qui se concentrent sur l'Europe ou sur l'Asie), de fonds spécialisés dans un pays donné, et en certificats de dépôts (qui représentent des droits sur des actions étrangères détenues en lieu sûr par des institutions financières).

5 Un dollar investi en 1985 aura rapporté, en 1990, 6,97 dollars sur le marché financier autrichien, 5,51 dollars sur le marché belge, 5,11 sur le marché espagnol, 4,66 sur le marché japonais. *Morgan Stanley Capital International Study*, janvier 1990.

6 Securities Industry Association, 1990.

7 L. Birinyi, *International Equity Analysis* (New York : Salomon Brothers, 1989).

8 Cité dans L. Uchitelle, « US Businesses Loosen Link to Mother Country », *The New York Times*, 28 mai 1989, p. A1.

9 Cité dans L. Uchitelle, « Global Strategies vs. National Ties », *The New York Times*, 26 mars 1990, p. D2.

10 Ibid.

11 Le lecteur intéressé est invité à examiner les débats périodiques sur le Foreign Corrupt Practices Act, qui interdit aux firmes américaines de pratiquer la corruption à l'égard des officiels étrangers, ou les débats sur les réglementations interdisant aux firmes américaines d'exporter certaines technologies militaires sensibles dans les Pays de l'Est.

12 Au moment où ceci est écrit, le Gouvernement japonais a donné aux firmes appartenant à des Japonais le droit de déduire les dons à des œuvres de charité faits aux États-Unis de leurs revenus imposables au Japon.

13 Voir Craig Smith, éditeur du « Corporate Philantrophy Report », cité dans *The Chronicle of High Education*, 8 novembre 1989, p. A-34.

14 Interview par téléphone, 6 mars 1988.

15 Uchitelle, « US Businesses Loosen Link to Mother Country ».

16 En 1990, les autres firmes japonaises sont encore en retard par rapport à Sony sur ce point. Leurs directeurs et leurs cadres de plus haut rang sont tous japonais. L'insularité est un handicap pour les Japonais dans les affaires à l'échelle mondiale, handicap qui va s'accentuer.

17 R. Vernon, « Multinational Entreprise and National Security », *Adelphi Papers*, 74 (London : Institute for Strategic Studies, 1985).

18 Robert Lawrence, *Japanese-Affiliated Automakers in the United States* (Washington, DC : Brookings Institution, 1989).

19 Opérer dans l'arrière-cour de votre concurrent offre un avantage stratégique, même s'il faut accepter une légère perte : vous pouvez empêcher votre concurrent de demander un prix élevé sur son marché national qui lui permettrait de subventionner des prix de dumping à l'étranger. Bien sûr, si une concurrence féroce existe déjà sur le marché étranger, il n'y pas de raison de s'embarquer dans une stratégie aussi coûteuse.

20 *Consumer Reports*, mai 1990.

21 John Krafcik, « The Triumph of the Lean Production System », *Sloan Management Review* 41, vol. 30, n°1, (automne 1988).

22 H. Shimada et J.P. MacDuffie, « Industrial Relations and "Humanware" : Japanese Investments in Automobile Manufacturing in the United States », briefing paper for the 1987 International Motor Vehicles Program, Massachusetts Institute of Technology, 1987, p. 91.

23 Entre 1989 et 1992, Bridgestone prévoit d'investir plus de un milliard de dollars dans ses usines américaines, pour développer la prochaine génération de pneus radials. « L'ordre de grandeur est près de deux fois ce que Firestone aurait pu investir si la firme était restée indépendante », déclarait John Nevin, le président de Firestone, au *New York Times*. Voir aussi, John Hicks, « Foreign Owners Are Shaking Up the Competition », *The New York Times*, 28 mai 1989, p. D9.

24 En 1986 (la dernière année pour laquelle des données de cette nature sont disponibles), le salarié américain moyen d'une firme industrielle gagnait 32 887 dollars si elle appartenait à des étrangers, et 28 945 dollars si elle appartenait à des Américains. Voir Bureau of Economic Analysis, *Foreign Direct Investment in the US : Operations of US Affiliates* (Washington, DC : US Department of Commerce), pour les donnés concernant les firmes étrangères ; pour les firmes américaines, US Bureau of the Census, *Annual Survey of Manufacturing Statistics for Industry Groups and Industries, 1986* (Washington, DC : US Government Printing Office, 1987).

25 Lawrence, op. cit.

26 Cité dans *The Wall Street Journal*, 16 août 1989, p. B4. Un soulagement identique a été exprimé par le président de Genentech, la plus importante firme américaine de biotechnologies, quand cette firme fut vendue à un groupe suisse, Roche Holdings Ltd. au début des années quatre-vingt-dix : « Les pressions trimestrielles de la bourse, quoique réelles et compréhensibles, inhibent inévitablement les cerveaux ici, sur ces 10 hectares ». Cité dans *The Wall Street Journal*, 5 février 1990, p. A3.

Partie 2 - chapitre 11

1 National Security Council, *Draft Report on Military Dependency on Foreign Technologies*, avril 1987, pages 5-6. Voir aussi *Defense Semiconductor Dependency*, Report of the Defense Science Board Task Force, Office of the Under Secretary of Defense for Acquisition, février 1987, p. 1. « Il existe une menace directe sur la supériorité technique jugée essentielle pour les systèmes de défense américains. »

2 Pour une discussion lucide de l'intérêt qu'a la nation à garder le contrôle de sa base de défense, voir Theodore Moran, « The Globalization of America's Defense Industries : What's the Threat ? How Can It Be Managed ? », School of Foreign Service, Georgetown University, octobre 1989.

3 Selon un des fonctionnaires travaillant pour le Comité, « Nous pourrions devenir l'ultime rempart contre les prises de contrôle ». *The Wall Street Journal*, 8 mars 1989, p. A16.

4 L'administration Bush a depuis montré moins d'intérêt, voire de l'hostilité, à l'égard des efforts du Pentagone en faveur de certaines technologies de l'avenir, comme la télévision haute-définition. Le soutien pour ces efforts reste pourtant fort au sein du Congrès. Et même si l'Administration réduit ou élimine certains d'entre eux, le Pentagone (et son agence-sœur, le département de l'Énergie) continueront à subventionner une grande partie de la recherche-développement américaine en matière de haute technologie.

5 « Si nous laissons disparaître ce secteur vital, la Nation en paiera le prix, mesuré par la perte de millions d'emplois dans l'électronique, de l'avance technologique dans de nombreux secteurs industriels proches comme les télécommunications et l'informatique, et des technologies dont nous dépendons pour notre sécurité nationale. » *A Strategic Industry at Risk*, National Advisory Committee on Semiconductors, novembre 1989.

6 Interview.

7 Conférence de presse. (C'est l'auteur qui souligne.) L'administration Bush montra ensuite moins d'enthousiasme pour ce projet. Voir ci-dessus, note 4.

8 Une autre forte priorité de la représentante pour le Commerce était d'obliger les Japonais à autoriser les grandes chaînes américaines de magasins de détail, comme Toys "R" Us, à s'installer dans leur pays. Mais presque tous les objets vendus par Toys "R" Us étaient conçus et fabriqués en Asie du Sud-Est et en Amérique latine. Si les Japonais avaient ouvert leur marché à Toys "R" Us, les seuls Américains qui en auraient bénéficié auraient été le groupe relativement réduit des courtiers-stratèges de son siège, plus les détenteurs américains de ses actions.

9 Les règles protectionnistes exigeant une part minimale de contenu local sont différentes des accords entre administration et secteur privé évoqués plus tôt, selon lesquels un État accorde des fonds pour le développement d'une technologie à condition que ce soit ses propres citoyens qui la développent. Alors qu'il est parfaitement justifié pour un État de réclamer une telle contrepartie des firmes acceptant des subventions publiques spécifiques, il n'y a aucune raison d'exiger une part locale de production comme condition d'accès à un marché. En effet, le coût d'une telle restriction n'est pas supporté par les seuls consommateurs du pays, mais aussi par tous ceux qui, en dehors du pays, sont de ce fait dans l'incapacité de vendre leurs compétences.

10 Cité dans *The Wall Street Journal*, 22 janvier 1990, p. A4.

11 US Houses of Representatives, Committee on the Judiciary, *Hearings Before the Subcommittee on Economic and Commercial Law, March 14, 1989.*

12 John Judis « Yen for Power », The New Republic, 22 janvier 1990. Voir aussi Pat Choate, *Agents of Influence* (New York : Knopf, 1990).

13 « How TRW Plays the Game », *Japan Economic Journal*, 19 mai 1990, p. 6.

Partie 3 - chapitre 12

1 Voir Alba Edwards, *US Census of Population, 1940 : Comparative Occupation Statistics, 1870–1940* (Washington, DC : US Government Printing Office, 1943).

2 Le plus souvent, l'information sur la population active américaine doit être tirée des anciennes catégories. C'est pourquoi le seul moyen de découvrir qui rentre dans chaque nouvelle catégorie est de décomposer les données officielles dans les catégories les plus fines dans lesquelles elles ont été collectées, puis de réordonner ces sous-catégories selon le nouveau groupe fonctionnel auquel chacune appartient. Pour une méthodologie analogue, voir Steven Sass, « The US Professional Sector : 1950 à 1988 », *New England Economic Review*, janvier-février 1990, pp. 37–55.

3 Pour une discussion très éclairante sur les emplois de production courante dans les industries de haute technologie, voir D. O'Connor, « Women Workers in the Changing International Division of Labor in Microelectronics », *in* L. Benerici et C. Stimpson (eds.), *Women, Households, and the Economy* (New Brunswick, NJ : Rutgers University Press, 1987).

4 Sur ce point, voir Arlie Russel Hochschild, *The Managed Heart : The Commercialization of Human Feeling* (Berkeley : University of California Press, 1983).

5 US Department of Commerce, Bureau of Labor Statistics, publications diverses.

6 La définition donnée par Sass des « travailleurs professionnels » recoupe largement ma définition des manipulateurs de symboles (bien que, comme je l'expliquerai, tous les manipulateurs de symboles ne soient pas des « professionnels », et que tous les « professionnels » ne soient pas des manipulateurs de symboles). Selon Sass, en 1988, les « travailleurs professionnels » représentaient 20 % de la population active américaine. Voir Sass, op. cit.

7 Dans la suite de ce livre, quand je parlerai des manipulateurs de symboles, je prendrai quelquefois comme exemple les notaires, les consultants en management, les analystes-programmeurs ; le lecteur devra comprendre que c'est une façon résumée de décrire le seul travail de manipulation de symboles qu'ils effectuent.

Partie 3 - chapitre 13

1 En 1990, le Congrès et l'administration Bush lancèrent un projet en ce sens. Au moment où ceci est écrit, l'opposition à ce projet est si forte que son avenir reste incertain.

2 Pour une analyse détaillée du coût excessif des transactions financières, voir L. et V. Summers, « When Financial Markets Work Too Well : A Cautious Case for a Securities Transactions Tax », National Bureau of Economic Research, 28 février 1989.

3 Des statistiques annuelles sur les firmes juridiques et sur leurs revenus sont publiées dans *The American Lawyer*.

4 Securities Industry Association, 1989.

5 Cité dans Robert McCartney, « Wall Street Restructuring Lemons into Lemonade », *Washington Post Weekly Edition*, 26 mars–1er avril 1990, p. 20.

6 Au moment où ceci est écrit, les avocats représentant les détenteurs d'obligations de RJR imaginent une nouvelle théorie légale pour justifier les plaintes

contre ceux qui ont vendu leurs actions dans la transaction. Appelée « transfert frauduleux », cette théorie n'a jamais été testée devant un tribunal dans ce type de transaction, et ne le sera probablement jamais. Son usage est purement stratégique : tirer des plaignants des sommes généreuses.

Partie 3 - chapitre 14

1 Bennett Harrison et Barry Bluestone figurent parmi les premiers chercheurs qui ont relevé cette tendance. Pour un résumé de leurs analyses, voir *The Great U-Turn* (New York : Basic Books, 1988).

2 Parmi les Noirs, dont les revenus à tous les niveaux restent à la traîne derrière ceux des Blancs, le fossé est encore plus large. Entre 1978 et 1988, le revenu moyen du cinquième inférieur des familles noires a baissé de 24 %, tandis que celui des 5 % supérieurs s'est accru presque autant. À la fin des années quatre-vingt, ces 5 % supérieurs des familles noires recevaient 47 % du revenu total des Noirs, à comparer aux 42,9 % du revenu total des Blancs reçus par les 5 % supérieurs des familles blanches. « Still Far from the Dream : Recent Developments in Black Income, Employment, and Poverty », Center on Budget Priorities, octobre 1988.

3 En 1979, les impôts ont représenté 6,1 % des revenus pour le cinquième inférieur des Américains, et 7,8 % pour le cinquième supérieur. En 1990, le fardeau s'est déplacé : les plus pauvres payaient 7,1 % de leurs revenus en impôts, et les plus riches seulement 2,5 %.
Les loteries méritent une mention particulière. Elles fournissent une part croissante de leurs revenus aux États sevrés d'impôts. Dans ce cas aussi, l'effet anti-redistributif est alarmant. Un grand nombre d'études ont montré que les ventes de billets sont les plus fortes dans les zones où les revenus sont les plus faibles. Les sommes ainsi recueillies retrouvent rarement le chemin des zones défavorisées. Voir Charles Clotfelter et Philip Cook, *Selling Hope : State Lotteries in America* (Cambridge : Harvard University Press, 1989).

4 « Tax Progressivity and Income Distribution. »

5 Ibid. Voir aussi Richard Musgrave, *Strengthening the Progressive Income Tax* (Washington, DC : Economic Policy Institute, 1989). Comme on pouvait s'y attendre, le problème de l'équité fiscale a donné naissance à un débat animé, quoique pas toujours très éclairant. Les défenseurs avancent que, malgré les pourcentages donnés un peu plus haut, la part du total des impôts fédéraux payée par le cinquième supérieur s'est élevé dans les années quatre-vingt, passant de 55,7 % à 58,1 %, tandis que la part payée par les 5 % supérieurs passait de 27,6 % à 30,4 % ; dans le même temps, la part payée par le cinquième inférieur restait à peu près constante. Voir, par exemple, Lawrence Lindsey, *The Growth Experiment : How the New Tax Policy Is Transforming the United States Economy* (New York : Basic Books, 1990). Cet argument est exact en lui-même, mais il ne signifie pas que le système est devenu plus équitable. Il signifie simplement que la part des plus riches dans le total des impôts s'est accrue moins vite que leur part dans le revenu total, avec comme résultat que leur fardeau fiscal individuel s'est allégé. La part des plus pauvres dans le revenu national a diminué pendant que leur part dans les impôts est restée constante, de sorte que leur fardeau fiscal s'est alourdi.

6 Voir Joseph Pechman, « The Future of the Income Tax », *The American Economic Review*, vol. 80, n°1 (mars 1990), p. 1. Voir aussi « Tax Progressivity and Income Distribution. »

7 Voir Mary Jo Bane et David Ellwood, « One Fifth of the Nation's Children : Why Are They Poor ? » *Science*, Septembre 1989, pp. 1047–1048.

8 Ibid.

9 Selon le Panel Study of Income Dynamics de l'université du Michigan, qui a suivi un échantillon représentatif de 5 000 familles depuis 1968, parmi les cas de passage à la pauvreté durable chez les enfants, seulement un sur sept résultait d'une dissolution de la famille, tandis que la moitié était liée à des changements dans la participation au marché du travail ou à des baisses de salaires. Voir aussi Bane et Ellwood, op. cit. ; Center on Budget and Policy Priorities, 29 octobre 1989.

10 Sur ce point, voir J. Bound et G. Johnson, « Changes in the Structure of Wages During the 1980s : An Evaluation of Alternative Explanations », National Bureau of Economic Research, Working Paper no. 2983, mai 1989.

11 Voir Thomas Stark, « The Changing Distribution of Income Under Mrs. Thatcher », *in* Francis Green (ed.), *The Restructuring of the UK Economy* (London : Harvester, 1989) ; T. Elfring et R. Kloosterman, « The Dutch Job Machine : The Fast Growth of Low-Wage Jobs in Services, 1979–1986 », Rotterdam School of Management, Erasmus University, 1989. Pour des données sur la divergence des revenus au Canada, voir J. Myles, G. Picot et T. Wannell, « Wages and Jobs in the 1980s : Changing Youth Wages and the Declining Middle », Social and Economic Studies Division, Statistics Canada, Research Paper Series n°17, 1988. Pour l'Europe en général, voir *OECD Employment Outlook* (Paris, OCDE, septembre 1985 et publications ultérieures).

12 Nicholas Kristof, « Taiwan Embraces Trappings of New Wealth », *The New York Times*, 5 décembre 1989, p. A9.

13 Deux tiers de cet élargissement du fossé entre les salariés peut être attribué à une dispersion croissante des salaires ; le dernier tiers à une divergence croissante dans le nombre d'heures de travail effectif, étant entendu que de nombreux salariés à temps partiel préféreraient travailler à temps plein.

14 Données pour 1984. D. Ellwood, *Poor Support : Poverty in the American Family* (New York : Basic Books, 1988), p. 99, tableau 4–3.

15 Données tirées de B. Harrison et B. Bluestone, « Wage Polarization in the United States and the "Flexibility" Debate », School of Urban and Public Affairs, Carnegie-Mellon University, Working Paper, automne 1989.

16 Des données sur les avantages en nature pour les cadres sont rassemblées annuellement par des consultants spécialisés dans ce domaine et présentées dans la plupart des principales publications destinées au monde des affaires. Rares sont les données qui attirent autant l'attention des cadres chaque année. Voir par exemple « Pay Stubs of the Rich and Corporate », *Business Week*, 7 mai 1990, p. 56 ; « Executive Pay », *The Wall Street Journal*, supplément, 18 avril 1990 ; A. Bennett, « A Great Leap Forward for Executive Pay », *The Wall Street Journal*, 24 avril 1989, p. B1.

17 Une comparaison internationale est extrêmement éclairante. Selon un sondage effectué par des spécialistes du domaine, Towers, Perrin, Forster & Crosby, en 1990 le PDG américain d'une société dont les ventes annuelles atteignaient 250 millions de dollars gagnait 543 000 dollars en salaires, primes et avantages en nature. C'était 50 % de plus qu'un collègue japonais dans une situation similaire, 90 % de plus que des collègues britanniques ou allemands, et 400 % de plus qu'un collègue coréen. *Report on International Compensation*, janvier 1990, pp. 8–14.

18 Cité dans Patricia O'Toole, « Silk Purse Chronicles », *Lears Magazine*, avril 1990, p. 23.

19 William Grant Foundation Commission on Work, Family, and Citizenship, « The Forgotten Half : Non-College Youth in America », janvier 1988, pp. 18–27.

20 Voir M. Blackburn, D. Bloom et R. Freeman, « Why Has the Economic Position of Less-Skilled Male Workers Deteriorated in the United States ? », Brookings Discussion Paper, mars 1989. Voir aussi C. Juhn, K. Murphy, et B. Pierce, « Wage Inequality and the Rise in Returns to Skill », non publié, novembre 1989.

21 G. Standing, *Unemployment and Labour Market Flexibility : Sweden* (Genève : Bureau International du Travail, 1988).

22 L. Katz et A. Revenga, « Changes in the Structure of Wages : United States vs. Japan », National Bureau of Economic Research, septembre 1989.

23 Données tirées de Bound et Johnson, op.cit.

Partie 3 - chapitre 15

1 Le lecteur notera que, bien entendu, les bas salaires dans les autres parties du monde n'attirent le capital mondial que si les ouvriers y sont suffisamment productifs pour rendre le coût du travail *par unité produite* plus faible que dans les pays où les salaires sont élevés. Dans de nombreuses régions du monde où les salaires sont bas, la productivité s'est améliorée parce qu'on peut y installer sans difficulté les usines et les équipements les plus modernes.

2 John Maxwell Hamilton, « A Bit Player Buys Into the Computer Age », *The New York Times Business World*, 3 décembre 1989, p. 14.

3 Udayan Gupta, « US-India Satellite Link Stands to Cut Software Costs », *The Wall Street Journal*, 6 mars 1989, p. B2.

4 *Statistical Abstract of the United States* (Washington, DC : US Government Printing Office, 1989), p. 416, tableau 684.

5 Calculs à partir de données d'enquêtes effectués par L. Katz et A. Revenga, « Changes in the Structure of Wages : US and Japan », National Bureau of Economic Research, septembre 1989.

6 US Department of Commerce, Bureau of Labor Statistics, « Wages of Unionized and Non-Unionized Workers », publications diverses.

7 US Department of Labor, Bureau of Labor Statistics, « Reemployment Increases Among Displaced Workers », *BLS News*, USDL 86-414, 14 octobre 1986, tableau 6.

8 *The Wall Street Journal*, 16 février 1990, p. A5.

9 Chiffres tirés de l'International Motor Vehicles Program, Massachusetts Institute of Technology, 1989.

10 La part croissante dans la population active américaine des aides personnels par rapport aux travailleurs routiniers explique ainsi en partie pourquoi le nombre d'Américains ne disposant pas d'une assurance santé s'est accru d'au moins six millions durant les années quatre-vingt.

11 US Department of Labor, Bureau of Labor Statistics, « Reemployment Increases Among Displaced Workers », 14 octobre 1986.

12 Federal Immigration and Naturalization Service, *Statistical Yearbook* (Washington, DC : US Government Printing Office, 1986, 1987).

13 Voir Claudia Deutsch, « The Powerful Push for Self-Service », *The New York Times*, 9 avril 1989, section 3, p. 1.

14 US Bureau of the Census, Current Population Reports, Series P-23, n°138, tableaux 2-1, 4-6. Voir W. Johnson, A. Packer, *et al.*, *Workforce 2000 : Work and Workers for the 21st Century* (Indianapolis : Hudson Institute, 1987).

15 Le Bureau of the Census estime que vers l'an 2000, au moins 12 millions d'Américains travailleront dans les services de santé, soit bien plus de 6 % de la population active.

16 En 1989, ces activités ont rapporté aux États-Unis 5,5 milliards de revenus provenant de l'étranger, faisant d'elles l'un des principaux secteurs exportateurs, juste derrière l'industrie aérospatiale. US Department of Commerce, International Trade Commission, « Composition of US Exports », publications diverses.

Partie 3 - chapitre 16

1 Un nombre attristant de sondages a montré le retard relatif de l'étudiant américain moyen. Pour un échantillon, voir « US Students Near the Foot of the Class », *Science*, mars 1988, p. 1237.

2 *National Assessment of Educational Progress*, publications diverses.

3 Sur ce sujet, voir Jeanne Oakes, *Keeping Track : How Schools Structure Inequality* (New Haven : Yale University Press, 1985).

4 En fait, l'enseignement universitaire est l'un des rares secteurs dans lesquels les États-Unis conservent une balance commerciale systématiquement positive. Comme professeur d'université, j'« exporte » constamment mes cours et mes séminaires dans le reste du monde, du fait que plus d'un tiers de mes étudiants sont étrangers.

5 Voir Merry White, *The Japanese Educational Challenge* (New York : Free Press, 1987) ; Thomas Rohlen, *Japan's High Schools* (Berkeley : University of California Press, 1983) ; W. Jacobson *et al.*, *Analysis and Comparisons of Science Curricula in Japan and the United States* (New York : Teachers College of Columbia University, International Association for the Evaluation of Educational Achievement, 1986).

6 Des suggestions pour des lectures complémentaires sur ces compétences, et sur la façon dont l'enseignement officiel permet de les développer, peuvent être trouvées à la fin de ce livre, dans la « Note sur les sources complémentaires. »

Partie 3 - chapitre 17

1 Parmi les études fondatrices du développement des agglomérations régionales, citons R. Vernon, *Metropolis 1985* (Cambridge : Harvard University Press, 1960), et M. Hall, *Made in New York* (Cambridge : Harvard University Press, 1959). Pour une liste d'études plus récentes, voir la « Note sur les sources complémentaires » à la fin du livre.

2 Pour deux excellentes études sur la relation entre les universités et le développement économique régional, voir Adam Jaffe, « Universities and Regional

Patterns of Commercial Innovation », *REI Review*, Case Western Reserve University, septembre 1989 ; et Stuart Leslie, « From Backwater to Powerhouse : Standford Engineering and Silicon Valley », *Standford*, mars 1990.

Partie 4 - chapitre 18

1 Données pour 1990 rassemblées par Citizens for Tax Justice, Washington, DC, février 1990. Il faut noter que d'autres pays emploient aussi les impôts indirects et les taxes foncières, ce qui fait qu'il n'est pas sûr que le système fiscal américain dans son ensemble soit le plus régressif de tous.

2 Une force de travail ainsi entraînée « peut exercer un jugement critique en dirigeant le système de machines qui l'entourent. Le travail devient plus abstrait en dépendant de la compréhension et de la manipulation d'informations... Un nouvel ensemble de tâches offre à un vaste éventail de salariés des opportunités sans précédent d'ajouter de la valeur aux produits et aux services. » Shoshana Zuboff, *In the Age of the Smart Machine* (New York : Basic Books, 1987), p. 6.

3 Un grand nombre d'études ont été effectuées sur le type de formation qui a le plus de chances d'être efficace. Pour un exemple particulièrement prometteur, voir R. Lerman et H. Poucy, « Why America Should Develop a Youth Apprenticeship System », Progressive Policy Institute, Policy Report n°5, mars 1990.

4 Pour un résumé des études sur lesquelles sont fondées ces conclusions, voir P. Cottingham et D. Ellwood (eds.), *Welfare Policies for the 1990s* (Cambridge : Harvard University Press, 1989).

Partie 4 - chapitre 19

1 Données provenant de l'US Department of Commerce. Voir aussi les calculs de Brian Cromwell, « Capital Subsidies and the Infrastructure Crisis », *Economic Review*, Federal Reserve Bank of Cleveland, 1989.

2 Chiffres tirés de David Aschauer, « Is Public Expenditure Productive ? », *Journal of Monetary Economics*, mars 1989, pp. 177–200, et de Alicia Munnell, « Productivity and Public Investment », *New England Economic Review*, janvier-février 1990, pp. 3–22.

3 Que des classes moins nombreuses et des enseignants plus qualifiés permettent un enseignement de meilleure qualité est l'une des rares propositions sur laquelle s'accordent la plupart des chercheurs. Voir, par exemple, David Cord et Alan Krueger, « Does School Quality Matter ? Returns to Education and the Characteristics of Public Schools in the US », National Bureau of Economic Research, Working Paper n°3358, mai 1990. Voir aussi R. Eberts, E. Schwartz et J. Stone, « School Reform, School Size, and Student Achievement », *Economic Review*, Federal Bank of Cleveland, vol. 26, n°2, juin 1990.

4 Les comparaisons internationales sont hasardeuses, non seulement à cause des différences dans les méthodes de comptabilisation utilisées dans les différents pays, mais aussi parce que les différentes sociétés peuvent avoir des objectifs différents pour leur système éducatif. Le taux de change à utiliser pose aussi problème. Si l'on utilise les taux de change de 1985, quand le dollar était à son maximum par rapport aux monnaies des autres pays développés, les États-Unis se retrouvent à la quatrième place ; mais cette comparaison est

à l'évidence faussée par le niveau anormalement haut du dollar à cette date. Pour ces données, voir *Digest of Educational Statistics* (US Department of Education, National Center for Education Statistics, Washington, DC 1988). Voir aussi M.E. Rasell et L. Mishel, « Shortchanging Education : How US Spending on Grades K-12 Lags Behind Other Industrialized Nations », Economic Policy Institute, janvier 1990.

5 Pour une évaluation du programme Head Start, voir R. Darlington et I. Lazar, « The Lasting Effects After Preschool », US Department of Health and Human Services (Washington, DC : US Gouvernment Printing Office, 1979).

6 Chiffres tirés de Chidren's Defense Fund, Washington, DC

7 Voir « Competitive Assessment of the President's Fiscal Year 1991 Budget », Council on Competitiveness, Washington, DC, mai 1990, pp. 6–7. Quand les programmes préscolaires pour les enfants pauvres bénéficient de plus d'enseignants et de travailleurs sociaux que le programme Head Start typique, les bienfaits sont encore plus élevés pour les enfants. Voir Jean Layzer, « Evaluation of New York City Project Giant Step », Apt Associates, Cambridge, MA, avril 1990. Voir aussi Amy Stuart Wells, « Preschool Program in New York City Is Reported to Surpass Head Start », *The New York Times*, 16 mai 1990, p. B7.

8 Données tirées de American Higher Education Research Program, American Council on Education, 1989. Voir aussi Barbara Vobejda, « Class, Color, and College : Higher Education's Role in Reinforcing the Social Hierarchy », *Washington Post Weekly Edition*, 15–21 mai 1989, p. 6.

9 Jusque dans les années quatre-vingt-dix, chaque génération d'Américains était plus instruite que la précédente En 1980, 25 % des hommes âgés de 35 à 44 ans avaient suivi quatre années d'études supérieures ; en 1990, la proportion était passée à 31 %. Mais, en 1990, les hommes plus jeunes étaient moins instruits que la génération précédente : 25 % d'entre eux avaient suivi quatre années d'études supérieures, contre 27 % du même groupe d'âge en 1980. Les femmes plus jeunes étaient cependant légèrement plus instruites : en 1990, 24 % des femmes âgées de 25 à 34 ans avaient suivi quatre années d'études supérieures ; 23 % des femmes âgées de 35 à 44 ans avaient fait de même. Ibid.

10 Chiffres tirés de « Unprotected : Jobless Workers », Center on Budget and Policy Priorities, Washington, DC, 1989.

11 Quoique le contenu précis de cette expression évasive soit difficile à déterminer, j'en ai une expérience personnelle qui peut apporter une certaine lumière. Plus d'une fois, j'ai été engagé pour donner des cours à un groupe de cadres, qui après deux heures intellectuellement actives avec moi, ont poursuivi la journée par un emploi du temps aussi rigoureux : un déjeuner somptueux, suivi par un après-midi de tennis et de golf, et pour couronner le tout des coktails et un dîner à cinq plats.

12 L.A. Lillard et H.W. Tan, « Private Sector Training : What Are Its Effects ? », Report to the Department of Commerce, Rand Corporation, Santa Monica, CA, 1986.

13 Contrairement à l'idée courante selon laquelle les Américains épargnent trop peu et dépensent trop, la consommation effective des quatre cinquièmes les moins riches de la population n'a pratiquement pas augmenté au cours des années quatre-vingt. Seul le cinquième le plus riche des ménages a bénéficié d'une croissance rapide de sa consommation réelle pendant ces années. Voir Robert Blecker, *Are We on a Consumption Binge ? The Evidence Reconsidered* (Washington, DC : Economic Policy Institute, janvier 1990).

14 La quasi-totalité de cette somme serait payée par les 10 % les plus riches de la population. Calculs tirés de *Inequality and the Federal Budget Deficit* (Washington, DC : Citizens for Tax Justice, mars 1990).

15 Si les dépenses militaires étaient réduites progressivement de 50 % au cours des années quatre-vingt-dix, l'économie totale en l'an 2000 serait proche de 1 000 milliards de dollars.

16 Je n'ai pas tenu compte dans mes calculs du renflouage des caisses d'épargne, puisque ce renflouage n'est rien de plus qu'un énorme transfert d'argent des contribuables américains vers les autres Américains. Le renflouage n'utilise pas en fait de ressources rares.

Partie 4 - chapitre 20

1 La question de l'intensité de la relation entre l'épargne nationale et le coût du capital a été l'objet d'un vif débat pendant les années 1980. En 1980, Martin Feldstein et C. Horioka ont affirmé que la relation était directe, et que des modifications dans le taux d'épargne national affectaient considérablement le taux d'investissement national (« Domestic Saving and International Capital Flows », *Economic Journal*, vol. 90, 1980, pp. 314–329). Mais, à mesure que les contrôles sur les mouvements de capitaux étaient relâchés, et que les techniques et les infrastructures permettant la mobilité du capital étaient améliorées, le coût du capital dans les différentes nations a commencé à converger. En 1990, il n'y avait virtuellement plus de différence dans les taux d'intérêts sur les emprunts entre les principaux pays industriels, du moins pour les contrats conclus dans la même monnaie. Bien sûr, les contrats établis dans des monnaies différentes continuent à refléter les risques différents d'inflation et de modifications des taux de change. Voir J. Frankel, « Quantifying International Capital Mobility in the 1980s », National Bureau of Economic Research, Working Paper n°2856, février 1989.

2 Bien entendu, un accroissement des dépenses publiques dans n'importe quel pays, ou une diminution de l'épargne, réduit le montant total de l'épargne *mondiale*, et donc exerce une légère pression vers le haut sur les taux d'intérêts mondiaux.

3 Introduction au projet de budget soumis au Congrès, 1er février 1990.

Partie 4 - chapitre 21

1 Voir « The Growth of Private Security », in William Cunningham et Todd Taylor, *Private Security and Police in America* (Portland, OR : Chancellor Press, 1985). Voir aussi L. Uchitelle, « Sharp Rise of Private Guard Jobs », *The New York Times*, 14 octobre 1989, p. A16.

Une des catégories d'emploi dont la croissance a été la plus forte dans la fonction publique a été celle de gardiens de prison. Entre 1960 et 1980, la population carcérale des États-Unis a doublé ; entre 1980 et 1990, elle a de nouveau doublé. L'American Correctional Association prévoit un autre doublement d'ici 1995 (American Correctional Association, Rapport sur l'état des prisons de la nation, janvier 1990). En 1989, les dépenses pour les prisons sont la catégorie de dépenses des États dont la croissance a été la plus rapide. Voir E.J. Dionne, « Prison Spending Rises Fastest in State Budgets », *The New York Times*, 8 août 1989, p. A.16.

2 Cette tendance a été confirmée par un grand nombre d'études. Voir, par exemple, Thierry Noyelle, *Beyond Industrial Dualism* (Boulder, CO : Westview Press, 1987) ; Saskia Sassen, *The Mobility of Labor and Capital* (Cambridge : Cambridge University Press, 1987) ; John Kasarda, « Dual Cities : The New Structure of Urban Poverty », *New Perspectives Quarterly*, hiver 1987.

3 Ces données sont tirées de John Kasarda, « Urban Industrial Transition and the Underclass », *Annals of the AAPSS*, janvier 1989.

4 B. Frieden et L. Sagalyn, *Downtown, Inc. : How America Rebuilds Cities* (Cambridge : MIT Press, 1989) ; voir aussi J. Kasarda, « Economic Restructuring and America's Urban Dilemma », *in* M. Dogan et J. Kasarda (eds.), *Economic Restructuring and America's Urban Dilemma* (Beverly Hills, CA : Sage, 1988).

5 Voir par exemple Paul Ong *et al.*, « Inequalities in Los Angeles », Graduate School of Architecture and Urban Planning, University of California at Los Angeles, juin 1989.

6 Voir William Schmidt, « Riding a Boom, Downtowns Are No Longer Downtrodden », *The New York Times*, 11 octobre 1987, p. A28.

7 « A Private Police Force Patrols Midtown Area », *The New York Times*, 22 août 1989, p. A23.

8 US Advisory Commission on Intergovernmental Relations, *Significant Features of Fiscal Federalism* (1988 ed.), vol. 2, p. 115 ; voir aussi John Shannon « Federalism's Fiscal Fable », *Intergovernmental Perspective*, été 1988,p. 22.

9 Steven Gold, « State Finances in the New Era of Federalism », *in* Thomas Swartz (ed.), *The Changing Face of Fiscal Federalism* (Armonk, NY : M.E. Sharpe, 1990).

10 Voir, d'une manière générale, Helen Ladd, « State and Local Governments in the 1980s », non publié, Duke University, 2 décembre 1989. Voir aussi « The State of the States », National Council of State Governments, 1990 et autres années.

11 *Statistical Abstract of the United States*, « Per Capita Money Income of 50 Largest Cities », tableau 732, p. 451 ; « Per Capita Money Income by State », tableau 731, p. 450 (Washington, DC : US Government Printing Office, 1989). Voir aussi : *Sourcebook of Demographics and Buying Power for Every Zip Code in the United States* (New York : CACI, 1989, 1990).

12 Michael de Courey Hinds, « After Renaissance of 1970s and 1980s, Philadelphia Is Struggling to Survive », *The New York Times*, 21 juin 1990, p. A16.

13 Pour des comparaisons plus détaillées entre de nombreuses villes américaines, voir Randall Eberts, « Public Infrastructure and Regional Economic Development », *Economic Review*, Federal Reserve Bank of Cleveland, vol. 26, n°1 (janvier-avril 1990), p. 15. Un grand nombre d'études ont montré qu'au niveau local, la valeur du capital public était corrélée positivement et significativement avec le revenu personnel par habitant. Voir K. Duffy-Deno et R. Eberts, « Public Infrastructure and Regional Economic Development : A Simultaneous Equations Approach », Working Paper n°8909, Federal Bank of Cleveland, août 1989 ; C. Hutton et R. Schwab, « Regional Productivity Growth in US Manufacturing : 1951-1978 », *American Economic Review*, vol. 74, n°1 (mars 1984), pp. 152–162.

14 *Statistical Abstract of the United States*, tableau 223, p. 137.

15 Données tirées du magazine *Boston*, septembre 1989, p. 144.

16 Dallas, *Times Herald*, 26 février 1990, p. 5.

17 Address to the Annual Concretes and Aggregates Convention, 31 janvier 1984.

18 The Newsday Education Symposium, 4 mars 1987.

19 Sur la propension des Américains à déménager, voir US Bureau of the Census, *Current Population Survey*, publications diverses. Voir aussi Michael Weiss, *The Clustering of America* (New York : Harper & Row, 1988), p. 30.

20 Weiss, op. cit;, p. 1.

21 Reagan, op. cit.

22 Discours d'acceptation devant la Convention républicaine, 1988.

23 Données tirées de T. Odendahl, *Charity Begins at Home : Generosity and Self-Interest Among the Philantropic Elite* (New York : Basic Books, 1990), pp. 12–27.

24 L.M. Salamon, J.C. Musselwhite et C.J. De Vita, « Partners in the Public Service : Government and the Nonprofit Sector in the Welfare State », *Working Papers* (Washington, DC : Independent Sector and the United Way Institute, 1986), pp. 3-38.

25 « The Role of Business and Education : Blueprint for Action », Business Round Table, Washington, DC, septembre 1988. Voir aussi « Business Means Business About Education : A Synopsis of the Business Round Table's Company Educational Partnerships », Business Round Table, Washington, DC, juin 1989.

26 Council of Economic Priorities, « Corporate America in the Classroom », janvier 1990. Voir aussi « Giving in the USA », American Association of Fund Raising Council, 1989.

27 Carin Rubenstein, « The Deadbeat of America », *The New York Times*, 17 mars 1990, p. A22.

28 « Significant Features of Fiscal Federalism », Advisory Commission on Intergovernmental Relations, Washington, DC, publications diverses.

Partie 4 - chapitre 22

1 Il est remarquable que, dans le groupe des fabricants de semi-conducteurs américains qui demandaient une protection en 1985, ne figuraient pas Motorola et Texas Instruments. Ces deux firmes produisaient à cette époque un grand nombre de circuits imprimés au Japon, et avaient l'intention d'en importer une partie aux États-Unis.

2 Ben Wattenberg et Karl Zinmeister, American Enterprise Institute Policy Conference, décembre 1989.

3 Editorial dans *The Wall Street Journal*, 2 février 1990, p. A8. L'administration Bush émet un avis analogue : « Compte tenu des projections prévoyant une demande croissante de main-d'œuvre qualifiée dans les années à venir, la nation peut tirer des bénéfices encore plus grands de l'immigration. » Le rapport recommande « d'élever les quotas pour les immigrés potentiels ayant des niveaux plus élevés de formation de base et spécifique ». *Economic Report of the President* (Washington, DC : US Government Printing Office, février 1990).

4 Sur une méthode d'estimation du nombre d'immigrés illégaux, voir George Borjas, *Friends or Strangers : The Impact of Immigrants on the United States Economy* (New York : Basic Books, 1990), pp. 22–31. Pour estimer le nombre d'étrangers présents illégalement sur le territoire américain, Borjas se fonde sur le nombre de natifs du Mexique qui meurent aux États-Unis, et sur le

nombre de ceux qui sont appréhendés en essayant de traverser illégalement la frontière entre le Mexique et les États-Unis. Cette estimation est limitée aux Mexicains présents illégalement ; le nombre total des étrangers présents illégalement aux États-Unis est sans aucun doute beaucoup plus élevé.

5 US Departement of Justice, US Immigration and Naturalization Services, *Statistical Yearbook of the Immigration and Naturalization Service* (Washington, DC : US Government Printing Office, 1990).

6 Plusieurs études ont montré que le salaire moyen des travailleurs nés aux États-Unis sont seulement légèrement inférieurs sur les marchés du travail où se concentrent les immigrés (en tenant compte des différences de niveau de formation, d'âge et d'activité économique). Voir, par exemple, Jean Grossman, « The Substituability of Natives and Immigrants in Production », *Review of Economics and Statistics*, vol. 64 (novembre 1982), pp. 596–603 ; George Borjas, « The Sensitivity of Labor Demand to Choice of Dependent Variable », *Review of Economics and Statistics*, vol. 68 (février 1986), pp. 58–66 ; George Borjas, « Immigrants, Minorities, and Labor Market Competition », *Industrial and Labor Relations Review*, vol. 40 (avril 1987), pp. 382–392.

7 Voir V.R.A. Teixeira, *Why Americans Don't Vote : Turnout Decline in the United States : 1960-1984* (Westport, CT : Greenwood Press, 1987) ; Frances Fox Piven and Richard Cloward, *Why Americans Don't Vote* (New York : Pantheon, 1989), pp. 114–115 ; William Crotty, *American Parties in Decline* (2e ed. ; Boston : Little, Brown, 1984), ch. 1 ; Walter Dean Burnham, *The Current Crisis in American Politics* (New York : Oxford University Press, 1982), pp. 172–173 ; Thomas Byrne Edsall, *The New Politics of Inequality* (New York : W.W. Norton, 1984), particulièrement le chapitre 5.

8 Richard Valelly, « Vanishing Voters », *The American Prospect*, vol. 1 (printemps 1990), p. 140.

9 Données provenant de la Federal Election Commission and Common Cause, 1989.

10 Voir *The Economist*, 18 février 1989, p. 32 ; voir aussi James Jackson, « Japan : Increasing Investment in the United States », Congress Research Service, rapport n° 87-747E (Washington, DC : US Government Printing Office, 1987).

11 Une situation analogue suggère l'ampleur de la différence. Quand est arrivé le moment de faire des offres pour les droits de retransmission des Jeux olympiques de 1992, la Communauté économique européenne s'est présentée unie à la table de négociation. Aux États-Unis au contraire, chaque grand réseau fit sa propre offre. Les deux marchés contiennent à peu près le même nombre de téléspectateurs, et l'écart en termes de pouvoir d'achat global n'est pas très grand. Néanmoins, à cause de la différence dans les modes de négociation, la Communauté européenne obtint les droits de retransmission pour 70 millions de dollars. Le réseau vainqueur aux États-Unis paya lui 700 millions de dollars le droit de retransmettre les jeux.

12 Parmi les études sur ce sujet V.B. Agarwal et D.R. Winkler, « Migration of Professional Manpower to the United States », *Southern Economic Journal*, vol. 50 (janvier 1984), pp. 814–830 ; W. Huang, « A Pooled Cross-Section and Time-Series Study of Professional Indirect Immigration of the United States », *Southern Economic Journal*,vol. 54 (juillet 1987) pp. 95–109. Une étude économique de la fuite des cerveaux peut être trouvée dans Walter Adams, *The Brain Drain* (New York : Macmillan, 1968), et J.N. Bhagwati et M. Partington, *Taxing the Brain Drain : A Proposal* (Amsterdam : North-Holland, 1976).

13 Plusieurs études ont mis en évidence ce schéma. Voir par exemple George Borjas, *International Differences in the Labor Market Preferences of Immigrants*

(Kalamazoo, MI : W.E. Upjohn Institute for Employment Research, 1988), ch. 9 ; D. Bloom et M.K. Gunderson, « An Analysis of the Earnings of Canadian Immigrants », *in* R.B. Freeman (ed.), *Immigration, Trade, and the Labor Market* (Chicago : University of Chicago Press, 1990) ; J. Edward Taylor, « Undocumented Mexico-US Migration and the Returns to Households in Rural Mexico », *American Journal of Agricultural Economics*, vol. 69 (août 1987), pp. 626–638.

Partie 4 - chapitre 23

1 L'« état de développement » du Japon moderne a suscité des travaux très nombreux . La Corée du Sud et Hong Kong ont souvent été présentés par les partisans orthodoxes du libre échange comme des modèles de l'individualisme économique et du laissez-faire. Pourtant, ils sont remarquablement semblables à leur voisin plus avancé du Nord quand on regarde les choses de plus près. Voir, par exemple, Alice Amsden, *Asia's Next Giant* (New York : Oxford University Press, 1989) et M. Castells et L. Tyson, « High Technology and the Changing International Division of Production », *in* R. Purcell (ed.), *The Newly Industrializing Countries in the World Economy* (Boulder, CO : Lynne Rienner, 1989). L'Autriche, la Suisse et la Suède ont suivi un chemin différent, mais ces pays sont caractérisés par des systèmes de pacte interne qui rendent moins pénible l'ajustement pour les citoyens les moins favorisés et font accepter des sacrifices aux plus favorisés. Voir par exemple, Peter Katzenstein, *Corporatism and Change : Austria, Switzerland, and the Politics of Industry* (Ithaca, NY : Cornell University Press, 1989).

2 Voir *Global Outlook 2000* (New York : United Nations, 1990), pp. 202–221 et 285–297.

3 Michael Ignatieff, *The Needs of Strangers* (New York : Viking Penguin, 1985), p. 29.

4 Jonathan Glover, « It Makes No Difference Wheter or Not I Do It », *Supplemental Proceedings of the Aristotelian Society*, New York, 1975.

Note sur les sources complémentaires

COMME tout travail de synthèse et d'interprétation, celui qui précède s'est inspiré d'une grande variété d'études, d'enquêtes et d'analyses tirées de différents domaines. Je me suis aussi très largement fondé sur un grands nombre d'entretiens qui se sont déroulés pendant plusieurs années. Trouver l'équilibre approprié entre l'analyse et la synthèse est, bien sûr, un exercice périlleux, et le lecteur est en droit de connaître mes sources principales, en plus de celles citées spécifiquement au cours du texte.

Pour comprendre le développement de l'idée de nationalisme économique, et le rôle central joué par la firme nationale dans cette évolution, j'ai trouvé particulièrement utile l'étude monumentale en trois volumes de Fernand Braudel, *Civilisation matérielle, économie et capitalisme, XVe-XVIIIe- siècle* (Paris : Armand Colin, 1980), qui aide à replacer le nationalisme économique dans le contexte plus large de l'émergence de l'état-nation et de l'ère du mercantilisme. *The Age of Empire, 1875-1914* d'Eric Hobsbawm (New York : Pantheon, 1987), fournit un résumé utile des forces qui ont surgi dans l'ère moderne de la compétition économique entre les nations. Une histoire très complète de l'industrialisation européenne, et de son contexte politique, se trouve dans le livre de Sidney Pollard *Peaceful Conquest : The Industrialization of Europe : 1760-1970* (Oxford : Oxford University Press, 1981). Sur l'évolution du nationalisme en général, une étude utile et complète figure dans le livre de Carlton Hayes *The Historical Evolution of Modern Nationalism* (New York : Macmillan, 1948). *Nationalism : Myth and Reality* (New York : Harcourt, Brace & World, 1955) de Boyd Shafer place le développement du nationalisme dans un contexte économique et social plus large.

Pour une histoire du développement de la grande firme aux États-Unis, *The Visible Hand : The Managerial Revolution in American Business* d'Alfred Chandler est sans rival. Sur la relation entre ce développement et la politique américaine, l'essai de Thomas McCraw « Rethinking the Trust Question », dans l'ouvrage dont il était le coordonnateur *Regulation in Perspective* (Cambridge : Harvard Business School, 1981), est particulièrement utile, tout comme son étude bibliographique *Prophets of Regulation* (Cambridge : Harvard University Press, 1984). *The Transformation of American Law : 1780-1860* (Cambridge : Harvard University Press, 1977), de Morton Horwitz, offre une analyse solide du rôle de la loi dans le développement de l'industrie américaine. Louis Galambos et Joseph Pratt apportent une perspective utile sur l'émergence de la relation unique entre l'industrie et l'Administration aux États-Unis dans *The Rise of the Corporate Commonwealth* (New York : Basic Books, 1988). L'étroitesse de cette relation est décrite dans l'ouvrage de Grant McConnell *Private Power and American Democracy* (New York : Knopf, 1966) et dans celui de Jonathan Hughes *The Governmental Habit : Economic Controls from Colonial Times to the Present* (New York : Basic Books, 1977). Cette relation peut être comprise comme l'un des éléments de la tradition européenne libérale du XVIIIe siècle, selon l'interprétation de Louis Hartz dans son désormais classique *The Liberal Tradition in America* (New York : Harcourt, Brace & World, 1955) et celle de James Weinstein dans *The Corporate Ideal in the Liberal State, 1900-1918* (Boston : Beacon Press, 1968).

Pour replacer le développement de la grande firme américaine au cours du XXe siècle dans une perspective politique, sont utiles les ouvrages de Ellis Hawley *The New Deal and the Problem of Monopoly* (Princeton : Princeton University Press, 1966), de Richard Hofstadter *The Age of Reform* (New York : Knopf, 1955), et de James Willard Hurst *Law and Markets in US History* (Madison : University of Wisconsin Press, 1981). Pour comprendre la relation entre la grande firme et le nationalisme américain durant la majeure partie de ce siècle, je me suis aussi largement appuyé sur des analyses contemporaines parues dans des journaux de large diffusion comme le magazine *Fortune* et *The New Republic*.

Sur l'émergence des zones localisées d'expertise, celles que j'ai appelées « zones de manipulation de symboles », des études en nombre important et croissant ont été entreprises ces dernières années. Parmi les ouvrages précurseurs les plus importants, le *Metropolis 1985* de Raymond Vernon (Cambridge : Harvard University Press, 1960), et le *Made in New York* de M. Hall (Cambridge : Harvard University Press, 1959), qui montrent comment les autorités locales attirent et développent des regroupements de travail qualifié. Parmi les applications et les approfondissements récents de ces idées que j'ai trouvés particulièrement utiles, figurent d'Annalee Saxenian, « The Urban Contradictions of Silicon Valley : Regional Growth and the Restructuring of the Semiconductor Industry », *in* L. Sawers et W. Tabb (eds.), *Sunbelt/Snowbelt* (New York : Oxford University Press, 1984) ; de Bennett Harrison, « Regional Restructuring and Good Business Climates : The Economic Transformation of New England », dans le même ouvrage ; de R. Miller et M. Cote, « Growing the Next Silicon Valley », *Harvard Business Review*, juillet-août 1985, pp. 114-123 ; d'Ann Markusen, « Defense Spending and the Geography of High Technology Industries », in J. Rees (ed.), *Technology, Regions, and Policy* (Totowa, NJ : Rowman & Littlefield, 1986) ; et de Nancy Dorfman, « Route 128 : The Development of a Regional High Technology Center », *Research Policy*, vol. 12 (1983), pp. 299-316. Une synthèse utile de cette littérature foisonnante peut être trouvée dans Peter Doeringer *et al.*, *Invisible Factors in Local Economic Development* (New York : Oxford University Press, 1987), et dans US Congress, Office of Technology Assessment, *Technology, Innovation, and Regional Economic Development* (Washington, DC : US Government Printing Office, 1987).

Les lecteurs intéressés par la façon dont l'enseignement peut développer la pensée critique ont à leur disposition une littérature abondante et en expansion. Quelques ouvrages me semblent particulièrement précieux. *The Reflective Practitioner : How Professionals Think in Action* (New York, Basic Books, 1983) de Donald Schon offre une analyse pénétrante et stimulante de la façon dont les individus prennent la responsabilité de leur apprentissage permanent, et sur la relation entre le raisonnement abstrait et l'action pratique. Dans la vaste littérature sur l'apprentissage par l'expérience, deux études se détachent : celle de D.A. Kolb « On Management and the Learning Process », *in* D.A. Kolb *et al.* (eds.), *Organizational Psychology : A Book of Readings* (2e ed. ; Englewood Cliffs, NJ : Prentice Hall, 1974), et celle de A. Whimbey et J. Lockhead, *Problem-solving and Comprehension* (Philadelphia : Franklin Institute Press, 1982). Une présentation particulièrement intéressante de la façon d'enseigner les méthodes de pensée « de haut niveau » se trouve dans Lauren Resnick, *Education and Learning to Think* (Washington, DC : National Academy Press, 1987).

Enfin, pour comprendre les changements économiques et politiques récents, particulièrement ceux survenus depuis la fin des années soixante-dix, je me suis appuyé sur des entrevues avec des cadres du secteur privé et du secteur public, qui ont tous été extrêmement généreux avec leur temps. Aucun d'entre eux, ni aucune des organisations auxquelles ils appartiennent, ne portent une responsabilité quelconque sur les données et les idées qui figurent dans le livre.

Dans le secteur privé, mes sources ont été les salariés d'un échantillon d'entreprises grandes et petites, de l'industrie et des services (selon la définition traditionnelle), dont le capital était privé ou réparti dans le public, et qui appartenaient à des étrangers ou à des Américains. Parmi ces sociétés Aries Computer, Arthur Andersen & Company, AT&T, AT&T Bell Laboratories, Atex Corporation, Bell South, British Steel, Bull HN, Burlington Northern Corporation, Cargill, La Cie Minière Québec, Cincinnati Milacron Inc., Consolidated Edison, CSX Corporation, Erving Paper Mills, First Bank of Minneapolis, First Commercial Bank of Arkansas, Frito-Lay, Fujisankei Communications, Fujitsu Microelectronics Inc., General Foods Corp., GTE Inc., Honeywell Inc., IBM, IBM Canada, Imo Deleval Inc., John Hancock Mutual Life Insurance Co., Kendall Corp., Loram Companies, McKinsey & Company, NEC Corporation, Newmont Mining Corp., Newsday Corp., Onex Corp., Polysar Inc., Prescott Ball & Turben Inc., Prime Computer Inc., R.R. Donnelley Inc., Sara Lee Corp., Schott America Inc., Scotts Hospitalities (Canada), Shamrock Holdings Corp., Sony, Square D Corp., Steelcase Corp., Sun Chemical Corp., Touche Ross Inc., Towers Perrin Company, The Williams Companies, et Wyatt Company.

Dans le secteur public et associatif, mes sources comprennent les fonctionnaires du gouvernement fédéral, des gouvernements des États et des autorités locales aux États-Unis, ainsi que des fonctionnaires de nombreux gouvernements étrangers, et des représentants d'organisations syndicales. Elles comprennent aussi l'Association des directeurs de recherche industrielle du Québec, Commonwealth of Kentucky Department of Economic Development, Commonwealth of Massachusetts Department of Economic Development, Growth Opportunity Alliance of Lawrence, Massachusetts, Industrial Development Research Council of San Antonio, Texas, Industrial Union Development of the AFL-CIO, International Trade Commission of the United States, Ministry of Finance of Japan, Ministry of International Trade and Industry of Japan, New York State Office of Employee Relations, Port Authority of New York and New Jersey, Province of Ontario, Science and

Engineering Council of Great Britain, State of Michigan Department of Commerce, State of Minnesota Bureau of Mediation Services, La Secretaría de Programacidad y Presupuesto de México, US Trade Representative, et Western Pennsylvania Advanced Technology Center.

Index

Imprimerie Arts Graphiques du Perche 28240 Meaucé
Dépôt légal : janvier 1993 — N° d'Imprimeur 93363
Imprimé en France